U0335906

HMI Haier MODEL INSTITUTE
海尔模式研究院
海尔模式研究系列丛书

链群合约

物联网时代的
生态组织管理新模式

陈劲 著

机械工业出版社
CHINA MACHINE PRESS

本书首先从组织变革及管理模式进化的角度探讨了海尔管理新模式的产生背景，然后全面介绍了海尔集团从互联网时代的人单合一管理模式向物联网时代基于人单合一的链群合约新模式转变的探索历程；在此基础上，进一步详细阐述了链群合约的运行机制、治理模式和基础数字平台建构；并通过海尔生物医疗、三翼鸟、卡奥斯等真实案例，展示了链群合约在企业实践中的应用场景；最后，总结了链群合约的本质特征及其对数字时代全球企业组织变革的贡献。

图书在版编目（CIP）数据

链群合约：物联网时代的生态组织管理新模式 / 陈劲著. — 北京：机械工业出版社，2024.1

ISBN 978-7-111-74539-6

Ⅰ．①链⋯　Ⅱ．①陈⋯　Ⅲ．①海尔集团公司－企业管理－管理模式－研究　Ⅳ．①F426.6

中国国家版本馆CIP数据核字（2024）第025691号

机械工业出版社（北京市百万庄大街22号　邮政编码100037）
策划编辑：李新妞　　　　　　责任编辑：李新妞
责任校对：韩佳欣　张　征　　责任印制：张　博
北京联兴盛业印刷股份有限公司印刷
2024年3月第1版第1次印刷
170mm×230mm・22印张・3插页・288千字
标准书号：ISBN 978-7-111-74539-6
定价：99.00元

电话服务　　　　　　　　　网络服务
客服电话：010-88361066　　机　工　官　网：www.cmpbook.com
　　　　　010-88379833　　机　工　官　博：weibo.com/cmp1952
　　　　　010-68326294　　金　书　网：www.golden-book.com
封底无防伪标均为盗版　　机工教育服务网：www.cmpedu.com

前言

　　人类进入万物互联的物联网时代，加之生成式人工智能的快速崛起，组织需要更大的包容性、更强的韧性去激发工作中每个成员的激情与创造力，赋权并培育每位员工，实现其梦想和价值。海尔集团作为全球组织变革的先驱，通过"链群合约"的组织模式向世界交出了大变局下中国管理的前瞻性思考和实践——链群合约，我将其概括为组织实现"以人为本、数字赋能、动态寻优的内部创业机制"。

　　首先，链群合约进一步体现"以人为本"的管理思想。在现代企业管理中，让员工成为自主人即创客、使企业转型为自组织、树立"以人为中心的新的价值观"是人本管理的核心。著名战略管理大师加里·哈默教授在《管理的未来》《组织的未来》中高度关注通过组织变革来实现人类精神的极致释放。传统企业理论认为公司的唯一目标是盈利，并实现股东利益的最大化。海尔集团创始人、董事局名誉主席张瑞敏先生则进一步呼吁，企业的宗旨是践行"人的价值最大化"，这是信息文明发展阶段具有里程碑性质的企业管理思想革命，这将进一步瓦解传统的以企业家契约为主要特征的西方经典企业理论，不断形成以激发与实现全体员工企业家精神为特征的新型企业理论，推动全球企业的健康可持续发展。

　　其次，海尔集团不断结合数字技术新发展以创新组织管理，并始终围绕激活组织员工能动性、延拓增值渠道、统一多边目标价值与构建共赢生态，通过万物互联技术、数字平台、大数据与智能决策等物联网时代新技术在组织管理体系、管理决策等方面不断创新发展。链群合约将推动更多公司转向构筑更为丰富且有效的企业商业生态系统，它不仅是产品生态圈，同时是包含员工、用户、产品、供应、竞争对手、外部环境的大生态系统，并通过大数据、人工智能、云计算、区块链等数字技术赋能实现"活而有序"的分布式协同，特别是让每位员工在创造用户价值过程中完成自己价值分享的"人单合一"基础上实现跨场景、跨行业、跨地区、跨生态的深度交融与联合发展。正如张瑞敏先生所判断的"链群与用户无穷交互，不断创造用户最佳体验"，将进一步推动全球企业迈向物联网驱动的体验经济新时代。

2023年6月2日，习近平总书记在文化传承发展座谈会上从党和国家事业发展全局战略高度，对中华优秀传统文化传承发展的一系列重大理论与现实问题做出全面系统深入阐述，并强调"要坚持守正创新，以守正创新的正气和锐气，赓续历史文脉、谱写当代华章"。链群合约即中国传统优秀文化在现代管理中的最佳体现，它充分吸收了《道德经》《易经》等传统哲学智慧，以不易（人的价值最大化）、变易（基于数字技术的动态价值创造）和简易（人单合一的管理模式）形成先进的管理范式。链群合约的影响既符合习近平经济思想中"坚持以人民为中心的发展思想"，具有鲜明的人民性；同时，链群合约也符合习近平文化思想的本质要求。链群合约管理模式在全球的推广，实现了中国本土企业从向世界输出产品或服务到输出标准或品牌最终到输出思想与文化的飞跃，必将进一步推动人类命运共同体的发展，共同创造人类美好的未来。

作为创新管理和企业管理的研究者，我有幸见证了链群合约的产生、发展到实现全球影响的过程，并十分幸运地获得了总结海尔集团链群合约管理的研究机会。链群合约是张瑞敏先生的一项重大的原始创新，也是全体海尔人共同努力不断探索的优异成果，是新中国企业管理的一项成功实践，并具有全球推广价值。感谢李根祎博士、李振东博士、阳镇博士、魏巍教授、张党珠副教授、刘海兵教授、侯芳副教授、李江波副教授、朱元双副教授以及清华大学技术创新研究中心的博士研究生。在此向张瑞敏首席和全体海尔人表示谢意。机械工业出版社的李新妞编辑为本书的顺利问世付出了巨大的努力，在此也表示衷心的感谢。

相信本书的问世，将进一步推动数字化时代企业管理的量子跃迁，进一步赋能中国的经济高质量发展和现代化产业体系建设，并以更现代的企业管理模式推动中国企业成为世界一流。

陈劲

清华大学经济管理学院教授

《清华管理评论》执行主编

2023年11月18日于清华园

目　录

前言

运维治理篇　　基于人单合一的链群合约
——运行机制与治理模式

案例实践篇　基于人单合一的链群合约应用案例

总结展望篇 基于人单合一的链群合约
——组织变革先驱

Haier
理论筑基篇

组织变革及管理
模式探索

——

海尔管理新模式的产生

第一章
新时代企业的变革挑战
与时代使命

◎ 本章导读

✓ 在有限的生命里，我们改变不了生命的长度，但可以改变生命的高度
和宽度。企业亦如此，不可能长生不老。但是，我们可以使企业不断
地适应时代变化而进行转型，每一次转型相当于对原来的企业的一次
扬弃，属于过去时代的那个企业已逝去，适应 VUCA 时代的企业获
得新生。

✓ 没有成功的企业，只有时代的企业。所有的企业所谓的成功，只不过
踏准了时代的节拍，但是时代发展太快，不可能每一次都踏上时代的
节拍。

- ✓ 工业革命有两次大的转变，第一次是福特制，第二次是丰田制。但是两次工业革命都没有真正让用户感受到突破性、革命性的好处。
- ✓ 传统时代的管理是以分工为基础的，工人就是生产线上的工具，管理人员就是科层制上的传声筒。物联网时代，管理模式是从分工式变成分布式：一是去中心化，没有中心；二是去中介化，去掉中间管理层。

　　当今环境的不确定性和复杂性不断加剧，企业面临着越来越严峻的生存及发展挑战。海尔集团创始人、董事局名誉主席张瑞敏一语道破企业与时代的关系："没有成功的企业，只有时代的企业。"踏准时代的节拍，是企业生存与发展的前提，这要求企业不断进化，即在时代的潮流中持续变革。遗憾的是，指导企业变革的管理范式却没有踏准时代的节拍进行同步变革。毫不夸张地说，传统的组织理论已失灵，企业寿命不断变短的根源是指导企业的组织理论与当前的时代脱节，新时代需要新的组织理论及管理范式。

一、传统组织模式的失灵与新模式的呼唤

（一）传统组织模式面临的新挑战

1. 挑战根源：传统管理范式引发"大企业病"

　　纵观世界发展历程，时代的变革速度在不断加快：以蒸汽机为标志的第一次工业革命始于18世纪60年代，历经近百年，于19世纪60年代后期开启的第二次工业革命使人类步入"电气时代"；80年后，第三次工业革命以原子能、电子计算机、空间技术和生物工程为标志，将人类带入"信息时代"。以信息技术为基础，各项新技术的裂变式发展不断更新人类的认知，催动社会的快速发展，加快世界变化之速度，变化之格局。第一次工业革命的标志——蒸汽机用了120年的时间才走向世界，而第三次工业革命的产物——互联网仅用10年时间就传遍世界各个角落。可以预见，未来新兴技术成果的传播速度会更快。随着时代的不断发展，人类的认知不断迭代更新，社会不断发展进步。

然而，与技术革新引领时代快速发展变革形成强烈对比的是，管理思想的变革是极度缓慢的，在当下指导企业的管理思想依然是由17世纪牛顿机械物理学演化出的牛顿式管理思想。牛顿式管理思想是一种静态的、线性的管理思想和方法，它认为"知道一个粒子的起始位置、作用力及运动规律，便可以准确预测粒子的未来走向"，其中蕴含着控制和因果的思想。正是受到这样思想的影响，弗雷德里克·泰勒（Frederick Taylor）提出的科学管理原理、马克斯·韦伯（Max Weber）提出的科层制组织、亨利·法约尔（Henri Fayol）提出的一般管理理论，奠定了古典管理理论的基础。时至今日，世界上大多数企业的管理依然受到古典管理理论的影响，科层制组织更是屡见不鲜。但这种传统管理范式指导下的企业，存在着一个很严峻且无法避免的问题，即"大企业病"（见图1-1）。

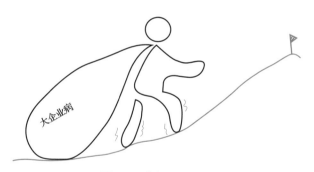

图1-1 "大企业病"

"大企业病"是英国历史学家诺斯古德·帕金森（Northcote Parkinson）于1958年出版的《帕金森定律》中所描述的现象，该定律系统性揭示了科层制组织随着自身规模的不断扩大，最终形成一个机构臃肿、人浮于事、组织效率低下的体系的必然后果。"大企业病"是科层制组织难以避免的挑战。对一个组织而言，若管理人员的人数注定要增长，则帕金森定律注定会起作用。

"大企业病"体现为企业规模庞大但价值创造能力不足。根据《财富》发布的"世界500强"榜单，2022年我国上榜企业145家，数量位居全球第一，且上榜企业的营业收入占总榜的比重为31%，首次超过美国，说明我国大规模企业的数量已在全球占有一定比重。然而，进一步分析2022年度世界500强企业的平均销售收益率、总资产收益率和净资产收益率可知（见图1-2），中国企业的三项指标与美国企业差距甚远，甚至低于世界500强企业的均值。

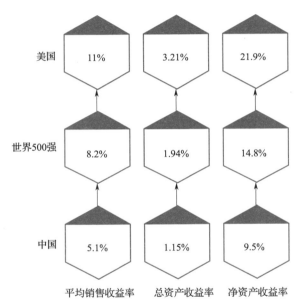

	美国	11%	3.21%	21.9%
	世界500强	8.2%	1.94%	14.8%
	中国	5.1%	1.15%	9.5%
		平均销售收益率	总资产收益率	净资产收益率

图1-2   2022年度世界500强企业收益率状况

在外部环境的不确定性、易变性愈发强烈的背景下，企业需要时刻保持对外部环境的敏捷反应，同时，不断增强对创新的要求与需求。在传统的组织结构形态下，员工无须对企业负责，只需完成精细分工模式下自己的那一部分工作，导致企业创新能力低下；同时，臃肿的管理层级结构降低了管理效率，亦不利于传统企业在激烈的行业竞争中取得优势。长此以往，在市场竞争越发激烈的背景下，僵化的企业无法及时调整与践行组织目标，最终会被时代淘汰。

破解企业的"大企业病"危机，根源在于组织变革。传统科层制组织结构桎梏了企业的灵活性和活力，导致企业的价值创造受限。因此，颠覆科层制组织结构成为企业释放活力、提升价值创造能力的根本。

2. 变革困境：变革的迫切性与变革方向的模糊性的矛盾

新时代背景下，互联网技术的广泛应用使得企业间竞争的时空壁垒与资源壁垒被打破；同时，各行业间的联系增强，"跨界竞争"现象屡见不鲜，企业面临着更加广阔的竞争空间。组织变革的重要性已提出百年之久，但在外部环境瞬息万变的今天，企业面临的变革压力愈发强烈，持续变革（将组织变革视为一种持续的过程）或成为企业的重要战略模式。

有学者指出，"变化是我们这个时代企业家焦虑的来源"[一]，提升企业对环境的适应性关系着企业的存亡，组织变革是企业提升自身适应性的关键。但组织变革是一项艰难而痛苦，并会面临失败的组织行动。正如张瑞敏所说，"我们不可能永远踏准时代的节拍，因为我们是人，不是神"（《人单合一：物联网时代引领的管理模式标杆》演讲稿），即使有变革的需求，未能把握变革的节拍亦是行无用之功。变革的迫切性与变革方向的模糊性的矛盾带来的变革压力主要有以下两个方面。

第一，颠覆由来已久的管理逻辑。"大企业病"的根源是权力的危机感，企业领导者若受权力的危机感的影响，则会落入"强调制度、部门权威性而忽略人的能动性"的科层制组织的泥沼。因此，若企业想要变革，首先需要领导者克服对权力下放的担忧，并消除对权力下放的误解，践行向员工放权、重视员工的能动性。

第二，把握变革的目标。纵观西方各大企业的变革历史，有各种丰富的变革路径与管理模式创新，但对企业而言，变革的路径与方式需要以组

　　[一]　朱恒源，杨斌.战略节奏[M].北京：机械工业出版社，2018.

织当前的形势为基础进行。若简单地以"追随最先进的管理手段"为原则开展变革，则会适得其反，反而加速企业的衰落。美国著名战略学家艾尔弗雷德·钱德勒（Alfred Chandler）提出的"结构追随战略"命题㊀，在当下仍然适用，身处VUCA时代㊁，冷静思考企业的发展战略和变革目标，避免盲从，亦是企业领导者面临的变革压力。

因此，对思变的企业家而言，颠覆性转变管理思维和把准时代发展的脉搏是成功变革的关键。真正制约企业前进步伐的不是变革的决心，而是头脑中固有的"以效率为中心，以科层为导向"的管理范式。㊂这意味着，变革的根本是指导企业管理范式的变革，是从组织结构到管理思想，再到创新范式的整体变革。企业是价值创造的平台，对企业管理范式的变革，追根究底是为了促进创新范式的改变。

3. 价值创造的瓶颈：压制员工活力，限制价值创造

传统管理范式奠定了工业革命的基础，帮助大型工厂与公司积累财富，通过劳动分工制造就业机会，提升更多人的生活水平。但是传统管理范式所能达到的价值已经在20世纪发挥了它的全部力量，且这种传统管理范式带来的生态危机、能源危机问题以及人的问题，是21世纪无法忽视的严峻挑战。广大企业管理者必须用一种全新的管理思维突破企业和员工所面临的价值创造的瓶颈。

传统管理范式将企业比作机器，致力于打造一个"精细、完美的企业机器"，以实现高效率运转。将企业比作机器则意味着机器的行动是在少数处于权力顶峰的人的控制之下。这意味着，规模巨大的企业中仅有少数

㊀　Chandler A D. Strategy and Structure：Chapters in the History of the Industrial Enterprise[M]. New York：Doubleday，1962.

㊁　VUCA：易变性（Volatility）、不确定性（Uncertainty）、复杂性（Complexity）和模糊性（Ambiguity）。

㊂　左哈尔. 人单合一：量子管理之道 [M]. 纪文凯，译. 北京：中国人民大学出版社，2021.

人在进行企业的价值创造。同时，受制于官僚主义和科层制组织结构，少数进行价值创造的主体与市场相隔甚远，基层员工对市场的反馈和响应需要经过层层上报才能抵达决策层，响应速度的缓慢及信息的不流畅会导致企业错失发展良机及重大失误的补救机会。在市场环境较为稳定的时代，企业尚可应对市场挑战与机遇，但在VUCA时代，迟缓、僵化的组织结构会导致企业失去活力，从而无法进行更深程度的价值创造。更重要的是，尽管管理学界一直强调"以人为本""挖掘员工潜力"，但在传统管理范式的框架下，一方面科层制的权力集中使得员工没有决策权，也会限制员工的工作自主性；另一方面，员工仅需对职责范围内的工作负责，无须思考如何给企业降本增效，从而抑制了员工的创新动机。总而言之，在传统管理范式下，员工活力难以释放。释放员工活力，突破企业价值创造瓶颈，企业还面临全局式的人员管理挑战。

第一，人才培养模式挑战。在传统的层级制组织结构形式下，企业对员工的培训与培养是针对某一细分岗位及其工作内容的培训，这种精细化人才培养模式虽然能使员工完全掌握某项工作，但人才的全面性和环境敏感性会下降，从而降低人才的应变能力与创新能力。面对VUCA环境，企业需要员工对外部环境的变化具有敏锐的感知，能够理解各方面信息并将其运用于企业运作，而这种需求是传统的"削萝卜式"人才培养模式无法满足的。万物互联时代的到来，企业只有迎接人才管理理念与方式的颠覆性变革和挑战，才能最大化发挥人才的作用。

第二，人员考核模式挑战。随着企业的组织结构形态的变革带来的员工职能变动，以及对员工创新能力的要求越来越高，过去通过关键绩效指标（Key Performance Indicator，KPI）考核员工并进行薪酬激励的方式已不适用，且单纯的KPI考核无法量化员工的创新绩效，不利于企业对员工的创新激励。因此，企业需要探索一条新的薪酬激励模式。

第三，人、物、系统交互挑战。尽管互联网、物联网、人工智能等技术的发展为企业数字化转型提供了重要契机，企业通过知识与信息的共享进行价值共创的程度逐渐加深，但当前的共享程度还远远不够，从海量信息中找到必要信息并进行精准分析仍是企业目前面临的技术挑战。因此，如何加深人、物、系统间的连接与交互，使人工智能获得的超出人类能力的最佳分析结果反馈给人类，是突破企业价值创造瓶颈的重要攻克方向。

（二）新时代企业发展的机遇

以传统管理范式为指导的数次工业革命在机械时代、电气时代发挥了重要作用，但也因传统管理范式本身固有的弊端带来了一系列挑战和消极后果，世界各国需要继续寻找发展之出路。同时，数据技术、移动互联、人工智能等新兴技术的快速发展，为实体经济的再度繁荣以及全球生态治理迎来了生机。网络化、信息化与智能化的深度融合将使得全球经济面临深刻的产业变革，产业链和行业结构面临重组，人类社会的生产方式、生活方式将发生颠覆性变化，世界经济将会迎来新的产业发展周期，新时代下企业发展亦将迎来新的机遇。

1. 数字技术与生态赋能

数字技术的出现与更新不断迭代人类的认知，为人类的生活提供了更广阔的想象空间，用户的个性化需求不断增多。在"产品的快速迭代"与"用户需求的不断更新"的相互作用下，企业面临着更激烈的竞争压力，只有不断升级产品性能、迎合用户需求、顺应时代潮流，才能获得持续发展的动力；但同时，数字技术的不断发展，跨学科成果的协同与整合趋势增强，亦给企业创造了广阔的进化空间与发展机遇。物联网（Internet of Things，IoT）作为联结物理应用与数字应用的纽带，是引领数字时代的重要技术，实现人、机、物在任何时间、任何地点的互联互通。物联网的发展为传统制造业提供了智能化转型升级的自救机会。首先，万物互联使得制造业的信息化程度提高，改变了产业链分工，能够直接对接终端消费者的需求，从而实现生产策略优化；其次，生产策略优化能够减少制造业生产过程中资源和能源的浪费，从而实现绿色生产；最后，制造业的智能化转型能够促进"再制造业化""制造业回流"等实体经济复兴。当下，全球制造业正迎来革命性升级的关键时期，对数字技术的掌握与应用成为各国、各企业争夺的战略制高点。

数字技术的发展为实现人机互动，将人、信息、物理高度融合，人的知识与技术的信息化内容深度融合共创，从而孕育出了新的生态，而基于数字技术衍生出的生态体系，能够全方位、多层面地将各个要素结合起来，大幅扩展价值创造的空间，为企业价值孵化创造出了前所未有的空间。开放的生态系统形成创新公地，参与生态系统的企业将能够获得新的盈利点，从而延长企业的寿命。

2. 新工业革命

新工业革命带动企业迭代转型，为企业的可持续发展指明方向。数字时代背景下，数字技术的快速革新和数字化转型升级的速度不断加快。"工业4.0"描述了工业价值链在更深程度的技术进步背景下产生的影响和愿景，它强调数据驱动的智能制造，基于信息物理系统和互联工业的以用户为中心的大规模定制生产与服务。不可避免地，工业4.0带动的行业变革会使劳动力角色发生改变甚至受到威胁，进而会引发劳动力组织方式、职业生涯等各方面发生变化的涟漪效应。因此，"工业5.0"概念应运而生。工业5.0概念由欧盟于2021年4月提出，被定义为"认识到工业的力量，使生产尊重地球的边界，将工人的福祉置于生产过程的中心，实现就业和增长以外的社会目标，并成为富有弹性的繁荣提供者"[⊖]。工业5.0更关注以

　⊖　EUROPEAN COMMISSION. Industry 5.0： towards a sustainable， human-centric and resilient European industry[R].Luxembourg： Publications Office of the European Union，2021：14-15.

人为本的需要，包括人的多元化发展和被充分授权，可持续发展需求，以及弹性工作。

人的多元化发展和被充分授权，意味着给予个体更高的自由度和行动的便捷性，从而为个体提供充分发挥主观能动性的条件；可持续发展需求和弹性工作的满足则从个体安全感和灵活性的角度为个体进行创造性活动提供动力和保障。

此外，与已有的人本管理不同的是，工业5.0所聚焦的"以人为中心"是以人的能力为中心，促进个体充分释放自身潜能，实现价值。在此前提下，数字技术的迭代发展，则可以将人从低知识的劳动中解放出来，使人们投入价值创造过程。换言之，工业5.0以人、信息、物理高度融合的系统为核心，旨在实现生产链、价值链和产业链的知识集成与互联驱动的智慧工业；同时，通过强调人在技术高度发达空间中的能动性和主导性，能够提升人的幸福感水平，提升人类福祉，是企业社会责任践行、实现可持续发展的关键。

3. 科技强国与创新驱动

"科技是国家强盛之基，创新是民族进步之魂。"基于科技对人类社会发展的重要作用，世界各国都已明确科技实力对各国各民族前途命运的重要作用，抢占科技先机是国家发展的战略制高点已在世界主要国家中达成共识。对应地，各个国家均已开展国家创新体系构建，以实现创新驱动。科技强国战略与创新驱动方针为企业带来新的发展机遇，在政策引导和支持下，政、产、学、研高度结合与协同，为企业发展和创新提供了机遇与条件。

德国政府高度重视战略规划对科技创新的引领作用，在《德国高科技战略2020》中推出了11项"未来规划"，明确了未来10~15年科学、技术和社会的发展目标。美国对特定产业及相关的科学技术领域具有明显的投资和政策倾斜力度，以确保科技创新的优势地位。日本通过"三层计划体系"（国家层面的科技战略规划、国家重点科技领域的科技发展计划、科研机构的研究发展机会）引导国家创新。日本科技创新"六五计划"（即从2021年开始的5年计划）强调实现数字化社会变革、强化研究能力和培养人才，驱动日本企业的发展。

我国亦重视科技创新对我国经济发展的重要性。党的二十大报告提出加快实施创新驱动发展战略，坚持面向世界科技前沿、面向经济主战场、面向国家重大需求、面向人民生命健康，加快实施高水平科技自立自强；同时强调强化企业在科技创新中的主体地位，发挥科技型骨干企业引领支撑作用，推动创新链、产业链、资金链、人才链的深度融合。

总而言之，科技强国战略与创新驱动为企业培育发展的沃土，明确企业前进要求，为企业扫除障碍，给企业发展带来机遇。

二、国内外组织变革的探索与经验总结

以史为鉴，博采众长。打破科层制是组织变革进化的方向，自主管理是打破科层制、提升组织动态性的重要实践。中国在百年之内从半殖民地半封建国家发展成为世界上最大、综合实力最强的发展中国家，离不开"人民当家作主"，团结广大工农的政治理念，也离不开几十年来各行各业的中国人民对组织管理模式的探索与实践。本节在分析中国典型自主管理模式的闪光点的同时，也会客观阐述这些模式未能实现长久的原因；在此基础上，对国外典型案例的自主管理模式进行分析，总结经验，为明确新时代中国企业的实践方向提供支撑。

（一）中国的自主管理模式探索实践

1. 中国的自主管理模式探索案例

本文选取"鞍钢宪法"、大庆石油会战、小岗村的大包干实践和邯钢

的市场化经验四个案例对中国自主管理模式探索进行分析。

（1）"鞍钢宪法"

"鞍钢宪法"是我国鞍山钢铁公司在19世纪50年代末总结出的一套管理经验。其核心是"两参一改三结合"，即"实行民主管理，实行干部参加劳动，工人参加管理，改革不合理的规章制度，工人群众、领导干部和技术员三结合"，对基层员工充分授权，调动员工的积极性和主动性，并强调团队合作。凭借"鞍钢宪法"的指导，基层员工的创新主动性大幅提升，参加技术革新和技术革命的群体十分广泛，取得良好绩效，鞍钢钢产量逼近700万吨/年，此后将近30年再无重大突破。

"鞍钢宪法"是我国自主管理实践的先驱，它探索了一条社会主义企业的管理路径。"鞍钢宪法"相对于苏联的"马钢宪法"，其重大突破在于体现了工人及知识分子对企业管理权的需求，从而表现为对人的价值的肯定，这在当时是极为宝贵的思想和导向。尽管"鞍钢宪法"具有时代局限性，但它的出现及实践体现了我国企业在家国情怀的激励下，在变革、创新管理模式方面的探索与尝试。

（2）大庆石油会战

大庆石油会战成功的根本原因是广大石油工人奋进勃发、自发地竭尽全力为祖国石油事业发展贡献自己的力量。以1202钻井队为例，该队在1961年看到《人民日报》登载的苏联格林尼亚钻井队（功勋钻井队）的钻井成就，自发向会战领导小组请战，决心超越，提出"再打一口井，坚决超'功勋'，为国争光荣"的口号，以光荣的钻井成就实现超越苏联功勋钻井队的誓言。"这困难，那困难，国家缺油是最大的困难""有条件要上，没有条件创造条件也要上"……正是由于广大石油工人充满干劲、自我驱动、出现问题自己解决问题，这场石油会战才能够取得傲人的成就。1960年至1963年，大庆石油会战小组共探明860平方公里的特大油田，累计产油量1100万吨以上，与1949年仅12万吨石油产量形成鲜明对比，结束了

"中国人民使用洋油"的时代。

（3）小岗村的大包干实践

面对中国粮食产量低的困境，中国人民心怀家国情怀，秉着自强不息的精神，在贫苦的环境下，坚持探索自救自强之路。1978年，安徽凤阳县小岗村的18位农民以"托孤"的方式，在土地承包责任书上签名按印，实施联产承包责任制，即分田到户，每户保证完成各户的全年上交和公粮，不再向国家伸手要钱要粮。签定土地承包责任书仅一年，小岗村次年的粮食产量得到大幅提升，总产量66吨，相当于小岗村生产队全队1966年到1970年的粮食产量总和，一举结束小岗村20年吃国家救济粮的历史。

小岗村的实践亦是一次中国组织模式的宝贵探索。面对平均主义思想影响下生产队生产积极性下降、内耗严重、中国经济水平低迷的现状，中国人民自发地探索出激励人民积极性的组织模式。人民受爱国情怀和责任感、丰衣足食愿望的驱动，通过包产到户，明确各户生产责任和指标，激发生产队的积极性，大幅提升了农村的生产力，对振兴中国经济具有深远的意义。

（4）邯钢的市场化经验

邯钢依凭先进的"邯钢经验"，在产品、设备都并非很先进的条件下，从亏损边缘逆转，成为行业领军企业。"邯钢经验"的精神实质是以经济效益为中心，依靠职工群众，通过模拟市场价格核算，将成本与效益挂钩、效益与分配挂钩，以成本否决为杠杆，形成"千斤重担人人挑，人人肩上有指标"的局面。邯钢经验之所以取得成功，关键在于通过指标下放，转变员工的工作观念，将企业利益与员工利益相统一，从而调动员工的工作积极性，激发员工的工作热情与工作活力。自1990年提出，在试点实现利润翻20倍的成效后，邯钢经验于1991年开始全面推广，1991—1996年，邯钢实现成本每年降低6%以上。此外，邯钢经验的推广亦取得一定的成效。河北省引进邯钢独立核算的工业企业在销售收入、利润等方面均获得明显增长，增幅名列前茅；在"九五"期间，邯钢兼并河南舞阳，将舞钢从年产钢不足30万吨的钢厂转变为百万吨级的大型特钢企业。

邯钢经验在我国经济体制转轨过程中发挥了巨大作用，牵住了国有企业脱困的"牛鼻子"。但同时，由于存在时代局限性，邯钢经验也存在一些不足，包括企业内部无序竞争、内部交易成本高昂等。尽管如此，邯钢经验敢为人先的精神和市场化的导向，在我国企业管理史上留下了浓墨重彩的一笔，其丰富的时代内涵亦是我国宝贵的精神财富。

2. 案例分析与总结

无论"鞍钢宪法"、大庆石油会战、小岗村大包干实践还是邯钢经验，都在当时实现了产业产量的大幅提升，为中国经济发展发挥了举足轻重的作用。我们总结了四个案例的组织模式、效果及经验，如表1-1所示。

自主管理模式体现了组织内员工活力的充分释放和持续的价值创造。根据表1-1可知，四个案例取得良好效果的最终原因在于调动广大工人（员工）的工作活力，而员工活力的激发离不开以下五个要素（见图1-3）。

图1-3　员工工作活力的激发因素

表1-1　中国典型自主管理模式探索的案例分析

案例	背景	组织模式	效果	经验	不足
"鞍钢宪法"	产量低下，技术落后	"两参一改三结合"，对基层员工充分授权，激发员工的积极性和主动性，并加强调团队合作	鞍钢钢产量逼近700万吨/年，此后将近30年无重大突破	与苏联的"马钢宪法"形成鲜明对比，强调工人及知识分子对企业管理权的需求	具有时代局限性，未能得到重视
大庆石油会战	石油需求量巨大但中国石油产量低微，被称为"贫油国家"，国家期望摆脱对洋油的依赖	强烈的爱国情怀激发广大石油工人的工作热情和自我活力，实现自驱动管理	会战期间累计产油量1100万吨以上，实现我国石油自给，为国家累计节约资金约3.5亿元	调动广大工人的工作热情，使命召唤实现工人工作自驱动；自立挑战性目标，决各项困难，自我解实现目标	受到环境和时间的限制，并没有形成可持续的组织管理模式
小岗村大包干实践	农业生产低效，长期处于"吃饭靠返销、用钱靠贷款，生产靠贷款"的状况	自发签定土地承包责任书，实施联产承包责任制，分田到户，头顶产量目标	签定土地承包责任书仪一年，小岗村秋年粮食产量总产量达到66吨，相当于过去1966年到1970年的粮食总和；明确由小岗村创新探索的联产承包制成为我国农村基本经营制度	提供田地，明确产量目标，分田到户，包产到户，从而激发人民的劳动积极性	小岗村的实践，通过分田到户，明确目标，激发农民的积极性，性实现了农村改革，但该模式没有体现"合"的优势，如协同合作
邯钢经验	煤、油等燃料价格持续上涨与钢材价格回落，中国钢铁产业面临困境	以经济效益为中心，依靠职工群众，通过模拟市场价格核算，将成本与效益挂钩，以成本否决为杠杆，形成"千斤重担人人挑，人人肩上有指标"的局面	自1990年提出，在试点实现利润翻20倍的成效后，于1991年开始全面推广，1991—1996年，邯钢实现成本每年降低6%以上，邯钢成为行业领军企业，模式被广泛推广	通过指标下放，转变员工的工作观念，将企业利益与员工利益相统一，从而调动员工的工作积极性，激发员工的工作热情与工作活力	企业内部无序竞争，内部交易成本高，员工之间未能实现合作共赢，从而会导致效率和效益下降，最终会导致该组织模式失败

第一个要素是愿景/使命。这是驱动个体工作活力和热情最根本的要素，案例中广大人民投身工作的根本原因是因为热切的爱国情怀，想要改变当时中国贫困的情境。第二个要素是权力，即个体只有被授予充分的决策权、管理权和行动权，才能充分释放工作热情。第三个要素是目标，即个体需要有明确的为之努力的具体目标，才能够把握行动方向。案例中的产量目标、产量指标等均能体现这一要素的重要性。第四个要素是合作。个体之间只有充分合作才能实现更高程度的价值创造，否则将会陷入无序竞争的困局。第五个要素是资源。只有可获得的、可持续的、充足的资源条件，才能持续激发个体的工作活力，这个资源不仅包括工作资源，还包括政策资源等支持性资源。

进一步对中国四个经典案例中五个要素的体现与否进行分析可知，正是由于部分案例未能满足所有的五个要素，该案例对应的组织模式才无法获得长远的成功。此外，我们也必须意识到，即使案例满足所有的要素，也存在一定的时效性和局限性。第一，愿景/使命。四个案例背后蕴含的愿景和使命是具有强烈时代特征（中国经济落后）和紧迫感（极度贫困或供给匮乏）的使命。第二，权力。尽管存在权力的让渡，但受到工作内容的限制。第三，目标。对指标的考核和反馈体系还不够完善。第四，合作。员工间的合作还不够充分，共创程度不高。第五，资源。受限于技术和国情等多重因素，个体所拥有的可以利用的资源较少。

如今，随着中国综合国力的不断增强和世界地位的不断上升，已经突破20世纪国情对我国企业发展的限制；新时代的技术革新能够弥补内部交易成本高等不足，为自主管理模式的持续成功提供条件。此外，新时代下国家政策和战略更加契合企业管理模式创新的需求并对企业发展提出更高的要求，中国企业组织的未来发展方向比过去更加清晰地呈现出来，即一个以人为中心，实现自组织、自驱动、自创新的组织管理模式。

（二）国外的自主管理模式探索经验

随着新时代背景下大企业病的弊端越发凸显，传统科层制对企业价值创造的禁锢受到各行各业专业人士的广泛关注，大量外国企业开始探索能够释放员工活力的组织管理方法，向打破科层制组织模式的自主管理道路前进。本文选取宝洁公司、戈尔联合公司、罗氏集团（印度）、全食超市、谷歌几个大型企业案例进行分析（见表1-2），这些企业均在一定程度上体现了自主管理模式的内涵和逻辑。

表1-2　国外的自主管理实践案例

公司名称	公司类型	成立时间	公司成就	自主管理分析点
宝洁公司	日用品公司	1837年	宝洁经受了"大企业病"带来的沉重代价，2015年起历年总资产急剧下滑。宝洁在求变中自救，近两年的利润率逐渐回升	开放创新
戈尔联合公司	工业用品制造业	1958年	在美国、德国、英国、荷兰、日本及中国均设有制造工厂，销售网络遍布全球，年收入达45亿美元；在全球拥有超过3500项专利，涵盖电子、医疗器械和聚合物加工等多个领域	组织模式
罗氏集团（印度）	制药业	1964年	劳拉发起的变革组织模式仅实施一年，员工敬业度评分从46%升至82%，一线人员流失率降至4%，关键渠道收入增长20%	组织模式转型
全食超市	零售业	1980年	自1992年成功上市后，投资回报表现出色，远强于其他零食零售业竞争者；2000年之后实现大规模店面扩张，2010年销售额突破100亿美元；在实体业遭受电商冲击时，全食超市依然保持业绩连续5年增长	组织模式
谷歌	科技公司	1998年	得益于谷歌长期以来的管理模式，谷歌在全球的地位始终稳定。2022年度全球品牌价值500强中，谷歌位列第三，2021年谷歌全球市场份额为91.40%，目前市值超过1万亿美元。此外，谷歌还在无人驾驶、风险投资、人类健康、黑科技等前沿领域持续探索	组织模式

所选案例中，戈尔联合公司、全食超市、谷歌的组织模式构建了公司的自主管理实践；罗氏集团（印度）的自主管理探索体现在劳拉·贝泽拉（Laura Bezzera）短暂的组织变革实践，本节分析也仅针对这一时期罗氏集团（印度）的组织模式及变革效果；宝洁公司作为一个存续百年的大型跨国企业，其整体组织架构仍是事业部制，但宝洁公司的开放创新实践体现出自主管理的特征，因而本节就宝洁公司的开放创新实践部分进行分析，以此突出传统组织架构型企业的自主管理模式探索。

本节根据前文提出的影响员工工作活力的五个要素对上述国外知名企业的组织模式进行拆解分析，以更清晰地体现这些知名企业的自主管理思想的具体实践。

1. 愿景/使命

纵观案例企业的愿景和使命（见表1-3），可知这些企业的愿景和使命都是十分宏大且具有可持续性的。首先，企业愿景的受众是全球化的；其次，企业的愿景与使命超出企业核心业务的范围，而是将企业眼界扩大至人类的可持续发展。

表1-3　案例企业的愿景和使命整理

公司名称	愿景/使命	关键词
宝洁公司	为现在和未来的世世代代，提供优质超值的品牌产品和服务，在全世界范围内，为更多的消费者提供更全面、更亲近、更美好的生活	• 世世代代，世界范围 • 优质超值生活
戈尔联合公司	致力于造福全球的用户与社区，帮助他们梦想成真 你我携手，更美生活	• 全球用户与社区携手（Together）生活
罗氏集团（印度）	我们激励人们改变印度的医疗，通过持续创新的解决方案关爱每一位患者的生活	• 印度医疗 • 持续创新 • 关爱患者生活
全食超市	健康的食品，强健的人类，生机勃勃的星球	• 食品，人类，星球
谷歌	整合全球信息，供大众使用，让人人受益	• 全球，大众，人人

愿景和使命的实现无法仅靠标语宣传，而需要企业每一位员工的切实践行。因此，愿景和使命需要传达给企业的每一位员工，并使企业愿景与使命成为员工的愿景和使命。然而，即使员工拥有和企业一致的愿景与使命，能否真正在工作中践行，还需要组织结构的支持，这种组织结构的核心是要给予员工充分的工作空间和工作自由，而这是传统科层制无法实现的。

2. 开放的结构：权力+合作+资源

案例企业的组织结构与传统的科层制组织结构明显不同。通过分析案例企业的组织运作结构，我们可以发现，无论戈尔联合公司、全食超市、罗氏集团（印度）、谷歌的组织结构还是宝洁公司的创新模式，均有一个共同的特征：开放。

（1）宝洁公司：开放创新边界

近年来，宝洁公司在探索"让大象跳舞与转身"的实践，提出"连接+开发"（Connect+Develop，C+D）战略，通过开放式创新，旨在与世界上最具创新精神的人才合作，为公司挖掘最具挑战性的机遇，而合作的对象囊括个人发明家、小企业以及世界500强公司。宝洁公司专门配备了一支全球团队，致力于增强"C+D"能力，寻找、创新与潜在合作伙伴的合作，从而满足宝洁公司在产品、技术、销售、供应链等方面的创新需求。基于"C+D"的开放式创新模式，宝洁公司提出了网络化模式，即在全球范围与外部创新资产合作，通过识别可用的创新想法和有效的创新资产增加股东总回报。

（2）戈尔联合公司：开放的工作业务

戈尔联合公司没有组织层级和组织机构图，整个公司呈现网络状结构，没有上下级关系，员工被统称为合伙人。戈尔联合公司的核心经营单位是小型的自我管理团队，团队的领导亦由团队内部选拔——为团队做出较多贡献的人自然会吸引追随者。合伙人的工作完全以自身兴趣为主导，工作的目的并非如科层制组织一般，是为上级或领导工作。新入职的合伙人将被分配一个辅导员（Sponsor），旨在帮助合伙人找到匹配其能力与团队需求的项目。戈尔联合公司并不规定公司"核心业务"的界限或限制合伙人创新的方向，合伙人可以自由探索与创新，同时戈尔联合公司会在每周给予合伙人半天的"自由活动"时间，对自己感兴趣的项目进行研究。此外，戈尔联合公司对合伙人创新的探索具有较强的包容性——在识别和最小化不必要投资冒险的前提下，一个有潜力的项目可以持续尝试。

（3）罗氏集团（印度）：区域团队自治

本文所述的罗氏集团印度子公司的案例聚焦在劳拉·贝泽拉被任命为罗氏集团（印度）董事总经理后，经全球高级领导层批准，发起"量子领导力变革项目"试点计划阶段。劳拉任职期间进行罗氏集团（印度）的组织变革，旨在打破科层制组织结构，构建自组织结构，赋予员工决策权和责任感，令其充分发挥自身潜力，为用户提供个性化、高效的服务。具体的组织变革方式是，劳拉将原先服务于全印度的一个销售团队划分为九个独立的区域团队，每个团队负责独立的几个区域的工作，从而打造一个更小、更灵活的团队，以此提供更加精准的服务。

（4）全食超市：门店自治

不同于传统超市通过打折促销吸引顾客，全食超市将品牌定位成"改变生活方式"，将销售食品变为销售生活方式及生活理念。全食超市通过提供少加工的绿色食品、宽敞舒适的购物环境，吸引大量顾客。为了降低市场需求差异带来的管理成本，全食超市采取一种团队自治的组织模式。全食超市的每个门店是一个团队，且这种团队是精小的授权型团队，一般由8人组成。团队具有高度的自治权，包括：①经营决策自治，即门店可以自行决定该门店销售产品的种类、进货量等；②人事决策自治，全食超市的决策遵循"关键的决策问题，应当由那些受该决策结果影响最大的人做出"；③差距自治，内部信息公开，每个员工都能清晰地看到自己与他人的差距，从而便于自我管理。

（5）谷歌：支持开放创新的创新团队

谷歌的核心活动单位是由3~4名工程师组成的小型团队，每个团队有特定的改进服务创新目标。每个团队都有"最高技术领导者"，但领导者是技术导向的，根据项目要求进行轮换。另外，大多数工程师同时为几个团队工作，且团队人员的改变无须通过流程审批，可自由进行更换。

除此之外，谷歌还有一个致力于黑科技的X实验室，该实验室没有官僚层级，没有监督，没有财务报表，一切都是为了让项目小组专注于挑战。其工作流程是，首先，X实验室每隔一周会召开"登月计划"论证会，参会者共同论证评估创意是否符合三项标准，即"解决一个重大的全球性问题""涉及发明突破性技术""结果能产生根本性改观"；其次，由材料科学到人工智能等各领域专家组成的X实验室快速评估小组就这些创意进行预检验；最后，将通过预检验的创意分配给一个小团队进行调查，并进行开发和研究。

进一步分析所选案例的结构形态可知，案例的开放结构均能满足激发员工工作活力所需的"权力""合作"和"资源"条件，整理如表1-4所示。

表1-4 案例的"权力""合作"和"资源"要素

案例	权力	合作	资源
宝洁"C+D"	由一支全球团队完成工作，实现权力下放	对外部创新体保持开放，与外部进行合作	开放性政策、明确的产品创新需求目录
戈尔联合公司	合伙人自由选择项目，以兴趣为导向，自我管理	合伙人团队共创共赢共享	• 充分的创新时间 • 失败包容
罗氏集团（印度）	将部门打散为多个团队，每个团队独立负责一个区域	团队成员共同负责一个区域，盈利共享	发起持续的"量子"培训，转变员工思维和利益攸关方思维，构建"量子环境"
全食超市	门店自治，拥有核心经营权、人事权	团队成员共同经营门店，利益统一	公开透明的信息
谷歌	创新团队自发成立、自发解散，弹性工作	小型创新团队按照技术需求和项目目标聚集，共同实现创新目标	• 充分的创新资源 • 充分的创新时间 • 充分的创新空间

3.目标：特殊的评估方式

自治、开放的组织结构对应需要与之匹配的目标评估方式，传统的KPI等指标并不适用于自治团队。需要明确的是，目标评估是为了将员工自治形成闭环，保障员工的可持续自我管理。在目标方面，五个案例呈现不同的特点。

（1）宝洁"C+D"：寻求匹配

宝洁公司的开放式创新是基于宝洁公司当下需求运作的。宝洁公司会在"C+D"网站上发布当前的创新需求，如目前网站展示了宝洁公司在生命实验室，家庭护理创新，包装创新，工业和制造业创新，数字、商业和零售创新等方面的需求。外部创新源可以根据宝洁公司发布的需求进行自身创新资产的匹配，并在网上提交申请。通过评估后，宝洁公司的开放式创新需求与外部创新源互相匹配，从而实现宝洁公司的创新目标。

（2）戈尔联合公司：同行评价

戈尔联合公司的薪酬体系与员工资历不挂钩，但与同行评价牵连甚深。由于戈尔联合公司专注于合伙人团队创新，因此，每年每一位合伙人都会受到由至少20个同事进行的同行评价，并将数据归集至薪酬委员会进行等级排序，并依据排序进行薪酬发放。因此在戈尔联合公司，合伙人的报酬根据增加价值的多少有很大差别。此外，戈尔联合公司实施股权激励机制，入职一年的合伙人薪水的一部分以股份形式分时间发放。由于每一位合伙人都拥有一定的股份，因而大部分合伙人都对企业具有强大的责任感，因为公司利益与个人利益相统一。

（3）罗氏集团（印度）：不清晰的评估

遗憾的是，罗氏集团（印度）在目标评估方面做得并不好，劳拉在实施"量子领导力变革项目"时，未能开发出一套完整的、清晰的绩效评估方式，也没有建立一套全面的、流畅的信息体系，从而使得区域团队在工作中失去校准目标，也无法及时对比自身的经营状况。这可能是罗氏集团（印度）的自主管理模式实践失败的一方面原因。

（4）全食超市：透明的信息

全食超市将对员工的授权程度与员工信息开放程度高度统一。透明的信息体现在薪资信息、经营信息等方面。薪资信息方面，每位员工都有权查阅其他门店员工的薪资水平甚至主管的薪资水平，由此明晰工资对应的工作责任和工作能力，从而激励员工提升自己的技能并承担工作责任。经营信息方面，每日每门店的销售额、产品成本、利润等信息向所有员工公开，从而使员工更加清晰自己的工作与其他门店相关人员的工作的差异，且这些信息是门店经营的宝贵数据信息，透明且开放的信息共享机制能够促进门店间协同进步。由于内部数据公开透明，全食超市体现出明显的内部竞争。各门店、各团队都在与对应的其他门店和团队进行竞争，全食超市每四周都会计算每个门店各个团队每单位劳动工时所创造的利润，并给予超额利润的团队一定的奖金。

（5）谷歌：激励的薪酬体系

为激励员工创新，谷歌实行差异化的薪酬体系，将公司利益与员工利益相统一，员工为自身利益奋斗的同时亦为公司创造价值，从而实现员工与公司的利益统一。谷歌的薪酬差异主要体现在员工为谷歌带来价值贡献的大小上，主要通过绩效激励、股权激励和奖金激励驱动员工创新。谷歌具有基于大数据的数字化绩效计划与目标设定、绩效实施以及绩效考核，从而提升绩效考核的公平性、高效率，同时，在线化的考核平台使得员工可以通过系统进行工作流程汇报，从而打破传统绩效考核的单向性。股权激励方面，谷歌根据员工上一年的表现向正式员工发放股权奖励，从而将公司利益与员工利益统一起来，形成正向激励。奖金激励方面，谷歌设立奖金丰厚的创新奖项，如"创始人奖"，以此激励为谷歌带来巨大成就的创新员工。

4. 总结

西方企业的实践为自主管理组织模式的具体化实践提供了经验和借鉴。通过上述案例，我们总结了自主管理组织模式的特征，具体如下。

第一，需要有宏大的愿景。戈尔联合公司期望打造一个为每个人提供绝佳机会、促进自我实现蓬勃向上的企业，全食超市关注环保和生态，罗氏集团（印度）致力于提升印度的医疗健康水平。宏大的愿景为企业的发展奠定基础，企业的社会责任水平大幅提高，传统企业只关注市场价值，而新时代企业需要将人类福祉纳入企业社会责任。

第二，需要自组织结构。不使宏大愿景落为空想的重要步骤是打破传统科层制结构，建立一个自组织结构，激发每个员工的活力和创造力，与外部利益攸关方充分合作。

第三，需要强大的领导力。新时代企业领导者需要克服传统科层制管理范式对权力下放的担忧，将权力放心地下放给员工，践行服务型领导者角色。服务型领导者意味着肩负为新事物发展扫清障碍的责任，需要从各个方面为员工、企业、社会服务，将长远而宏大的愿景根植于日常的工作生活。

第四，需要构建信息化数字化平台。自组织自驱动结构强调开放但并非放任。首先，核心企业需要搭建开放式平台，吸引外部资源入驻并维护平台的运营秩序；其次，需要设计适宜的评估工具对平台中的核心单元进行评估，使得平台的核心单元能够及时进行自我调整与修正；最后，平台需要维持可持续的价值创造空间，即需要搭建信息、知识共享空间，以助力核心单元的价值创造，并促使价值创造螺旋式上升。

（三）国内外的自主管理模式探索经验总结

无论中国的自主管理实践探索还是国外的自主管理实践探索，都有其先进之处，亦都有不足之处。表1-5整理总结了本文选取的中外案例，分析自主管理模式探索的优势与劣势。

表1-5　国内外自主管理实践案例总结

对比	优势	劣势
中国案例	文化：集体主义思想使得个体更容易激发自主管理，除了个体利益，集体（国家）利益也能够激发个体（或员工）的活力 推广：党中央的统筹管理能力和以人民为中心的工作导向使得好的管理实践更容易得到"模块化"推广	愿景目标：受到国情限制，案例的目标大多聚焦在产量上，从而在一定程度上影响组织模式的可持续性 技术：自主管理的持续发展需要充分的资源和信息，而案例所在年代的信息技术欠缺，从而无法便利解决交易成本和内部秩序维护问题
国外案例	愿景目标：具有宏大的愿景目标，从而促使公司为实现愿景目标拥有可持续的奋斗方向 组织模式：具有体系化的组织管理模式，较为完整的评估工具 技术：信息技术较为发达，员工信息获取途径便捷、内容完备，能够降低企业内部的交易成本，保证企业内部顺畅运转	文化：个体主义思想使得员工的活力激发需要由充分个体利益驱动，从而使得个体间的合作协同亦是纯粹的利益交互 管理范式：国外深受传统管理范式的熏陶，即使在组织形式上打破层级制，但依然没有完全抓住"以人为本"的核心

国外的自主管理模式探索在愿景目标、组织模式和技术水平方面的优势较为明显，这也正是中国20世纪自主管理模式探索中较为欠缺的要素，但中国的自主管理模式在文化和推广方面的优势，又是外国企业所欠缺的。中国文化中"治国平天下"的思想底蕴下的集体主义思想，使中国人民在工作中更能将自身与组织使命、国家使命乃至世界使命相关联，同样地，中国企业管理者能以更包容的态度看待"人"，重视人的全面发展和可持续发展。在深受传统管理范式熏陶的外国企业中，"以人为本"的功利色彩仍然明显；同时，对"人"的范围的理解亦有局限性，戈尔联合公司、罗氏集团（印度）、全食超市、谷歌公司的组织管理释放了人的活力，但仍以内部员工为主，而没有充分发挥用户的创新能力，与用户共创的程度还有待加强；宝洁公司虽然通过开放式创新与外部创新体相联系，

但依然没有深切关注用户的价值。

新时代背景下，基于大量管理模式探索的先驱企业的经验，我国企业需要取长补短，融会贯通，踏准时代节拍，探索并践行一条可持续的新型企业管理之路。

三、新时代中国企业的时代使命及实践方向

几个世纪以来，在西方如火如荼开展工业革命、迈向工业社会时，中国仍处于以农耕为主的农业社会；西方发达国家凭借先进的技术开始大规模殖民扩张，中国在两次工业革命的席卷下一度沦为半殖民地半封建社会。经过几代人的艰难求索，中国适时把握住第三次工业革命的机遇。通过改革开放，大力推动中国经济发展，中国一跃进入工业2.0时代。中国凭借自身独特的资源、地理及人口优势，形成独立完整的现代工业体系，成为世界上唯一一个轻重工业体系完整、兼具优质劳动力及资源优势的工业大国。经过一代代中国人自强不息的奋斗，我国在短短40年左右的时间里，实现了从"落后"到"追赶"再到"超越"。如今，数字时代下，中国已身处世界的较前端，有实力参与全球竞争，有底气参与全球秩序的重构，打造世界一流企业是中国企业在数字时代下的终极使命。

习近平总书记指出，要"加快建设一批产品卓越、品牌卓著、创新领先、治理现代的世界一流企业"，即拥有雄厚的规模实力、国际化核心竞争力、品牌影响力、管理水平、人才队伍和企业文化，在所在产业具有较强的话语权和影响力。⊖ 在国家战略的引导下，近年来我国企业的综合实力逐年增强，专利指数、研发投入均已名列全球前列，世界500强榜单中我国企业上榜数量亦逐年上升。但同时，我们也要清晰地认识到我国企业的综

⊖ 王丹，刘泉红.加快建设世界一流企业　促进形成新发展格局 [J].宏观经济管理，2021(5)：14-20+27.

合实力仍与发达国家的企业存在一定的差距。

（一）新时代中国企业的时代使命

企业强则国家强，企业兴则国家兴。新时代背景下，企业实现世界一流企业使命，需要从转变创新主体、坚持文化自信、聚焦人民福祉三个方面着手实践。

1. 转变创新主体：遵循企业员工契约，推动全员创新

尽管"人人都是创新源"的思想已存在多年，但"人人创新"的局面并未出现，追根究底是企业创新主体未彻底实现转变。长久以来，指导企业实践的企业契约范式将企业的主体归于物质资本或企业家，而将员工视为劳动力要素，忽视或小觑员工在价值创造过程中的关键作用。随着教育水平的不断提升，员工能力的不断发展，以及创新需求的不断增大，员工逐渐成为企业创新的主体，若仍采用过去的契约范式，即员工仅有契约的执行权，承担风险但没有对应的收益和权力，那么，一方面员工的创新活力无法被激发，另一方面也无法保证契约收益的最大化。因此，确立企业创新主体的转变，需要践行对应的契约范式，即企业员工契约范式。企业员工契约范式确立员工为企业价值创造的主体，遵循"以人为本"的核心，将契约的签订权、执行权、剩余收益分配权均统一在员工身上，实现权力、风险与收益的统一。

中国企业面临的创新能力不足的根本解决办法，是需要推动全员创新。创新并非刻意追求所能实现的结果，外部的强制性驱动只会适得其反。[⊖]只有将员工的被动创新转变为主动创新，激发员工自驱动创新，才能真正提升创新绩效。面对我国企业创新能力不足的短板，提升企业创新能

⊖　许庆瑞，贾福辉，谢章澍，郑刚.基于全面创新管理的全员创新[J].科学学研究，2003（S1）：252-256.DOI：10.16192/j.cnki.1003-2053.2003.s1.049.

力、激发员工创新活力刻不容缓。打造世界一流企业需要激发企业全体员工的创新活力，使创新主体从少数研发人员向全员转移，激发员工自主管理，推动实现全员创新。企业员工契约范式赋予员工契约签订权、契约剩余收益的分配权，从而能够激励员工实现契约收益的最大化。全员创新的落地实践需要企业员工契约范式的理论引导与支撑。

员工自驱动下的自主管理是员工为实现个人的全面发展并实现人生的意义和价值，主动对自身的思想和行为进行调控和管理的过程。[○]员工基于自主管理进行创新和创造性活动，能够提升个人、团队和组织绩效。当企业全员均具有自主管理特性时，即能实现全员创新。

为了实现全员创新，企业需要为员工提供相应的创新条件和充足的资源。过去难以推进全员创新的根本在于，员工并未拥有完整的创新权（包括决策权和执行权等），员工工作受上级领导管理，影响员工的主动性；而打破科层制的管理结构实现了员工"管理无领导"，从而将各项权力让渡给员工，增强员工的自我管理驱动。此外，创新资源的难获得性亦会影响个体的创新绩效，然而在数字时代背景下，企业的数字化转型使创新资源的可获得性和可共享程度大幅提升，为个体创新提供良好的环境，进一步推动个体创新实践。

2. 坚持文化自信：推动管理模式创新，弘扬中国式管理智慧

长久以来，中国的企业发展以西方管理理论和实践为指导，由于西方文化与中国文化的不同而造成企业发展的阵痛是我国企业长期面临的问题。我国企业家在引进西方企业管理理念的同时，也在探索适合中国情境的企业管理之道。随着我国本土企业实力的不断增强，我国企业从"落后"转向"并行"，甚至有部分企业实现"赶超和引领"。我国越来越多

○　杨廷钫，凌文辁，江虹.自我管理理论研究现状——基于组织行为学视角 [J].科技管理研究，2009，29（6）：560-563.

的企业家和学者感知到源远流长的中国文化蕴含的深刻管理哲学，更有越来越多的企业在中国式管理哲学的指导下获得成功。习近平总书记在全国宣传思想工作会议上强调，"中华优秀传统文化是中华民族的文化根脉，其蕴含的思想观念、人文精神、道德规范，不仅是我们中国人思想和精神的内核，对解决人类问题也有重要价值。"指出要将优秀传统文化中具有当代价值、世界意义的文化精髓提炼出来、展示出来。

无论"天人合一"论所表达的人与自然的关系，还是"道生一，一生二、二生三，三生万物"（《老子·道德经》）所体现的与西方量子物理学蝴蝶效应一致的动态与非线性思想，抑或"水能载舟，亦能覆舟"（《荀子·哀公》）、"民为邦本，本固邦宁"（《尚子·五子之歌》）的民本管理哲理，都在今日体现出文化的优越性和指导性。

中华优秀传统文化蕴含的内核精神与"打造世界一流企业"的管理哲学一脉相承。我国企业根植于中国文化土壤，需要在组织管理过程中注重对中国式管理智慧的融合融入，强化对企业"中国智慧"气质的培育和打磨，将中国优秀传统文化智慧向世界展示出来；打破发达国家对管理模式创新的垄断，将中国管理哲学注入管理模式创新，推动中国式管理模式发展。

3. 聚焦人民福祉：坚守共同富裕目标，厚植合作共赢的市场环境

共同富裕是社会主义的本质要求，党的二十大报告强调坚持以人民为中心的发展思想，维护人民的根本利益，增进民生福祉。随着数字技术的发展，在扩大生产力，增强科技水平的同时，人与机器的对立关系始终无法显著化解——越来越多的劳动力被机器取代，人们的职业发展遭受严峻冲击，影响人民福祉。

工业5.0强调以人为中心，则是在数字时代下对人机关系的重新定位，以及对人的价值和地位的重新引导。在工业5.0概念下，人能够充分利用人工智能、区块链等数字技术，并在数字技术的支持下，打破人在传统管

理模式下创新活力的桎梏，充分体现人的价值，实现人的发展，将企业从"有限的游戏"转变为"无限的游戏"，以取胜为目的转为以延续为目的，从而助力实现人民的共同富裕。

在企业层面，打造世界一流企业需要搭建并不断强化企业生态系统，该生态系统提供肥沃而优厚的资源土壤和积极向上合作共赢的环境氛围。生态系统能够吸引和包容无限的中小企业，一方面为中小企业的发展提供宝贵的机会；另一方面又通过中小企业加入生态系统而使得系统更具多元化和可持续性。在"共创共赢"思维的引导下，降低企业间交易成本，减少内耗，通过引入生态收入，实现边际收益递减到边际收益递增，实现整个生态系统中各企业价值螺旋式上升，最终实现生态系统中各企业的共同富裕。

（二）新时代中国企业的实践方向

依循新时代中国企业的时代使命，基于中国和国外自主管理组织模式探索的宝贵经验，中国企业在新时代的实践方向是踏准时代发展的节拍，向成为世界一流企业奋进，如图1-4所示。具体而言，包括以下几个方面：

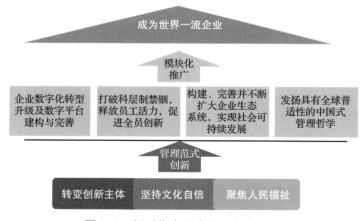

图1-4　新时代中国企业的实践方向

- 把握数字时代发展趋势，加快企业数字化转型升级及数字平台建构与完善；

- 构建并践行新型组织管理模式，打破科层制禁锢，释放员工活力，促进全员创新；

- 依托企业核心业务，构建、完善并不断扩大企业生态系统，实现社会可持续发展；

- 模块化并向全球推广中国管理学范式。

本章作为开篇第一章，首先通过对传统组织模式面临的困境和新时代为企业提供的机遇进行综述，其次，对中国自主管理模式与国外自主管理模式实践进行分析与评述，总结国内外实践的优缺点，最终引出新时代中国企业的时代使命及实践方向，描绘了新时代中国企业实践的宏观图景；最后，将对组织管理的管理思想、管理模式和管理理念（文化）进行微观探寻，分析其发展的脉络与理论逻辑，以此筑实海尔管理模式产生的理论之基。

第二章
管理思想的流变：
从科学管理到价值共创

○ **本章导读**

✓ 工业革命以来两次大的转变，第一次是福特制，利用泰勒的科学管理
原理，其代表就是福特的生产流水线。生产流水线代表了高效率、大
批量、低成本的制造，曾经风靡了全世界；第二次是丰田制，用精益
管理模式使用户可以得到最佳性价比的产品，全面质量管理保证了产
品的高质量，也风靡全球几十年。但是，两种管理模式都无法满足互
联网时代下的发展要求。

✓ 物本管理阶段的主要代表理论是泰勒的科学管理，以物为本，重物轻

人，人是机器的附庸。人本管理阶段的主要代表理论是日本的全面质量管理，日本企业的团队精神把全面质量管理发挥到极致，大大提升了产品竞争力。管理理论进入能本管理阶段，其最大的特点是将每个人的知识转化为能力。知识型员工的自主创新需要自主管理，从被管理变成管理者。

✓ 物联网时代的价值创造体系和价值传递体系转移到共创共赢的生态圈，是价值矩阵，而不是传统的价值链。

第一章从时代特征视角出发，阐述新时代企业面临的变革挑战，但未从理论视角阐述传统组织模式产生的原因。本章则从管理思想视角出发，系统、深入地分析组织管理模式的演变历程，以此阐述企业变革与管理思想流变的递进关系，并分析价值共创作为新时代组织管理思想流变的必然性和科学性。

一、组织管理思想流变的必然性

自第一次工业革命起，专业性的管理活动才被真正纳入企业视野，即第一次工业革命期间产生了全新的组织范式——工厂制。这种工厂通过集聚相应的人力与物力资源，形成面向人的管理和面向机器的管理，进而构成了工业生产组织的管理活动。相应地，在以蒸汽机为核心动力的基础上，机器大规模生产取代了手工作坊生产，整个社会的生产力得到了空前的发展。科学管理的思想始终与组织效率绑定在一起，即如何提高工人劳动的生产效率与组织效率为企业管理者提供了丰富细致的行为洞察，是一种效率导向的技术管理范式，且将农业经济时代的小农生产意识转变到工业时代的机器大生产意识。管理学者围绕机器与人之间的协同问题开展了相应的系统性研究，将围绕工人效率与组织效率的转换、机器效率与组织效率的转换等开展相应的科学管理活动，便产生了社会化大生产的思想。

长期被科学管理控制的人性越来越难以适应更加复杂的管理活动，即科学管理范式下将人视为组织的"机器"，等同于机器管理被越来越多的学者诟病。因此，以乔治·梅奥（George Mayo）为代表的管理学家开启了行为科学时代，将人际关系学说扩展到现代管理过程之中，使得管理者或企业家真正意义上开始重视人的因素，员工关系管理、心理管理等成为企业管理职能中的重要话题。遗憾的是，人际关系学说过分关注人的心理因素，忽视了人之外的技术因素以及其他经济因素等，且将管理的重点放在非正式组织上，对于正式组织与组织效率之间的关系关注度不足。在第二次世界大战后，人的经济性与社会性双重属性被诸多学者关注，也产生了全新的管理制度体系——福特制。福特制被认为是链接经济人时代和社会人时代的桥梁，强调人与机器系统协作方能真正意义上创造价值。

步入20世纪90年代后，随着新一代信息技术尤其是计算机、互联网技术的迅猛发展，传统管理对象以及管理过程被极大程度地颠覆，以科学管理为中心的泰勒制、以行为科学为中心的管理心理学、以人与机器协同为中心的福特制，以及以丰田制为代表的后福特制越来越难以适应高度动态化的数字化时代，尤其是21世纪新一代数字智能技术的迅猛发展直接将管理效率推向了一个新的高度，即传统意义上的生产者与消费者的距离由于数字技术的泛在连接性被无穷缩小，产销融合以及快速敏捷响应成为数字时代企业管理变革的突出特征。相应地，如何快速响应消费者的需求，与消费者共同开展价值创造活动便成为企业需要解决的现实管理问题，且面对消费需求的高度动态化与个性化，对新管理范式的需求的呼声也越来越高。

海尔正是看到了这一时代的趋势与管理革命的现实需求，提出了"人单合一"的海尔制，为现代管理理论创新开辟了新路，也为开辟企业管理的新研究对象与研究实践提供了系统性的范式遵循。

二、机械观下的组织管理模式演进

（一）科学管理与泰勒制

任何管理思想都必须被置于一定的情境之下，科学管理思想的诞生也不例外。科学管理思想的萌芽可追溯到19世纪末和20世纪初，第一次工业革命后，美国资本主义经济发展迅猛，企业尤其是大工厂发展迅速，工业体制下的工业大生产也逐步取代了农业时代的农耕经济和手工作坊。但是，随着工厂机器和人的逐步增多，越来越多的管理问题也随之而来，包括人员管理混乱、资本主义下的劳资关系紧张以及工人消极怠工等现象层出不穷，工人的生产效率低下阻碍了整个组织的生产效率与劳动生产率的提升。为了克服这一弊病，弗雷德里克·泰勒逐步思考新的管理范式，提出全新的管理方法，即时间与动作研究，将传统的非理性化管理与经验主义扩展到了理性与科学分析的视野之下。⊖泰勒提出了四个基本原则，被认为是对科学管理最为简洁的表述，即：第一，以工人的操作动作为基础进行科学分析，替代过去的经验决策；第二，科学地挑选工人，为工人提供在职培训和教育，提高工人的工作效率与学习能力；第三，与工人密切合作，确保所有工人按照科学原则行事；第四，管理者与工人的工作职责平均分配，管理者需要承担工人无法胜任的工作。

在上述原则下，科学管理范式下的泰勒制主要是面向工人开展时间动作研究，即通过大量的测量和观察分析总结出工人每一项工作和步骤需要分配的时间，确定相应工作动作的客观标准和时间标准，对每一项任务进行动作分解，找出每个基本动作最快最好的方法，并对这一方法采取标准化，在今后的工作中不断应用。在科学管理范式下，目标管理成为全新的管理模式，即通过工作与时间研究确立标准化的工作流程和指示，保证科学管理目标和任务的实现。与此同时，科学管理范式下的"泰勒制"在组织层面提出了职能工长制，超越了组织管理者单一的计划职能，即将传统管理者负责计划、工人负责人执行的组织管理思路分离到专业化的工人身上，即要求专业素质较高以及懂得业务运营的专业人员承担相应的内部专业管理工作，提高管理过程中的工人管理效率。在职能工长制的设计下，

⊖ 弗雷德里克·泰勒是美国著名的工程师和管理学家，也是科学管理学派或者说科学管理范式的创始人。其首次将科学方法引入管理实践，由此管理真正意义上成为一门科学以及研究学科，他也因此被誉为"科学管理之父"。

传统的直线型组织管理构架被职能式组织管理构架取代，专业化分工和专业化分工管理成为职能工长制下的突出特征。最后，高度重视组织管理者与工人之间的合作协同而非对抗，改变过去资本主义下的劳资对抗等不利趋势，劳资双方在差异化的目标管理下能够将关注焦点转移到盈余分配的增量上，以合作共促的管理思想将组织管理推向了一个新的高度，也是早期双赢管理思想和共创管理思想的深刻体现。

总体而言，科学管理范式下的泰勒制对管理理论做出了开拓性的贡献，主要表现在以下四个方面。

第一，管理活动的实践性，即管理并不是停留在书本上的知识，而是深入工厂实践、观察、总结的科学经验。泰勒科学管理思想的诞生与演化正是在20多年的工厂管理实践基础上开展的系统分析与总结，是对工厂现实管理现象和管理问题的深刻洞察与分析得出的相应结论。

第二，管理是一门具有科学性的实践活动，泰勒制下标准化的动作研究开启了科学分析的理性之路，冲破了千百年来人们对管理认知的经验束缚，打开了管理研究的科学之路，也为管理学科的发展提供了基础性的分析工具，其中包括目标管理、劳动定额、时间定员在内的系列方法为企业生产管理提供了丰富的操作性管理工具，尤其是能岗匹配的提出开辟了全新的人力资源管理的学科方向。

第三，重视培训的价值。管理活动的对象是人，人的潜能发挥依赖于学习，而泰勒制肯定了员工在职培训和教育的重要作用，通过在职教育培训能够深化人的学习能力和个体人力资本，进而为提升个人生产效率和组织效率提供了基本的机制支持。

第四，激励制度的差别化。科学管理并不是完全将人视为机器，而是认可人的差别化，即承认了人的异质性，包括认知思想异质性、工作能力异质性等。在承认异质性的前提下，泰勒制主张差别计件工资制，改变了过去实行的计时工资制，有效改变了车间工人的"磨洋工"现象。其提出按照工人是否完成其定额而采取高低不同的工资率，极大地解放了工人的劳动生产时间并提高了劳动积极性，为工厂车间管理的激励制度体系建设提供了丰富的思想基础。

（二）大工业生产与福特制

第二次工业革命再次对工业生产组织范式进行了系统性重塑，以福特汽车为代表的生产管理制度与生产方式成为第二次工业革命后主要的管理范式，也成为第二次工业革命管理领域的主要理论与实践的标志。福特制的建立是以当时美国企业开展大规模纵向一体化合并，开展大生产企业分工管理体系为基础的，对传统小生产、机械工厂的分工管理体系进行了系统性重塑，整个工厂的生产规模得到空前的扩大，生产效率得以大幅提升。福特制在一定程度上沿袭了泰勒制的标准化思想，但二者之间最大的区别在于福特制是建立在大规模流水线基础上的，通过对设备、产品和人员作业过程的标准化使得整个生产作业的全过程实现标准化，且这种标准化建立在大生产的基础上，而非科学管理时代泰勒制的小生产或者小工厂。而且流水线生产能够最大限度地依赖机器设备的运转而非人的时间动作研究，将人从机器中解放出来，从人是机器转变为人参与监督管理机器并与机器协同，最大限度地提高了工人的劳动生产效率，本质上属于机械自动化驱动的工业生产效率提升，在管理方面实施生产标准化对工序进行程序化与标准化，进而实现有利于组织生产过程高度机械化的管理模式。

福特制依托大规模生产的前提是组织的交易成本足够低，但根据交易成本理论，组织规模越大，内部协调成本越高，因此福特制主要是通过纵向一体化的方式将交易成本内部化，一种模式是在自身生产规模扩张的基础上，对产业链的上游即原材料和下游销售环节进行控制，形成以产业链为基础的纵向一体化；另一种模式则是实施分工过程的一体化，比如通过车间之间的协同作业，将不同地区与不同企业的车间协同起来，从而实现大规模生产的低成本。与泰勒制相比，福特制最大的优势可以说是成本优势，规模经济的概念也是在福特制上得到淋漓尽致的体现，即通过生产标准化、机器作业标准化和纵向一体化大幅度降低大规模生产成本。1908年，福特生产的T型车的零售价是850美元/辆，但是到了1916年，零售价已经变为360美元/辆，销售价格已经降低一半多，且随着价格的降低，T型车的销量也从5986台上升到1916年的577036台。

福特制的大规模流水线生产组织管理范式对当今制造业的生产管理依然有极大的借鉴意义，主要体现在以下三个方面：第一，坚定不移地深化规模效应下的成本节约效应，通过梳理规模生产的意识最大限度地降低生产成本，并且通过纵向一体化的方式降低内部协调成本与交易成本；第二，持续改进生产工艺以及推动机器设备自动化，依赖机器生产的自动化属性解放组织中人的劳动时间，实现从人被机器束缚到人管理机器的重大转变。第三，注重产业间的联动效应形成蛛网效应，即能够通过大规模生产的方式实现不同产业以及同一产业内的高度联动，最终实现产业内与产业间的协同发展。

然而，福特制也存在一定的局限性。首先，福特制下的企业生产内外部环境建立在相对单一的基础上，即外部环境不确定性低，且顾客的预期和市场销量相对稳定，方能组织大规模流水线生产；其次，在生产过程层面，要求零部件完全标准化和组装过程的可互换性；再次，在组织结构方面，福特制下的组织结构呈现组织刚性化的特征，由于其追求规模经济基础上的纵向一体化，这必然导致组织结构的生产线、设备管理线和员工管理线是机械式和刚性化的；最后，从组织创新链或者价值链的视角看，福特制追求的是研发创新与生产制造环节的彻底分离，即生产过程的标准化，而研发创新独立于生产体系，且顾客的个人需求被排斥在研发创新与生产管理体系之外，整个创新链的各个环节是相对分离的。

（三）柔性化制造与丰田制

迈入20世纪70年代后，由于全球信息网络技术的不断发展以及世界石油危机的爆发，整个资本主义下的生产环节与市场不确定性加剧，传统依赖大规模生产的静态福特制越来越难以适应动态化的环境需求，福特制面临严重的市场危机。随着发达国家的经济增长速度放缓，福特制下的市场消费逐步萎靡，企业对新的管理范式的需求日益迫切。尤其是在全球生产网络逐步高度连通的背景下，市场的需求更为复杂多变，且多样性逐步增强，企业必须从单一的静态规模竞争走向动态柔性竞争，大量的企业纷纷走向了虚拟制造、分包制以及供应链管理下的柔性生产与专业化制造，推动了全新的管理范式的出现。其中，以日本丰田公司为代表的管理范式得到了全球的认可与重视，丰田制也被称为"后福特制"，是在福特制基础上的新管理范式创新。丰田制建立在精益生产理念的基础上，主张通过灵活、专业化的生产追求多样化的产品市场，进而满足相应动态多元的市场需求，以精益柔性生产实现低成本优势并与产品差异化优势相结合，形成大规模柔性制造体系。大规模定制的前提依然是市场存在大量需求，但是这些需求在具备共性特征的基础上存在较大的个性差异。大规模定制的真正意义在于满足个性化需求，但这种个性化需求建立在产品功能中的个别功能定制的基础上，且个性化生产依然需要对零件、工艺和其他生产过程实施标准化与通用化，方能真正意义上降低生产成本。丰田制下的组织生产管理具备如下特征。

第一，生产标准化与人的自主性相互结合。柔性化制造依然需要大规模制造的自动化设备，但是柔性生产需要最大限度地发挥人的主观能动性，实施研发、生产制造和销售等团队化运作，方能将用户需求反映在研发设计与生产制造过程之中。整个组织的信息传递破除了传统的科层制或等级制，演变为网络制下的节点之间的信息传递。

第二，降低生产成本以及减少中间环节。其中，降低生产成本主要是通过精益管理实现的，包括对原材料使用、施工劳动和存货运输等过程中的精益控制，对每个岗位都实行相应的标准化作业和标准化流程。

第三，快速响应市场与消费者的需求。柔性化制造必须对市场需求进行动态预测和动态响应，而非福特制下的静态生产以规模效应实现企业收益的改善，丰田制下的企业利润更大程度上来自对消费者个性需求的满足和追求范围经济，即在规模经济的基础上最大限度地识别、挖掘和实现范围经济效应，满足市场多样化的消费趋势与差异化需求。

总体而言，丰田制在继承吸收福特制的基础上，克服了福特制的一系列弱点，成为第三次工业革命下的计算机技术与网络技术驱动的组织管理范式，这种管理范式拥有以下三大特征。第一，高度灵活的柔性化生产和模块化生产能力。生产的模块化能够实现生产过程的标准化和产品线的同一模块生产，有效地提高了生产的灵活性，降低了生产管理成本。第二，员工技能的多样性而非单一性。福特制更强调高度专业化下的节点控制效应，而丰田制更强调团队合作模式下的多样化的员工创新能力，能够快速根据市场需求改变相应的生产岗位。这一过程通过团队合作的学习效应予以实现，最终完成多技能管理的劳动管理制度建构。第三，研发创新链与生产价值链的高度融合。传统福特制剥离了研发创新环节与生产制造环节的关系，而丰田制为了响应市场需求和多样化的消费者需求，必须实现研发创新与生产制造的有机统一。因此，整个组织生产管理范式逐步从泰勒制下单件小批量生产、福特制下简单流水线的线性化生产走向丰田制下动态多样化的专业性大规模生产，生产过程的柔性响应能力和面向市场的动态竞争能力得到空前强化。

三、人本观下的组织管理模式发展

（一）组织自治与合弄制

迈入21世纪，随着组织员工的个性化程度不断提升，尤其是组织所处的外部环境的动态性也在不断提升，传统科层制的管理控制模式难以满足高度扁平化的组织结构需要。尤其是在大公司，其组织结构相对复杂，在科层组织构架下的信息传输效率低下，人际关系相对更为复杂，且组织权力高度集中于领导者或管理层，员工拥有的业务决策权或自主权相对有限，因此破除科层体系、平衡企业组织结构的稳定性和弹性适应性显得尤为重要。美国企业家布莱恩·罗伯逊（Brian Robertson）在2007年首次提出合弄制，并引起了美国硅谷企业的高度重视。这一概念于2015年被引入中国并开始传播，许多企业家开始研究合弄制并开展合弄制的相关管理实践。布莱恩·罗伯逊在《重新定义管理：合弄制改变世界》一书中把合弄制定义为"一种用于组织管理和运营的全新自适应方法"。合弄制提出了一种全新的决策分配机制：将企业视为一个整体，每一个员工都是企业中的微小细胞，具有独立性，但是也与整体密不可分，且存在相应支撑器官运行的功能。合弄制下的组织结构正是从细胞到器官，再到有机组织，最后形成整体。从这个意义上讲，合弄制下的组织权力高度分布于各个器官与细胞之中，而非集中于领导者本身，且每一个细胞具备一定的自治属性，相应地，组织也具备了自组织属性。

从组织的治理结构看，合弄制本质上属于一个全体共治的治理结构安排，属于角色承担的工作管理系统。合弄制提倡的无领导工作小组也充分响应了去中心化与扁平化的组织结构变革趋势，但是这种权力结构的变化掌握在组织通过内部"宪法"成立的管理委员会手中。在合弄制下，组织被分割为无数个细胞单元，组织内部的决策也相对分散化，更能够适应外部环境的变化和响应顾客的价值主张。但是合弄制也存在诸多的局限性，主要表现在三个方面：第一，合弄制下的公司组织构架去中心化导致员工过于分散，影响组织的整体协同能力建构；第二，合弄制以工作和权力分配为中心，而不是以人为中心，难以充分适应以人为中心的价值主张；第三，合弄制虽然降低了管理层级与管理幅度，但是增加了协调难度，管理成本与交易成本呈扩大趋势，在大公司中无法完全适用，对于早期创业公司、互联网企业或小企业较为适用。

（二）协作生产与矩阵制

现代行政组织时常面临一些非固定、非例行性的任务，涉及众多的机关或部门，单一机关或部门无法独自完成。为完成这些特别任务，企业需要建立非常设的专门任务小组或委员会。它们随特定的需要而建立，随特定任务的完成而撤销。其成员由各相关的职能机关或部门根据任务的需要配备，隶属关系仍属原单位，任务结束即可返回。专门任务小组或委员会负责人对特定任务负领导、协调和指导责任，相关的职能机关或部门对特定任务不负直接责任，但有义务予以支持与合作。

相比于传统的机械观，矩阵型组织结构的优势十分突出，主要体现在以下五个方面：①同时具备事业部式与职能式组织结构的优点，矩阵制将职能分工与组织合作完美结合，从专项任务的全局出发，促进组织职能和专业协作，推动任务顺利完成；②兼有职能式和项目式职能划分的优点，因为职能式职能划分与项目式职能划分的优缺点正好为互补型；③加强了横向联系，专业设备和人员得到了充分利用，实现了人力资源的弹性共享；④具有较大的机动性，促进各种专业人员互相帮助，互相激发，相得益彰；⑤适用于大型组织系统。

然而，协作生产的矩阵制仍存在不足之处。首先，成员在组织中的位置并未固定，临时观念经常存在，责任心不够强；其次，矩阵式存在横纵向双方领导，成员需要同时接受多领导指挥，有时不易分清责任且容易激化矛盾，需要花费大量的时间用于协调工作，从而会降低成员的工作积极性和认同感。

（三）价值共创与超文本组织

迈入新一轮数字智能技术革命驱动的互联网时代，企业已经不是传统工业经济时代下的线性化、流程化与结构化的组织，组织呈现巴特式文本特质，去中心化、开放性、可写性，并映射出纳尔逊的超文本思路。实质上，超文本组织最初源于超链接，超链接在连接范围上不断扩大，从网页内部的小网连接编织到网站内部的大网，最终将各种不同的网站连接起来，组成了四通八达的万维网。组织从单一的层级结构转向超链接网络，相应地对组织的价值创造方式与价值创造网络产生了颠覆性创新。

在超文本组织中，价值的触点是消费者的个性化价值，即组织价值创造的基础是消费者独特而个性化的体验，这意味着在服务主导逻辑下没有一家企业可以满足某一具体消费者在某一时刻的体验，需要企业与企业之间、企业与消费者之间开展价值共创。因此，企业一定要具备两种基本能力：一是与消费者共创价值的能力；二是数字资源整合与数字创新的能力。在互联网时代，用户的个性化需求被逐渐激发出来，个体用户会被看作整个消费市场，从而根据其不同需求进行细分，用户独特的个性化体验是价值的基础。

传统科层制组织的重要特征是层级属性，即组织内结构依赖于等级森严的上下级结构的信息传导，信息不完全与信息不充分是层级制结构的主要弊病。而超文本组织具备数字技术的充分链接属性，能够像互联网技术那样跨越时间、地域的限制，从而进行信息知识的迅速高效集成应用。面对物联网环境下的各类系统的复杂性知识与信息，超文本组织需要对多维度、多空间的信息资源进行有效管理。超文本组织拥有五个核心特征：超强的链接属性、状态可切换性、个体依附性、自适应和自组织的学习性、自主决策性。

在超文本组织范式下，企业开展价值创造的范式发生全方位变化，其价值创造来源主要是消费者的个性化与体验化的服务价值，价值来源于：第一，信息推荐服务，即根据不同用户的个性化需求，及时有效地将用户感兴趣的信息推荐给用户的服务；第二，基于用户相互推荐的价值共创，此时表现为用户成为价值创造网络中的触发节点。其基本思想是用户选择某个推荐对象是基于朋友的推荐，若一些用户对某些推荐对象的评分相似，则说明这些用户的兴趣偏好相似，那么其对其他推荐对象的评分应该也是相似的。所以，协同过滤推荐能够帮助组织生产同类型的产品与服务，实现个性化服务的链接与推广。由此，我们可以对比分析得到组织管理思想的模式对比情况，如表2-1所示。

表2-1　组织管理思想的模式对比

	泰勒制	福特制	丰田制	合弄制	矩阵制	超文本组织
时间	19世纪末20世纪初	20世纪二三十年代	20世纪七八十年代	21世纪初	20世纪80年代中期	21世纪初
地点	伯利恒钢铁公司	福特汽车	丰田汽车	软件公司	IBM公司	日本企业
根本目的	提高劳动效率	提高劳动效率并降低成本	高效率、高品质、快交货、低成本	平衡组织结构稳定性，弹性适应性	推动任务顺利完成	充分发挥企业内外部成员的智慧和潜能
生产组织	标准化操作方法	标准化流水线操作	精益生产	无领导管理方式	非长期固定性组织结构	用户相互推荐的价值共创
核心	科学分析人的机械动作，研究出最经济且生产效率最高的所谓"标准操作方法"	建立在大规模流水线基础上，生产作业全过程实现标准化	高度灵活的柔性化生产和模块化生产能力	去中心化围绕工作来定义的无领导管理方式	结合事业部式与职能式组织结构优点，将职能分工与组织合作相结合	将个人专有知识转化为企业共有知识
挑战	坚持"经济人"假设，未优化企业整体经营问题	难以适应动态化的环境需求，研发创新与生产制造环节彻底分离	滞后问题与零库存目标之间存在矛盾	难以充分适应以人为中心的价值主张	员工不易分清责任，工作积极性较低	互联网时代的超文本组织难以适应万物互联的要求

　　19世纪末至21世纪初，组织管理思想经历了从机械观到人本观的转变，涌现出顺应时代发展的多样化组织结构。以泰勒制、福特制和丰田制为代表的机械观出现在20世纪前中期，机械观下的组织管理模式的主要目的是提高劳动效率，降低生产成本。但进入20世纪后期之后，随着组织员工的个性化程度迅速提升，组织所处的外部环境的动态性也在持续提升，传统科层制的管理控制模式难以满足高度动态化的组织结构需要，以人为本的组织管理模式应运而生，人本观下的组织模式顺应了"零距离""去中心化"和"去中介化"的时代特征。人本观下的组织模式相比于机械观下将人视为"经济人"的假设，更注重以人为中心。但是，上述组织管理模式难以适应万物互联的要求，在物联网时代，迫切需要探索一种新的组织管理模式。

Haier

第三章
管理模式的进阶：
基于数字驱动的
前沿探索

○ **本章导读**

✓ 传统经济是单边市场，而互联网经济是双边市场或者多边市场。传统
经济只是产品和货款的交易，而互联网经济是平台经济，只不过是让
用户在这个平台上面挑选想要的东西，但物联网是体验经济，是站在
用户的角度量身定做。

✓ 物联网让企业成为生态组织，成为创造用户体验迭代的生态系统。物
联网时代，企业以用户为中心，以用户体验为中心，成为一个使用户

的体验迭代、体验升级的生态组织，这个生态系统是产销合一，生产者和消费者合一。

✓ 在物联网时代，支撑生态经济的底层技术变成了数字化的技术，这是曾经拥有产品、技术优势的国家目前非常急迫地宣布成立全球的数字化联盟、芯片联盟的根本原因。然而，数字化不仅仅等同于算法，而是为了让用户的个性化体验展示得更好、更可迭代。

　　管理思想的流变与管理模式的演变是互嵌的。基于已有章节阐述价值共创管理思想产生的必然性，以及数字技术是新时代企业发展的重要机遇，本章进一步聚焦数字化特征，分析互联网时代、物联网时代及物联网与Web3.0融合下的组织管理模式。

一、互联网驱动的组织管理模式

（一）互联网时代的组织结构特点

　　互联网时代，信息化、数字化技术与企业深度融合，对企业的组织结构、运行模式与管理特点产生了深刻的影响。互联网技术提高了组织间、组织内的沟通效率，同时提高了组织运行效率，这促使企业组织结构向能够做出更快响应、更具组织弹性、更开放的方向发展。一方面，互联网驱动的组织结构应该呈现扁平化。过多的组织层级结构增加了信息传递环节、降低了信息的时效性，严重制约了组织对于外界环境变化的感知及反应速度，企业应该追求合理程度的组织结构扁平化。另一方面，互联网驱动的组织结构边界应该更加交融化。互联网时代，市场需求呈现多变、复杂化发展趋势，单一部门很难完美地满足用户的需求，各部门应该齐心协力围绕用户需求创造价值。例如，市场销售部门通过前端渠道获取用户需求信息和预判用户潜在需求，将其发给研发部门，研发部门通过数字孪生技术等及时地将市场需求新变化融入产品设计，生产部门依据工业互联网或数字化设备的柔性特点实现与研发部门的深度交互，围绕顾客需求及时下线研发部门的新设计、新产品，这些都促使组织结构的边界应该向交融化发展，从而及时响应用户的多样化、复杂化与动态化需求。

　　互联网时代促使组织结构一方面应该转向扁平化，另一方面应该呈现网络化,即组织结构应该呈现在较少层次中的各个节点紧密互联的跨层网络结构。在这样一种跨层网络组织结构中,组织结构应该具有开放链接性,能够通过组织开放并很好地与外部主体进行链接、资源兼容,以使自身组织能够通过整合内外资源、协同外部多元主体及时对环境变化做出反应。并且,跨层网络组织结构还应具有结构柔性。这种结构柔性,一方面体现在组织中的成员能够围绕市场机会与用户价值进行自由组合,以及时抓住可能的机会;另一方面体现在权力配置中,应该将更多的权力以更灵活的方式配置给执行者,使他们拥有充分的权力进行价值创造,以充分激活组织各个节点的活力,创造更大的价值。

当前的科层制严重制约着组织中人的主观能动性与企业创造性的发挥,现代企业组织需要颠覆科层制,而颠覆科层制需要围绕顾客价值创造和互联网技术的发展。科层制,可以从"科"和"层"两个维度理解,"科"是指职能分工,"层"是指组织层级结构。颠覆科层制,一方面可以通过整个组织各部门、全体成员围绕"顾客价值"的创造打破"科"的职能分工需要;另一方面可以通过互联网等新一代信息技术提高有效管理的幅度,同时利用人工智能、区块链等数字技术变人管为数据管理、数据说话,使人治更有依据,并将人从强约束性的事务性管理中解放出来,使其拥有更多的自主权力从事开创性工作,也可以理解为管理模式由KPI转向目标与关键成果法(Objectives and Key Results,OKR),给予员工充分的自主权。因此,互联网、数字技术等在企业的深层嵌入与应用是企业颠覆"层"的层级管理模式的基础。

(二)互联网时代组织管理方向的转变

1. 从程式化管控到灵活性赋能

互联网时代万物发展瞬息万变,程式化、权威化的僵硬管理模式已经不能适应数字时代的发展，数字情境下的组织渴望能够充分赋能组织及组织中各单元和成员的灵活性管理方式。在数字时代，人的能动性得到充分调动、拥有更加对称的信息，人的流动性也更强，如果依然通过传统的权威式管理，将加速优秀人才的流失。并且，数字时代的组织将面临更多非例程式事务，这些不在原有计划体系和程序操作中的事务需要员工发挥自主性，因此程式化的管理方式并不适合数字时代的组织管理。另外，数字时代面对的危与机也会增加，更多的挑战与机遇，这需要给予组织中的个人更大的自主权，使其充分发挥主观能动性，以创造性地解决未预期到的问题。

数字时代，管理的核心是为组织各单元和个人提供能够充分发挥各自能力和潜能的环境和资源，因此管理的方式应该由程式化管控转向为灵活性赋能。数字时代组织的最佳管理方式是赋能、激活员工，并通过提供更自由、更广阔的发展平台以吸引更多的优秀人才加入组织。为此，数字时代的组织管理者首先应该让成员看到组织未来、看到自身职业前景，看到价值的努力方向；其次，应该为员工提供可以施展自身价值的空间，并授予相对应的权力，以使员工价值得到充分发挥；最后，还应努力提升员工的认知水平和适应能力。数字时代处于信息爆炸阶段，各种信息、新知不断迭代涌现，组织应该为成员的认知能力、认知增量和转换能力提供便利与可能，以使其在数字时代充分发挥自身能力。此外，从程式化管控到灵活性赋能需要组织管理者将管理方式的变革推进到组织底层和制度层面，从组织结构和职权配置中为组织管理方式的转变提供根本保障。

2. 从提升胜任力到激活创造力

传统的组织管理以提升员工的胜任力为目的，通过相关的岗位说明、规章制度、组织文化、管理活动等方式使员工能够更好地胜任所在岗位，并以此作为选拔干部的依据。数字时代，组织并不能通过简单地提升员工胜任力达到提高企业核心竞争力的目的，因为数字时代的竞争更加激烈，墨守成规的组织管理形式只能让组织成员达到职位胜任力，完成组织既定计划要求。数字时代，组织要想从容应对未来的不确定性，其中的关键便是组织成员的持续创造力。互联网时代的价值增值更多的是依靠环境感知、机会发现、价值捕获，而这些不仅需要员工既定的胜任力，更需要员工的创造力，需要员工自主地进行这些活动。因此，数字时代的组织管理需要由程式化管理转向灵活性赋能。

数字时代组织需要最大限度地激活员工的创造力，这需要从责权利三方面同时开展。首先，组织可以通过设计更多的新角色、新职位赋予他们更多的责任感，以此提升员工的创造力。尤其是在数字时代，组织结构更加扁平、更加网络化，需要更多的新职位、新角色，一方面是填充网络中的节点，另一方面是实现节点的链接。其次，组织应当给予组织成员相配的甚至适度超额的权力，在激发其责任感的同时，激活他们的潜能与创造力。此时，组织管理不应是权威命令式的管理方法，而是让组织成员充分发挥创意的管理方法，使其不断成长。最后，组织应该培育容忍失败的创新氛围，同时在精神和物质两方面奖励那些创造性成绩，引导更多成员大胆创新。因此，数字时代组织应该从责权利三方面将管理方向由提升胜任力转向激活创造力。

3. 从个人绩效到组织共赢

数字时代，员工的个人价值实现很难通过单打独斗实现，而是必须通过与组织平台中的更多成员、部门的协同合作实现。因此在数字时代的组织管理中，组织应该为更多个体和单元提供开放性的资源平台，充分激发个体的潜能，从而实现价值全面创造。传统的组织管理强调个人绩效的提升，更多的是以个体视角衡量，强调个人绩效提升助力企业价值的实现。但是数字时代，企业价值的实现不应该只关注短期利润，更不应该只关注企业及个人绩效的获取与提升，因为数字时代组织的价值获取是通过长期的价值创造实现的，而这不应该简单量化为某一时间段内所有组织成员绩效的总和，而应该是组织长期围绕用户创造的价值总值，以此实现组织中所有成员及组织的共赢。

企业管理方向从个人绩效转变为组织共赢的另一个原因是，数字时代组织成员间的分工变得更加模糊，更多的是各方成员围绕同一个最终目标的协同合作。传统管理模式中强调组织内各部门、单元与成员的业务、职能与责任的分工。例如，强调战略的部分归战略部门、组织设计管理的内容归组织职能部门，产品设计生产业务归属研发生产部门，更多的是谈论责权利和部门业务等边界的划分，是讨论"分"的概念。但是数字时代真正做得好的组织应该是在"合"的方面管理成功的组织，因为数字时代已经把产品边界、职能边界与组织边界模糊化，过分强调"分"，强调个人绩效的获取，不利于数字时代组织价值的获取，因此，数字时代组织的管理应该由个人绩效转向组织共赢。

组织管理实现由个人绩效向组织共赢的转变，最重要的是将组织中个人的价值目标与组织目标统一起来，将员工的短期目标与企业的长期价值实现进行有效调和，同时合理协调组织中各成员、各单元部门间的利益。在此中，企业管理者应该充分运用多种激励方式，将员工追求个人绩效短期最大化的观念转变为通过追求组织价值最大化实现自身与组织的共赢。

4. 从多元协同到生态共生

互联网等信息技术的不断迭代发展，跨组织的多元协同合作已经成为VUCA时代组织不断前行发展的基本要求。组织都在不断协同供应链上多方合作的基础上取得了长足发展，各方组织的创造力与价值释放给组织带来了强劲增长。但是，随着数字技术与组织、市场等的深度融通，停留在围绕任务式导向的多元协同合作并不能充分调动各方的合作积极性与实现价值创造最大化，各方需要构筑更加稳定的、相互依赖的、利益目标高度一致的价值共创体。在这样一个共同体中，不应只包括供应链各方，而应该是更广范围上的多元组合，应该包括同行竞争对手，供应链上下游合作者，研发、金融等组织机构。

数字时代组织面临的挑战是持续的不确定性、无法判断的未来，以及万物互联所带来的更深远的影响。其中一个明显变化便是组织绩效影响因素由内部转向了外部，组织边界泛化了。所有组织都无法依靠自身实现价值最大化，而是必须融入一个更大范围的生态系统，否则无法取得长期发展。生态共生体便是解决不确定性与实现组织长期发展的有效管理方向，通过将管理目标定位为基于顾客价值创造和跨领域价值网高效合作，进而创造合作价值、取得长期发展，实现与跨界生态伙伴的合作共生与价值共创，发现生态共生中的运作机制和环境变化中蕴含的危与机，助力组织在数字时代实现基业长青。

二、物联网驱动的组织管理模式

（一）万物互联下的组织特点与管理要求

正如张瑞敏所说，物联网可能是推动第四次工业革命的"主燃料"。传统上看，第一次工业革命的动力是蒸汽机，第二次工业革命的动力是内燃机和电力，第三次工业革命的动力是互联网。相应地，每一次工业革命都推动了企业管理模式的发展，前两次工业革命中的企业管理模式多以线性模式为主，它们往往面对的是单边市场，通过实现供需双方的匹配，满足用户需求的同时实现企业价值。互联网时代存在更多的双边/多边市场，更多的企业演化为平台型企业，如阿里巴巴、腾讯、美团等互联网企业由原有业务型企业演化为平台服务型企业。物联网时代实现了万物互联，更多的组织不满足于平台型企业而转变为生态型组织。尤其是在当前生态战略发展趋势的引导下，海尔、华为、腾讯、苹果、亚马逊、谷歌、丰田等世界级企业都在积极探索组织管理模式的转型、尝试打造丰盈活力的生态型组织。

　　在物联网时代，很难有企业孤独地活在自己的理想世界中，所有企业都必须依附于某个生态或者成为被其他组织依附的生态。万物互联，组织管理将会呈现去中心化分布式管理，各个小微组织将拥有更多、更大的自主决策权，它们可以就自身遇到的个性化问题自主决策、做出反应。与此同时，处于分布式管理中的组织也应遵循一套基本管理制度体系，它们能够为了实现共同目标而协同运作，并按照既定的机制进行价值增值的分享，真正体现了一荣俱荣、一损俱损的共生共赢特点。另外，万物互联中的个体有权利也有义务共享资源与能力，通过统一的科学配置，在充分发挥各自优势、资源价值的基础上实现万物互联中主体总收益、总价值增值的最大化。

（二）万物互联下的管理模式创新方向

1. 万物互联下的分布式管理

　　所谓"分布式管理"是与集中式管理相对应的，从组织管理结构看，分布式管理就是试图用组织结构的扁平化替换现有组织结构中常见的金字塔形组织。万物互联中的组织管理模式，不存在某一组织、某一部门或某一层级拥有全面决策权的组织体系，万物互联下各个主体处于权力均等的位置，每一个链接节点都是自身的绝对权力机构，同时又能顺畅高效地与其他主体进行关联，进而构成一张极扁平的组织结构网络。当然，这个网络处于相对开放状态，外部主体都有可能加入网络从而实现各自价值，实现与网络的共生共赢。万物互联下的各主体或者存在一个名不符实的中心组织，它仅仅提供维持网络运行的基础制度体系和一些不得不遵守的基础规则，在此之外，该中心并不具有对各个节点的绝对控制权，各个节点根据自身面对的具体内外情境拥有绝对的自主决策权。

另外，万物互联下处于分布式管理体系中的主体间还应具有协同合作能力和相应的运行机制，而驱动它们进行协同合作的原因有两个：第一，所有处于该网络结构的个体都拥有共同的价值目标，达成共同目标也是实现各自价值的通路，二者是完全统一的；第二，加入该网络结构的主体还需遵循一些基础规则和约定，其中包括与中心组织间的契约，节点企业通过完成契约获取收益，如果不能则必须退出网络，这有效地实现了中心组织对于各个节点的控制与激励，形成节点价值共识与网络结构的共生共益。中心组织与各节点组织间的分布式管理，打破了原有的多元协同或合作共创关系，实现了万物互联下的更大价值增值。而实现这一价值增值的不是严格的市场契约关系，而是彼此共生共益的完全契约形式。它实现了分布式协同的节点管理，形成聚合均有价值产出的高效共生型网络组织结构的管理新模式。在物联网新时代，会有更多的公司转向构筑企业生态系统，它不仅会形成产品的生态圈，而且会形成员工、用户、产品、供应、竞争对手、外部环境的大生态系统，并且不断迭代、进化，形成量变到质变的指数级增长，为万物互联下的主体提供更长远的更大价值增值。可能也正如张瑞敏的判断："链群与用户无穷交互，不断创造用户最佳体验，这个体验迭代的游戏没有终结。"

2. 万物互联下的平台生态式管理

万物互联下的主体关系进一步发展后，它们之间的关系更像是一个平台生态体系，存在一个中心企业搭建的平台，各个主体从生态体系中汲取养分，同时又反哺生态体系，而生态系统发展的落脚点就在于中心组织通过在系统中引入更多的用户、商户、消费者、互补商、合作伙伴等不同参与者，不断推动生态体系做大做强，形成网络效应。数字时代，云计算、区块链、人工智能等技术的不断发展，一个相互连接、智能便捷、包容并济的商业环境——万物互联场景下的生态系统正在不断的重塑中，而中心企业需要成为生态系统中的运行方、平台方。关于平台生态系统的具体内涵，不同的学者由于研究视角的不同，对其有不同的定义。总的来讲，平台生态系统是一个开源开放的、松散耦合的、区域集群的、自发组织的商业网络环境，在这个体系内，所有组织都能积极主动地针对外界的环境变化，及时做出反应以谋求利润最大化，以及由此带来的不同组织间的关系出现了一系列的新颖变化。

平台生态系统需要为其中的各主体进行赋能赋新，为其提供共性基础技术、资源等，这就需要在平台生态系统中引入新的资源共享、价值共创与利益共享的管理思想，将其作为万物互联下组织管理的新模式。例如，引入"公地"的管理思想，平台生态系统下的众多参与者可以通过相互协作并提供具有互惠价值的产品和服务创造价值，不仅仅领导者企业，所有其他参与者均能因参与到整个系统中而创造价值，价值的创造也不完全体现在最终的产品销售上，而是遍布于不同参与者的动态互联、互通的协作全过程中，其创造机制遵循循环往复式的模式。因此，平台生态式管理思想下的各主体应该被视作一个整体，共创共享，其价值增值将显著优于传统组织管理模式下的价值产出。万物互联场景下的各主体也犹如平台生态系统中的万点繁星，与生态兴亡与共，在生态中汲取养分并反哺生态，始终与生态价值目标一致。因此，万物互联场景下公地管理模式将是平台型组织管理模式创新发展的重要方向。

三、物联网与Web3.0融合下的组织管理模式

前述讨论了互联网与物联网驱动的组织管理模式的特点与创新方向，其中互联网时代的组织结构主要基于Web2.0展开的讨论，强调交互与平台

经济等，其对组织管理模式的冲击，主要是组织扁平化、组织弹性与员工活力激发等。但是随着互联网市场竞争趋于稳定，Web2.0为组织发展带来的阻碍也越发明显，平台企业基于数据的垄断行为，数据隐私问题与数据确权定价问题，成为阻碍互联网时代组织协同发展、价值共创的重要阻力。基于此，随着区块链等技术的成熟，破除Web2.0弊端的以区块链实现分布式管理为特点的Web3.0应运而生。Web3.0是由达成共识的群体自发产生的共商、共创、共建、共治、共享的协同行为，进而衍生出的一种组织形态。它的权力不再是中心化而是去中心化，管理不再是科层制而是社区自治，组织运行不再需要公司而是由高度自治的社区所替代。Web3.0时代下的组织共同体将没有领导和管理人员，每位成员都可以参与、影响组织决策。基于区块链技术建立的Web3.0将驱动组织管理模式更加自由化、智慧化，但它受智能合约的约束，组织中的一切都被记录在链上。

Web3.0下的组织特点为万物互联提供了治理契机，也是当前物联网的发展方向，即通过区块链等技术实现对万物互联网络中主体的分布式管理，并以智能合约等方式对各主体数据信息进行隐私保护的同时，实现确权定价与利益共享，充分激发万物互联网络中的各主体积极性，避免了"搭便车"行为。这也倒逼着组织管理模式可能向无为而治的方向发展，或者通过提供基础的、共性的服务而充分赋权赋能给各个个体的管理模式发展。由此，我们可以得到互联网时代、物联网时代及物联网与Web3.0融合情境下的组织管理模式特点的对比，如表3-1所示。

表3-1　三阶段下组织管理模式特点对比

所处情境	组织发展方向	主体的交互关系	组织管理特点	价值所在
互联网时代	平台型	信息互联	科层制	服务用户
物联网时代	生态型	人、机和物信息即时互联	分布式管理	用户资源共享
物联网与Web3.0融合	虚实型	泛在网络中的价值共创	智能合约下的分布式管理	用户可创造价值与确权定价

第四章

管理理念的发展：
中华文化与海尔管理三观

⊙ 本章导读

✓ 企业是人，文化是魂。企业的"道"很重要，"道"就是企业文化。
  老子在《道德经》里有一句话："道生一，一生二，二生三，三生
  万物"。有了"道"，企业一定可以由小做大。

✓ 海尔的发展始终坚持人的价值最大化，其背后体现了中国传统文化，
  群经之首《易经》中的"三易"，即不易、变易、简易。"人单合一"
  的"三易"即：不易是员工价值与其创造用户价值的合一；变易是随

着时代变化性质要变；简易是以最快速度来做。

✓ 人单合一模式的进化理念是《庄子·知北游》里的"外化而内不化"，也就是一种道家思想，外化是与时俱进，内不化是自己的道。不会随波逐流，既要和外部保持一致，又要在这个过程当中坚持自己的理念。

　　管理理念是影响管理思想、管理模式的深层原因和底层逻辑。管理思想、管理模式的演变均离不开管理理念的影响，而管理理念又离不开文化环境。长久以来，管理理论发展、管理模式的提炼均是基于西方文化，而忽略了中华文化对管理实践的宝贵指引。本章基于中西文化的对比分析，阐述管理理念的发展，并分析基于中华文化孕育的海尔管理三观。

一、西方文化与中华文化

　　思维决定思路，思路决定出路。量子科学家戴维·玻尔（David Bohr）有言："世界上所有的问题都是思想问题。如果我们想改变世界，就需要改变思维方式。"中西文化思维方式不同，管理思路也因此不同，同时也为管理难题指出了不同出路。中华文化由于其独特的地理人文环境，衍生出与西方文化不同的思维方式。二者的区别主要在于：西方文化以统属性思维（subordination thinking）为主，即在概念与概念之间形成相互隶属的关系，偏向在事物之间做因果关系的推导；中华文化则强调关联性思维（connection thinking），即概念与概念是在一个更大的"图式"（pattern）中处于平等的地位，概念之间也并非呈现机械的"因"支配"果"的决定论逻辑，而是形成相互影响的交织"感应"（induction）（葛兰言）[⊖]。

　　西方文化的统属性思维方式产生了以机械观、还原论、静态观为主的三大管理认知。不可否认，从工业革命至今，西方文化的管理认知在取得了一定成就的同时，也对社会产生了一定的负面影响。著名管理学者亨利·明茨伯格（Henry Mintzberg）曾有言"由于管理，社会变得难以管理"。与西方文化不同，中华文化思维方式产生了以生命观、整体

　　⊖　Granet M. La Pensée Chinoise[M]. Paris：Albin Michel，1934：179.

论、动态观为主的中国式管理认知。诺贝尔经济学奖获得者赫伯特·西蒙（Herbert Simon）在20世纪应邀来华讲管理决策，他在看到乾隆皇帝写的"刚柔密大"四个字后，谦虚地说自己对管理学没有太多好讲的，并认为"'刚柔密大'不仅是中国管理学的灵魂，还是世界管理的典范。不论管理国家、公司企业、机关还是管理军队，这四个字都是管理学的百科全书"。

不同的思维对同一管理现象会产生不同的认知，不同的管理认知会产生不同的解决方案。在以西方管理思想为主流的当下，管理问题日趋严重，中华文化以别样的思维方式为人类的未来管理之路指明了另外一种可能，对人类未来管理思想的丰富与发展具有重要的参考价值。

2012年12月14日，张瑞敏在"将西方管理经验与中国传统哲学结合的管理思想"方面做出的非凡管理成绩被《财富》杂志中文版刊登在创刊15周年专题报道中。2021年9月17日，全球三大认证机构之一的欧洲管理发展基金会EFMD联合海尔成立人单合一模式全球认证中心，共同发布物联网时代引领的管理模式——"人单合一"模式国际认证体系，成为目前唯一一个针对物联网时代管理创新组织的认证。在国内，海尔也多次获得"中国国家企业管理创新成果奖一等奖"。继往开来，海尔管理取得的成就与其独特的管理理念息息相关。从中华文化的根源探索物联网时代独树一帜的海尔管理模式，分析其具体内容，具有一定的理论价值与实践启示。

二、机械观与生命观：海尔的自主生态观

（一）基于机械观的管理理念

机械观的管理理念以西方泰勒制为代表。在机械观的管理理念下，整体性的工作被分解成若干部分，并用有关原则来规范这些部分工作完成的

行为，且由一个职权层级体系进行协调和控制。

基于机械观的管理理念，通过决策权上移实现工人劳动的体力化，计划与执行的分离对于资本家或管理者来说至少有三个方面的好处：第一，相关知识被管理者或技术专家垄断，决策权也由此集中在他们手中；第二，过细的分工对工人的熟练度要求下降，不再需要雇用人力资本较高的工匠，半熟练甚至非熟练工人基数大，雇用成本低，且可替代性较强，替换工人给资本家造成的损失基本可以忽略不计；第三，管理者或技术专家负责动脑，工人只负责动手，因此，与传统工匠对整个生产过程了然于心不同，泰勒制条件下的工人无法了解整个生产过程，无法了解生产决策是如何做出的，当然也就无法反对管理者的管理。⊖

机械观的管理理念在一定程度上提升了工人的工作效率，使企业获得了经济效益，但是面对复杂多变的环境，机械化的管理显得过于僵硬。并且管理者作为企业的一分子却被排除在机械观的管理之外，泰勒制对工人进行标准化控制，却把管理者看作一群充满热情、乐于合作的人，这种对人性的矛盾认识也反映了管理者利用科学管理追求效率的欲望。

机械观通过精细的分工规定工人该做什么，对人的界定局限于经济人，没有认识到人的社会特性及需求，忽略了其提高劳动生产率的可能。机器参与生产的劳动过程，成为与人相对立的存在，劳动者成为生产的一个环节，劳动的整体性被消解，人作为一个"零件"存在于生产过程，而工人最终则被剥夺了工艺知识和自主权，进行着去技能化的劳动，只能充当生产过程中的一个齿轮。劳动活动的去技能化导致劳动本身变得简单化和同质化。机械观将非决策者的劳动者与机器合并为"执行的可操纵的物件"，人与机器的"人机关系"是不得不思考的问题。就越来越"强大"的机器与越来越"萎缩"的工人之间关系的本质属性而言，表面上"人操

⊖　Jaros S. Skill Dynamics, Global Capitalism, and Labour Process Theories of Work[J]. Tamara Journal, 2005, 15(5): 5-16.

控机器"，实质则是"资本控制人"。"操控机器"的人表面上是机器的"主人"，实则是资本通过"机器"控制的人、奴役的人。○

（二）基于生命观的管理理念

彼得·圣吉（Peter Senge）曾说："中国传统文化的演进过程……仍然保留着那些以生命一体的观点来了解的万事万物运作的法则，以及对宇宙本原所体悟出的极高明、精微而深广的古老智慧结晶。在西方文化中，我们倾向于看见的则是由一件件事件组成的世界；我们深信简单的因果关系，不停地寻找能解释一切的答案。"生命观关乎人类对待自然界生命物体的态度，是人类意识的核心之一。中华文化生命观的理论源头集中在《易经》《道德经》《管子》《天工开物》等典籍里。

《易经》从宇宙观、自然观、生命观、伦理观和运筹观的整体视野，以及不可分割的、完整而灵活的全生逻辑出发，揭示宇宙的生命本质和生命的真正意义；它从"易以天地准"出发，把"天人合一"和"心物一元"确立为观察生命的坚定不移的基本原则，以"太极之道"论述"生命之道"，使"生命之道"运行于"太极之道"，将"宇宙""自然""生命""伦理""运筹"等五大基本范畴连贯互通于生命哲学一体之内，对生命进行了最精辟的分析，奠定了生命哲学的思想基础。○《易经》打通了人间、空间、时间，建立了宏大的生命体系，奠定了中国文化分析管理的底层逻辑。

老子在《道德经》中对生命观也有其非常独到的解读。在《道德经》中，老子针对人类现实社会的最高管理者即王者明确提出，只有遵循宇宙中这种原有生命根本的自然原则，才可在其政治生活中有效作为而不导致

○ 李琼琼，李振. 智能时代"人机关系"辩证——马克思"人与机器"思想的当代回响 [J].
毛泽东邓小平理论研究，2021（1）：71-79+108.
○ 高宣扬，闫文娟. 国学生命观新探 [J]. 江海学刊，2019（6）：33-41.

严重的社会弊病，才会全面展开自然秩序的社会管理功能，可将其称为
"实践中的自然"，具体表现为配合万物自然、成就百姓自然、保持言语
自然与采取行为自然的社会管理四个方面。⊖老子从宇宙生命观视角出发，
提出了根据天文自然的超然管理模式，即管理者要遵循的不是从人类特殊
利益出发的基本管理原则，而是从宇宙生命事物的整体利益角度出发，以
追求整体利益最大化为根本目标。在这种思想基础上，明代著名科学家、
江西籍士人宋应星撰写的著作《天工开物》，其寓意为利用自然之力（天
工），创造出人工之物（开物）。《天工开物》的日文译者薮内清在翻译
时就指出，中国自古就有"一切创造均源于自然之力，技术就存在于顺应
自然力的创造之中"的技术观。⊜这一技术观对于企业的技术创新、技术创
新管理具有潜在的启示，静待后人的开发。

　　《管子》四篇讨论了领导者在本初状态拥有一颗自然之心，受嗜欲的
影响而"伤生"，需要通过修心恢复而达长寿，在管理中需"全心"以化
民。⊜对于普通民众，《管子》从关注其生存与生活的视角提出"仓廪实而
知礼节，衣食足而知荣辱"的民本观点。作为管理者，需要修行以克制欲
望，管理就是一种修行的过程；对于普通民众，需要关心其生存、生活，
再关注其道德精神，是一种"全生"的朴实理念。

　　综上所述，在这种宏大的生命观叙事逻辑中，人类的管理也只是宇宙
管理中的一小部分，需要遵循宇宙大生命的背后逻辑。按照早期研究中华
文化思维方式的集大成者张东荪先生的说法，"关联性思维"的核心不是
按照"本质"进行分类，而是以"功能"（function）为分类标准，而这个
"功能"的发出"主体"是人自身（萧延中）⊗。按照这种生命秩序原则，

⊖　崔大华．道家与中国文化精神 [M]．郑州：河南人民出版社，2003．
⊜　常盤文克．创新之道：日本制造业的创新文化 [M]．董旻静，译．北京：知识产权出版社，
　　2007：70-71．
⊜　张杰．长生与伤生之间张力的解决：《管子》四篇的自然之心 [J]．管子学刊，2021（4）：
　　86-97．
⊗　萧延中．中国思维的根系：研究笔记 [M]．北京：中央编译出版社，2020：43．

中国的管理思想与实践行动就是一个围绕生命的功能而展开的过程。人的生命是复杂的，用"理性（'智人'）、技术（'制造工具的人'）、实用的活动（'从事经济的人'）、注定的必然性（'散文般的人'）"来确定人类存在都是片面的⊖，人是对立统一的复合体，既需要利益，又需要精神。因此，管理从人出发，又回到人自身就是基于生命观的管理理念。

（三）中国管理思想解读：海尔的自主生态观

生命观是中华优秀传统文化一直关心的问题，中国传统经典以生命为主轴，从生命哲学视角观察和分析人生、自然、宇宙及万事万物，使人的生命与整个宇宙自然的"大生命"以及其中所有种类不同的生命体，连接成一个活生生的命运共同体。在这样的整体生命视野下，不同类型的生命的特性及其个别意义也同样受到了重视，形成了生命整体与个体生命之间无限循环的互动连接，体现了生命本身所固有的完整意义。⊖

张瑞敏在东西方文化的基础上，旗帜鲜明地提出"人是目的"而非手段的管理生命价值观，并将其作为"人单合一"管理的核心理念。在这种生命观的指引下，在个体层面，海尔管理实践中的主体是人，包括股东、管理者与普通员工在内的所有成员；管理的主体是人，是为了人的全面发展；管理的过程是人的修行，是对自己心、身、灵的体悟；管理的目的在于激发人的潜力、解除人的禁锢、实现人的全面发展，管理者与员工互相管理、共同管理，成为自主人。

在海尔的组织层面，人与人之间是一种生态的竞争关系，共生、共赢、共患难；团队与团队之间、组织与组织之间，企业与平台之间也是一个有生命的生态系统。张瑞敏曾坦诚他的哲学思维受《道德经》的影响较大，并且认为"无为而无不为"等思想与互联网时代的管理思维特别契

⊖ 莫兰. 复杂性理论和教育问题 [M]. 陈一壮，译. 北京：北京大学出版社，2004：43-44.
⊖ 高宣扬，闫文娟. 国学生命观新探 [J]. 江海学刊，2019（6）：33-41.

合，管理者不要亲自干很多事情，而是创造一个平台让每一个人发挥自己的作用。这样就可以实现《淮南子》中所讲的"因循而任下，责成而不劳"①，最终实现"群龙无首"（每个成员都是平台上自主的飞龙，不需要首领来管理）。约翰·奈斯比特（John Naisbitt）曾将这种生态观形象地比喻为："中国的管理是规划森林，让树木自己成长。"②

中华文化历来有丰富的民本思想。李泽厚先生在《中国古代思想史论》中认为，孟子提出的"民为贵，社稷次之，君为轻"的民本思想就是一种人道主义。③它宣扬群体本位，以民为本，对中国后续的政治思想、经济思想产生了重大影响。在政治领域，民本思想的核心理念是"以民为本"，基本思路是"立君为民""民为国本""政在养民"④；在经济领域，民本经济的核心理念是"人民是创业主体、经营主体、产权主体，实行民有、民营、民享"⑤。

从民本思想到民本经济再到民本企业，即建立以全体员工为本、实现共同富裕的企业，探索企业的产权与使用权的合理搭配，进行全体员工参与管理的机制设计，解决员工工作积极性不足的问题，从而形成员工、企业、社会的多赢格局。这些都与海尔精神与制度文化的核心理念相符。海尔就是处处"以人为本"，体现在其"赛马不相马"的人才理念、"三工并存，动态转换"的人力资源管理制度、"官兵互选"人才能上能下的用人机制等方面。

机械观从泰勒制开始，发展到后来的福特制，又到丰田制，造就了劳动优化的历史，生命观的思想由道家主张的顺应自然治国思想发展至今，

---

① 郝亚洲. 海尔转型笔记 [M]. 北京：中国人民大学出版社，2018.
② 奈斯比特 J，奈斯比特 D. 中国大趋势 [M]. 魏平，译. 北京：中国工商联合出版社，2009：61.
③ 李泽厚. 中国思想史论 [M]. 合肥：安徽文艺出版社，1999.
④ 张分田，张鸿. 中国古代"民本思想"内涵与外延刍议 [J]. 西北大学学报(哲学社会科学版)，2005(1)：113-118.
⑤ 高尚全. 发展民本经济 [J]. 中国工商，2002(2)：62-63.

也被不断应用于企业管理实践，目前以海尔制的链群合约为鲜明代表。这一物联网生态品牌体系的"三自"思想——自主人、自组织、自循环（张瑞敏），其本质是在践行全体成员之间、组织与组织之间的权力、利益、名誉的重新分配。这一划时代的自主生态管理思想与实践，探索以全体员工为本的中国企业成功变革模式，是对以往泰勒制、福特制与丰田制的重大突破，也为互联网智能时代的企业管理变革开拓了新的前进方向。

三、还原论与整体论：海尔的整体关联观

（一）基于还原论的管理理念

从古希腊开始，西方哲学家们就已经有了还原论的信念。到了文艺复兴时期，笛卡尔在《谈谈方法》一书中提出"把我所审查的每一个难题按照可能和必要的程度分成若干部分，以便一一妥为解决"；存在"所有物体的普遍的质"，科学的目的就是把一切对象还原成这种"质"[⊖]，这便是一种还原论的表达。1951年，奎因在《经验论的两个教条》一文中首次使用"reductionism"一词来表述"还原论"，即"相信每一个有意义的陈述都等值于某种以指称直接经验的名词为基础的逻辑构造"[⊜]。

在管理学研究领域，华人学者徐淑英女士认为，国际学术界主流研究仍普遍采用还原论的研究思路[⊜]。这种研究思路的第一步通常是将一般管理问题还原为可观察、可测量的子问题，就像心理行为主义所标榜的"刺激—反应"模型那样，尽可能地以人们的行动来直接解释人们的行动，因为只有这样才是可测量的、可量化的。这种研究思路的优点是表面上部分

　　⊖　笛卡尔. 谈谈方法 [M]. 王太庆，译. 北京：商务印书馆，2001.
　　⊜　Willard Van ORman Quine. Two Domas of Empiricism[J]. Philosophical Review，1961（60）：20-43.
　　⊜　徐淑英，陈晓萍，樊景立. 组织与管理研究的实证方法 [M]. 北京：北京大学出版社，2008：13-31.

符合了科学研究的要求，但是其实际上丢掉了很多重要的无法量化测量的管理学研究内容，不利于管理学的长期发展。[一]

基于还原论的管理理念则是将企业还原为一个个保障企业运行的部门、一个个在企业中工作的员工，企业将部门有理性地进行划分，雇用专业化的员工，在提升企业工作效率的同时也增加了经济效益。科层制是还原论管理理念的一个代表，以专门化、等级制、规则化、非人格化、技术化和公私分明化的理性优势成为与现代化大生产相适应的组织模式。[二]这种组织模式为工业化时代的企业提供了一定的理论指导，并相应地产生了诸如福特制等经典管理制度。

但有研究者指出，基于还原论的管理理念在当下移动互联网时代，面临着组织僵化而难以适应社会环境变化、理性主义极端化导致人的异化、目的手段倒置使形式合理性步入误区等问题。[三]还原论管理将各个部门、每位员工作为互相分离的个体看待，必然忽略了人与人之间、部门与部门之间的相互作用，毕竟不能简单地认为员工的"算数之和"便等于企业。既然部分之和不等于整体，则基于部分之间的经济收益等的核算必然不符合真实情况，并且容易导致个人之间、部门之间的隔阂，比如现代管理中的信息孤岛现象就是比较突出的不良后果。

（二）基于整体论的管理理念

西方哲人亚里士多德在《形而上学》中集中讨论了整体论的基础含义。整体是"部分的完全""包含和统一""一个个体"。整体应具有如下三个特点，分别是空间立体性、时间动态性、环境系统性。[四]其中，"空间

[一] 吕力. 管理学研究中的证实、证伪、还原与诠释 [J]. 管理学报，2009，6（10）：1285-1290.

[二] 魏娜. 官僚制的精神与转型时期我国组织模式的塑造 [J]. 中国人民大学学报，2002（1）：87-92.

[三] 同上。

[四] Aristotle. Metaphysics.[M]. Trans. by Richard Hope. Ann Arbor：The University of Michigan Press，1960.

立体性"又包含宏观的全局性与层次的深刻性两方面的内容。在即将到来的万物互联时代，"分离是不存在的""分离是一种错觉""没有人是一座孤岛""我们生活在一个零距离的世界和宇宙中"。[⊖]

根据整体论的定义及其三个特点，基于整体论的管理理念首先要求管理者将企业看成一个动态的整体，同时能够认识到这一整体中多样化的结构，即各个部门以及部门中的员工。其次，管理者在整体地看待自身企业的同时也要整体地看待其他企业，在整体地看待这一个部门的同时也要整体地看待那一个部门，从而解决组织内以及组织与组织之间的关系问题。最后，管理者不仅要把企业这一组织看成整体，进一步地，要将企业与其周围乃至整个中国甚至世界的市场环境看成整体，并使企业在动态的环境中适应地发展，同时将企业置于自然宇宙这一整体之中，关注企业的环境效益，承担起历史责任。

按照亚当·斯密（Adam Smith）在《国富论》中论述的劳动分工理论，分工可以提高生产与管理效率。在分工的基础上，组织管理研究者提出组织需要进一步分权、分利，以获得更高的效率。这一逻辑与还原论的管理理念相契合，也确实获得了一定的成效，但是没有恰当的整合作为联系的基础，劳动生产的分工、分权、分利也可能导致组织的分崩离析，换言之，整合也是提高生产与管理效率的重要方式。按照整体论的管理理念，个人的职责也可以说是复合型的身兼数职，比如"科研工作者+营销人员"这种合二为一的整合。分权之余，也可以做权力的整合，比如"官兵互选"机制、董事会轮值制度，就是对传统分权制度的突破。分利之余，还可以从整体利益最大化的角度出发，形成利益共同体，彼此的利益进行捆绑，形成共享式发展。简而言之，职责、权利的分与合都有其价值，组织需要做好分分合合的不同组合。只是在VUCA时代，很多事情无法清晰

⊖　左哈尔. 人单合一：量子管理之道 [M]. 纪凯文，译. 北京：中国人民大学出版社，2021.

界定，基于整体论的管理理念更加强调协作，也更加适应互联网情境。

除了在组织内部，基于整体论的管理理念使企业在组织外部也更加富有远见，更能融入周围乃至世界的市场环境，更能以顾客为本，与顾客在一起，形成自己的顾客社群，并承担起企业的社会责任，为自己所在的社区、地区、国家乃至世界，做出相应的贡献，实现与自然和谐共生，让世界更美好。迈克尔·杰克逊（Michael Jackson）曾对组织有九大比喻，其中之一便是把组织比作有机体，即"组织由相互关联的部分构成整体""组织是一个开放系统，必须保证与其所在周围环境有良好的相互交换关系，同时能更具需要适应环境的变化"⊖。丹娜·左哈尔女士在其著作《人单合一：量子管理之道》提出量子整体论的概念，认为"整体比构成它的任何部分都更重要"，对整体中各部分之间关系的理解起到更重要的作用，并由此诠释了"我们荣辱与共"的真正意义。⊖

（三）中国管理思想解读：海尔的整体关联观

中国传统哲学的根源来自《易经》，"易有太极，是生两仪，两仪生四象，四象生八卦"的整体观，整合了空间方位与四时运行。在人类与自然的关系层面，有先秦时期的"天人合一"论，宋明时期的"万物一体"论。在人际关系层面，"四海之内皆兄弟"这一名言淋漓尽致地体现了开阔的心胸与阳刚之气，儒家文化的经典《尚书》也曾有言："克明俊德，以亲九族。九族既睦，平章百姓。百姓昭明，协和万邦。"

张瑞敏多次指出海尔的管理创新受到《道德经》《易经》等中国传统哲学智慧的影响。他曾提出"海尔是海"，意思是"海尔应像海，唯有海能以博大的胸怀纳百川而不嫌其细流；容污浊且能净化为碧水"。此外，

⊖　杰克逊.系统思考：适于管理者的创造性整体论[M].高飞，李萌，译.北京：中国人民大学出版社，2005：29-38.

⊖　左哈尔.人单合一：量子管理之道[M].纪凯文，译.北京：中国人民大学出版社，2021.

张瑞敏提出的人单合一计分卡就是基于《道德经》"大制不割"、《易经》的"整体关联"思想设计出来的。"人单合一计分卡的横轴是引领目标，从高端品牌到场景品牌再到生态品牌；纵轴是链群合约，小微围绕用户需求，自发组织形成生态链上的小微群（链群）。链群之间相互协同完成目标，实现'四自'——自组织、自驱动、自增值、自进化。相交轴是增值分享。"这一突破性的组织创新，将有效地缓解基于还原论的科层制存在的结构僵化、部门割裂等问题。不仅如此，基于共创（co-creation）的利益共同体，张瑞敏还提出要充分利用好信息化时代的技术红利，实现"每个人在追求自己利益最大化的前提下，为企业、为社会创造最大化的利益"。

在《领导力与新科学》一书中，玛格丽特·惠特利（Margaret Wheatley）指出，关系是宇宙的基本组成要素，任何事物都不是独立存在的，而是整体关联存在。[一]从关联的角度看海尔的管理，"人单合一"就是员工与用户的关联、小微成员与小微主的关联、小微与平台的关联、平台与整个商业系统的关联。它们以海尔为物质载体，彼此互相传递能量与信息，形成零距离关联互动。在利益、情感、意义层面彼此也是关联的。这就要求以中国优秀传统文化不断提升股东、管理者、员工全体的修行境界，用整体关联的视角整合义利，变追求个人财富为追求整体财富、变"富可敌国"为"富可助国"、从"富以助国"到"富以助球（全球）"。

四、静态观与动态观：海尔的动态平衡观

（一）基于静态观的管理理念

静态观的管理，是一种主要依据工作规律、市场规律确立构建企业内

[一]　惠特利. 领导力与新科学 [M]. 简学，译. 杭州：浙江人民出版社，2016.

部环境相对稳定的状态，并根据这种稳定性要求进行有效的控制和管理。[⊖]静态观的管理方法在规则制度正常化的条件下，可以使动态的人、事、物等制度化、规范化，具有稳定性、确定性、可预见性和可持续性的特点，从而逐渐形成一个组织的行为准则，提高组织运营效率。企业基于静态观的管理理念建构的体系，将决定企业系统品质的好坏，管理架构是否合理，且是否适配于企业的运行机制，这将直接对整体运作产生重要的影响。静态观的管理是在正视个体差异与群体存在的前提下建立秩序和行为的方法。

　　静态观的管理理念大致包括时间、工作、人员静态三个方面，三个层面实质是动态变化的，而管理是可以"静态化"的，根据管理对象的稳定共性制订相应的计划、政策与制度。从某种程度看，时间层面的静态有利于总结经验；工作内容的静态有利于反复熟练提升效率；人员层面的静态有利于互相熟悉提升信任[⊖]。在既有的静态观管理理念指导下，企业按照已有路线行走，避免产生较大偏差，可以降低决策的盲目性。在长时段稳定不变的情境下，这种"按部就班"的管理模式具有一定的优势。

　　但是在长期、持续变动的外界情境下，静态观的管理理念就有较大的局限性。首先，人员是会变动的，在互联网时代，竞争对手不一定是业内同行，给企业创造价值的人员也不一定是企业的内部员工。其次，工作内容是变动的，随着移动互联网的普及、大数据时代对智能的应用，工作内容也在随之发生重大变化。最后，随着时间流逝，过去的经验有可能造就企业的核心能力，也可能成为企业的核心能力刚性，缺乏对未来的关注则可能丧失对时代变化的预见力，无法为企业的未来做好相应的预留方案。静态观的管理理念，是想"提前"确定企业稳固的管理体系，企业行为则

⊖　那春生.静态管理[EB/OL].简书.（2018-06-18）[2022-08-08]. https://mbd.baidu.com/ ma/s/ nSdhBqUs.

⊖　同上。

会体现出呆板、固化、缺乏应变的特点，甚至在过度信赖的"温室"中，其坚守的"马其诺防线"将毫无防备地坐等对手的突然袭击，成为历史经典战败案例。

（二）基于动态观的管理理念

动态管理主要研究企业内外环境和条件的变化[一]，并根据这种多变性的要求，灵活地改进、修订经营业务，以保证管理活动具备一定弹性。其强调从动态角度和长时间变化两方面考虑问题，追求制度体系的动态性和前沿性，通过不断创新提升企业的竞争力。与静态观不同，动态观的管理理念认为，管理中的人员是动态的。在定位与角色上，员工是动态的，可以从被管理者的工具人，到自管理者的准主人，再到自创业者的合伙人，最后成为自组织者的社会人。[二]在开放式创新的体系中，企业可以让全世界的人成为为自己企业创造价值的人员，比如企业通过开放式创新获取众多企业外脑。工作内容是动态的，随着技术的进步与人类需求的变化，工作内容随之变化是再正常不过的事情，比如企业从卖硬件到卖服务，再到卖场景式的硬件加服务。时间的动态性则力量更为强大，不管多么伟大的企业，在时代前面，都会变得谦虚渺小，都必须"与时俱化、与时偕行"。张瑞敏对此一语中的："没有成功的企业，只有时代的企业。"

实施动态管理过程包含理性与非理性因素[三]，思维过程、分析方法是理性的，价值偏好是非理性的。过于理性，则缺乏应变，过于非理性，则容易偏离正轨。当原有组织机构不合理时，要及时地破旧立新。但过分强调变动，忽视稳定，必然破坏企业管理的正常秩序，给企业带来灾难。"朝

[一]　张龙治，潘天敏，李国才. 论企业管理哲学 [J]. 社会科学辑刊，1988（6）：45-49.

[二]　李海舰，朱芳芳. 重新定义员工——从员工1.0到员工4.0的演进 [J]. 中国工业经济，2017，（10）：156-173.

[三]　权小妍. 企业战略管理的"静态模式"与"动态模式"分析 [J]. 商业时代，2013（30）：102-103.

令夕改"比墨守成规的害处还大。因此，动态管理需要在理性与非理性、保守与创新、变与不变之间找到合理的平衡点。人员的稳定性与流动性，工作内容的规范与创新，产品的主流与支流，时代的滞后与前沿等，这些都是动态观管理理念必须平衡的重要内容。

（三）中国管理思想解读：海尔的动态平衡观

自强不息，是动；厚德载物，是静；二者合一，是动静结合，是阴阳和谐。这一源自中华文化经典《易经》的核心思想浇灌并滋养了数千年以来中华民族的成长，并将在未来持续产生重大影响。动与静也是哲学中的一对重要范畴。在中国哲学史上，大多数哲学家都肯定动与静在运动变化过程中是相互依存、相互转化的。在中国管理思想史上，动静思想的典型就是贯穿古今的经权观。《春秋》有言"经者，常也；权者，变也"；唐代柳宗元就此注解为"经也者，常也。权也者，达经者也。皆仁智之事也。"经者，"织也，从系"，本义是指布帛上纵向的线条，在管理意义层面上，"经"是指"变中不易的常理"，即管理中普适性的原则与准则。"权"作为一种能力或境界，强调的是主体在具体的实践情境中的权衡或权变。[⊖] "经"和"权"既对立又统一，经权观要求"执经达权"，即根据普遍的管理原则和事物运动的客观规律来选择和确定合适的管理方法，最后达到管理目标；同时要求"通权达变"，即根据不断变化的情势而随时调整自己的管理方式，"穷则变，变则通，通则久"。

用现代管理语言来说，管理的原则与方向是不变的，是经；路径与方法是常变的，是权。对管理者和被管理者来说，一方面要"持经"，就是在具体的管理实践活动中不可一味地照抄照搬已有的管理理论，而应坚持具体问题具体分析，使管理原则准则既不失去原有本质，又能在新的条件

⊖　赵清文."良知"与"经权"——王阳明的经权观及其启蒙意义 [J]. 浙江社会科学，2018（2）：110-116+159.

下焕发生命；另一方面要"求权"，在进行管理活动时，如果旧有的方法失去作用或与现实产生冲突，就要尝试改变，不可改变"经"，而应改变具体的方法，使其达到适用的效果，也就是《春秋公羊传·桓公十一年》所强调的"行权有道"[○]。

《孙子兵法》就非常推崇用兵如水的动态之"神"："兵无常势，水无常形，能因敌变化而取胜者，谓之神。"管理需要应时代、对手、消费者之变，而以变制变乃至引导变化，成神而不自以为神，乃成真神。有研究者提出，张瑞敏的水式管理哲学及其理论体系实现了管理实践顺应互联、共享时代属性的动态要求。"上善若水"作为其水式管理哲学的核心思维之一，内核是变异思维，反映出其灵活性和适应性的特点，赋予物联网时代企业管理实践以动态含义。"上善若水"也从管理哲学层面形成了海尔管理实践体系的核心思维导向，以环境的不确定性为基本预设，体现出灵动与无界的战略与组织层面、自由与开放的管理与商业模式、连接与系统的心智模式层面等特点，表达出灵动变革、无边界化、去中心化和开放发展等管理思想。[○]在企业的契约问题上，马歇尔·迈耶（Marshall Mayer）认为，海尔的变革是将企业内部的静态契约关系动态化，改变了西方经济学理论中的委托/代理关系。

管理在动态的发展过程中，要讲平衡。阴阳五行作为中国文化的核心概念之一，讲究不同要素——木、火、土、金、水是相邻相生、相间相克的。所以管理对内要处理好股东、管理者、员工等内部利益攸关方的关系，对外要处理好企业与用户之间、企业竞争者与企业共创者之间、企业与政府社会组织之间等外部利益攸关方的关系，最终形成内外双通的、平衡的生克关系，以实现不断的动态性平衡。

○ 张欣.《周易》管理哲学中的权变管理论 [EB/OL].（2018-12-13）[2022-08-08]. https://mp.weixin.qq.com/s/ qe7_TB4HTjwwyp6S-V5njA.

○ 胡国栋，李苗. 张瑞敏的水式管理哲学及其理论体系 [J]. 外国经济与管理，2019, 41（3）: 25-37+69.

　　一切只求变、不求稳或者只求稳、不求变，这两种做法都是把静态与动态管理绝对对立起来的极端行为，唯有把二者结合起来，兼施并用，将不同的人员、工作内容根据时代发展需求进行相应的组合与调整，形成"动态平衡"，企业管理成效才有望形成螺旋式上升。所谓"自古不谋万世者，不足谋一时；不谋全局者，不足谋一域"（[清]陈澹然），企业平台的创建者要站在大尺度的时间、空间、人类社会层面做一个动态平衡的顶层设计，不断迭代发展，以实现企业的长治久安。

　　当下，中华民族正处于伟大复兴时期，在技术上突破卡脖子技术以实现产业强国、在管理上挖掘优秀传统文化中的管理思想以突破西方管理的窠臼，已成为当前的重要任务。在中国企业发展与宏观经济持续增长的背后，鲜有关于中国企业特有管理模式的总结。探索总结中国企业自改革开放以来的成长模式，真正意义上为世界管理思想的丛林贡献"中国智慧"，成为中国管理学者与企业家的一份责任。让中国企业自主管理思想走向世界、向全球贡献管理智慧，海尔是最早、最有可能承担这一重担的代表性企业之一。海尔管理模式在管理理论与实践两个层面，正在探索一条与西方管理模式不同的道路。与解放农民能量的家庭联产承包责任制类似，海尔管理模式的链群合约也是在挖掘员工的潜能，其本质是一样的。这种解放员工的束缚，以提升全体员工的能力、精神状态，与海尔早期提出"先造人、后造产品"的经营理念是一脉相承的。期待海尔管理模式为企业管理的中国式现代化前进道路做出相应的贡献。

Haier
管理模式篇

数字时代海尔管理
新模式

——

从人单合一到链群合约

第五章

互联网时代
组织管理模式的探索：
人单合一

⊙ **本章导读**

✓ 人单合一的提出主要基于两个原因：一是解决大企业病的问题，企业大了之后，官僚主义越来越严重，离用户越来越远，企业的行动越来越缓慢；二是解决员工博弈的问题，员工经常抱怨企业没给自己机会。

✓ 从观念上，人单合一和传统的管理模式是不同的，第一是对人的认识，经典的管理模式把人看作经济人，或者看作社会人，而人单合一把人看作自主人，每个人都应该自主去创业；第二是对组织的认识，"人单合一"的组织是完全变成一个自组织。

✓ 人是目的，不是工具。人单合一是把每一个员工解放出来，让每个员工发挥最大的价值。"人"是员工，"单"是用户价值，员工在创造用户价值的同时才能体现自身的价值。

✓ 科层制组织是以经典牛顿物理思维为导向的，生态组织是以量子物理思维为导向的。科层制适应的经济体系是均衡的、线性的，生态组织适应的经济体系是非均衡的、非线性的。

　　互联网时代的数字技术依其同质性（Data Homogenization）、可重新编程性（Reprogrammable Functionality）和可供性（Affordance）⊖对企业管理模式的创新产生了重要影响，如可重新编程性帮助企业重组利用有形或无形的资源⊜⊜，可供性加强了与其他企业的连接和沟通等㉔。数字技术驱动创新只是互联网时代的一个特征，互联网时代企业战略设计、用户连接、价值网络构成、创新系统建设等都正在发生深刻的变革。那么，互联网时代传统管理模式面临哪些问题，互联网时代的管理模式又该何去何从，是学术界持续关注的热点议题。海尔的人单合一模式为解答这些问题提供了洞见。

一、人单合一模式是引领互联网时代的管理新路径

　　随着生产力的不断发展，人类已经从传统的工业时代转向互联网时代，并进而迈入物联网时代。在工业时代仅仅强调生产效率和规模的思维模式下催生的科层制组织结构，已经很难满足强调体验经济、共享经济和用户价值的数字化时代。以科层制为基础的传统管理模式，存在诸多潜在冲突：员工的积极性难以激活，管理者与员工之间的冲突；组织内部的沟通不畅，部门之间的冲突；企业与市场脱节，企业与用户之间的冲突；企业与外部资源割裂，内外部资源冲突等。

────────────

⊖　刘洋，董久钰，魏江. 数字创新管理：理论框架与未来研究 [J]. 管理世界，2020，36（7）：198-217+219.

⊜　Priem R L，Butler J E. Is the resource-based "view" a useful perspective for strategic management research?[J]. Academy of management review，2001，26（1）：22-40.

⊜　Huang J，Henfridsson O，Liu M J，et al. Growing on steroids：Rapidly scaling the user base of digital ventures through digital innovation[J]. MIS quarterly，2017，41（1）.

㉔　Amit R，Han X. Value creation through novel resource configurations in a digitally enabled world[J]. Strategic Entrepreneurship Journal，2017，11（3）：228-242.

（一）人单合一发展阶段

自1984年创办以来，海尔由单一的冰箱生产起步，逐渐将产品线拓展到家电、通信、家居、物流、金融、生物制药等多个领域，从一个产品制造企业发展成为孵化创客的生态化网络平台，以及全球领先的生活方案服务商。"人单合一"由海尔集团创始人、董事局名誉主席张瑞敏于2005首次提出，作为融合东西方管理思想的创新产物，它不仅在实践中取得了巨大的成功，更被视为一种符合企业发展、引领时代趋势的管理理论和发展模式。随着"人单合一"概念的发展演化，其内涵意义也在不断地丰富和拓展，而"人""单"的内涵以及二者之间关系的转变，为揭示其运行演化规律提供了一个具体而深入的视角。以此为基准，可以将人单合一的发展演化历程划分人单合一1.0阶段、人单合一2.0阶段和人单合一3.0阶段。人单合一1.0阶段为2005—2014年，人单合一2.0阶段为2015—2019年，2019年9月20日之后进入人单合一3.0阶段，即链群合约。鉴于后续篇章均聚焦于链群合约，本节仅就人单合一1.0阶段和人单合一2.0阶段进行阐述。

1. 人单合一1.0阶段

2005年9月，在海尔经理人年会上，为了贯彻和巩固海尔之前实施的一系列变革，张瑞敏提出了"人单合一"的全球化竞争海尔模式。"人单合一1.0"概念图，如图5-1所示。

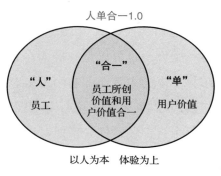

图5-1　"人单合一1.0"概念图

人单合一的基本含义是，每个员工都应直接面对用户，创造用户价值，并在为用户创造价值的过程中实现自己的价值分享。员工不是从属于岗位，而是因用户而存在，有"单"才有"人"。在海尔集团的实践探索中，"人"的含义有了进一步的延伸，首先，"人"是开放的，不局限于企业内部，任何人都可以凭借有竞争力的预案竞争上岗；其次，员工也不再是被动执行者，而是拥有"三权"（现场决策权、用人权和分配权）的创业者和动态合伙人。"单"的含义也进一步延伸，首先，"单"是抢来的，而不是上级分配的；其次，"单"是引领的并动态优化的，而不是狭义的订单，更不是封闭固化的。因此，人单合一是动态优化的，其特征可以概括为两句话："竞单上岗、按单聚散"；"高单聚高人、高人树高单"。人单合一的"合一"，即通过"人单酬"闭环，每个人的酬来自用户评价、用户付薪，而不是上级评价、企业付薪。传统的企业付薪是事后评价考核的结果，而用户付薪是事先算赢，对赌分享的超利。

人单合一的竞争力之一体现在企业运营的全过程。流程中每个员工都有自己的市场，都要对自己的订单负责，都要创造出自己市场上的第一。与此同时，人单合一的竞争力还体现在"自主创新的战略业务单元"的经营能力。实际上，人单合一是企业发展过程中在不同阶段的基础上的创新和实践，把人和订单统一起来，用自主经营的创新能力满足自己的订单，从局部到系统，把企业的竞争力体现出来。通过人单合一的竞争模式，企业能够确保自身在全球化发展阶段的竞争能力。

"自主经营体"可以理解为海尔人单合一1.0阶段内部的最小经营单位，这个经营体可以是一个人，也可以是一群人。其实质就是把大公司变成几千个小公司，海尔将原来的大事业部制经营组织形式转变为以自主经营体为基本单元的组织架构，将原来的所有部门按照一定的规则划分为2000多个自主经营体，每个自主经营体直接面对市场，为所负责的用户群创造价值。同时，这2000多个经营体就像一个大网直接面对市场，每个经营体就是这个网上的一个节点，这个节点可以变成一个基本的创新单元，既然这个基本创新单元就像一个真正的公司，那么集团会赋予它们三种权利：一是现场决策权；二是分配权；三是用人权。

人单合一模式使得基层员工直接面对市场，成为一线人员，而这些一线人员拥有的魄力和勇气，要归功于扁平化的网状组织。新的商业模式需要把海尔的组织改变过来，让员工从正三角的底部到达倒三角的顶部，直接面对市场和用户决策；而原来的最高领导者则到了底部，主要发现新的战略性机会，同时对内部组织的协同进行优化。职能部门大幅精简，并从下指令变为提供资源和服务。

通过构建"倒三角组织结构"，海尔将其组织实现高度扁平化，其最大的成果是打破了组织的"垂直边界"，并将"用户第一"的基因植入海尔人的心中。然而，这种结构对中高层管理者的利益构成了巨大的挑战。由于组织的高度扁平化，管理层级的大幅度降低，减少了中间管理层的领导职位。

2. 人单合一2.0阶段

2015年9月19日，张瑞敏在人单合一共赢模式探索十周年暨第二届海尔商业模式创新全球论坛上正式发布人单合一2.0版本，把人单合一双赢管理模式的变革推向纵深，目标从员工和用户共赢发展到相关各方在海尔平台上共创共赢。人单合一模式2.0将利益主体由"员工+用户"的二维模式迭代至"员工+用户+利益攸关方"的三维模式。因此，前一个战略阶段的人单合一被称为人单合一1.0。人单合一1.0与人单合一2.0的区别在于1.0的核心诉求是建立快速满足碎片化市场、个性化需求的组织能力，提高经营效率与准度，人单合一2.0则是搭建各利益攸关方共生、共创、共赢生态系统（平台），组织、嫁接、催化全球资源以驱动创新。"人单合一"组织结构演进图，如图5-2所示。

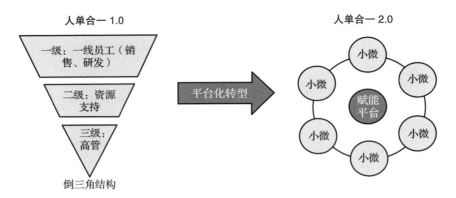

图5-2 "人单合一"组织结构演进图

人单合一2.0通过事业转型、外部加盟、内部创业形式生成不同紧密度的各类小微企业（虚拟小微、孵化小微、转型小微和生态小微），将海尔逐步进化成各类企业快速配置资源的市场（平台），成为真正的平台化企业。通过转化、创业、临时契约等形式，未来海尔平台上存在三类人、三类关系：第一类是在海尔平台上创业的创业者，与海尔建立以股权关系为纽带的动态合伙关系；第二类是基于项目的外部合作者（海尔将其称为"在线员工"），与海尔建立以项目契约为纽带的合作关系；第三类是承担平台治理责任的员工，与法律意义上的海尔仍然存在雇佣关系，但数量极为有限（海尔将其称为"在册员工"）。同时，海尔将从三级自主经营体的倒三角组织形态转变成为网络化的组织。

（二）人单合一的本质特征

1. 动态开放的人单合一

人单合一的发展演化过程也是"人""单"边界逐渐拓展，即由员工与用户组成的"小系统"扩展为员工、用户、各个利益攸关方组成的"大系统"以及网络化平台的过程。正如管理思想家玛格丽特·惠特利所认为的："'人单合一'变革，不停地按单聚散，符合'耗散结构'，制造一定程度的'无序'正是生成和引入负熵，生成下一个新秩序的前提，不适合的被自动淘汰，新的秩序自然涌现出来。"⊖

2. 人是目的的核心理念

海尔将"人"的概念取代了"效益"和"规模"，将它置于人单合一的核心位置，强调"人是目的"，一切把人放在第一位。

3. "人""单"之间的交互循环

随着人单合一的发展演化，"人""单"之间的界限被逐渐打破，员工、用户以及各个利益攸关方通过持续的相互作用合成为一个整体，共同促进了"人的价值实现"。

4. "价值实现"的整合创新机制

人单合一是一个整合价值、创造价值的流程体系。随着"人""单"之间的交互范围由员工和用户拓展到整个利益攸关方，各主体间的交互程度也会逐渐加深，他们在为用户创造价值的同时也在持续地实现着自身的价值。

（三）人单合一如何引领互联网时代的管理

人单合一强调用户的社群、共享与体验，在对互联网时代的新特征分析中，主要从以下四个方面展开。第一，个人与组织间的关系。在人单合一管理模式下，个体的工作内容来自用户而不是上级，上级只是对员工的工作起到服务与支持的作用，克服了上有政策下有对策的恶性循环，融合

⊖ 白勇. 人单合一：海尔的量子管理学（下篇）——西方管理学之外的中国式颠覆 [J]. 中国职业经理人，2018（7）.

了个体与上级及组织的张力，从内在激发了员工的活力。第二，组织内部的结构关系。人单合一颠覆了传统的组织结构，把传统的科层制金字塔结构转变为平台化的网络组织，使企业从大型的管控组织裂变为小微公司，直接面向用户创造价值，从而通过自创业、自驱动、自组织的小微激活了员工的活力。第三，员工与用户的交互。人单合一关注员工与用户的交互，从单向供给转变为企业多元服务，二者的链接是立体的，交互也是必然的、多次的和实名的。实现了员工与用户在"设计—研发—生产—销售—使用"的全流程交互。第四，组织边界的重构。人单合一管理模式把组织的边界打开，企业由原来的封闭组织转变为开放的生态节点组织，内外部资源紧密相连，外部资源通过互联网平台整合在一起，进行有效的互动。"世界是我的研发部"是海尔边界打开的有效体现。海尔开放式创新就是要建立全球资源和用户参与的创新生态系统，实现生态圈的共创共赢。

二、人单合一模式催生现代组织持续进阶的新特征

（一）企业无边界

人单合一模式使得基层员工直接面对市场，成为一线人员，而这些一线人员拥有的魄力和勇气，要归功于扁平化的网状组织。海尔以前的组织机构是金字塔形的正三角，最高领导者在上面，下面依次有部长、处长、科长等，一直到基层员工，一线员工听从一层层的指令；而新的商业模式需要把海尔的组织改变过来，让员工从正三角的底部到达倒三角的顶部，直接面对市场和用户决策；而原来的最高领导者则到了底部，主要发现新的战略性机会，同时对内部组织的协同进行优化。职能部门大幅精简，并从下指令变为提供资源和服务。

通过构建倒三角组织结构，海尔的组织结构实现了高度扁平化，其最大的成果是打破了组织的"垂直边界"。从基层的一线员工到海尔的首席

执行官只有三个层级，每一个层级都由不同的自主经营体构成。这种架构进一步打破了海尔的外部边界，将用户作为"首要资源"融入海尔的组织管理体系，建立用户驱动的机制，进而有力地塑造"用户第一"的企业文化和价值观。

企业平台化、用户个性化和员工创客化是人单合一2.0的具体实施手段。张瑞敏这样论述这三者之间的关系："企业平台化是这个模式的必要条件，如果你不把企业原来的结构重新来过，就不可能做到；用户个性化是目的，所有的颠覆都是为了这个目的；员工创客化是充分条件，没有员工最大的积极性，不可能实现目的。"

小微是海尔平台组织上的基本创新单元，也就是独立运营的创业团队。小微能够充分利用海尔平台上的资源开始实现价值，是海尔的创业平台上生长出来的创业公司，也是实现人人创客化的手段。根据业务、战略要求、经营策略的不同，海尔的小微可分为四类：虚拟小微、孵化小微、转型小微和生态小微。虚拟小微从事的仍然是原来的事业，但是思维方式和工作方式转变为适应新时代的思维方式；孵化小微从事的是原来没有的事业；转型小微聚焦的是业务模式的转变，此类小微已经孵化到一定的程度，拥有自己的产品和市场；生态小微是加入海尔平台和生态圈的创客项目。

海尔对小微的激励模式分为四个阶段（见图5-3）。第一阶段员工只拿"基本酬"，一般基本酬只有几千元。第二阶段，当项目进入拐点，即产品开始有了用户预约，并且达到最初签约时的拐点目标和额度时，在"基本酬"以外，还会有超过既定目标部分的利润分享——分享酬（也叫对赌酬）。这个阶段，每个小微都会有对赌迭代的路径图，在对赌中，海尔对小微公司的业绩考核分为横轴和纵轴两条线，横轴主要是传统的KPI考核内容，纵轴则考核其网络化用户的数量。这样做的目的是确保有价值的商业模式能够得到扶持。第三阶段，小微达到"引爆点"，即公司"有一定江湖地位"之后，创业者可以跟投一部分，比如出资10万元占股20%，这时创业者的收入除了基本酬、分享酬，还有分红。第四阶段，小微公司已经形成小的产业生态圈，商业模式相对成熟，除了集团的天使基金可以跟投，还可以引入外部投资人，帮助企业做大上市。

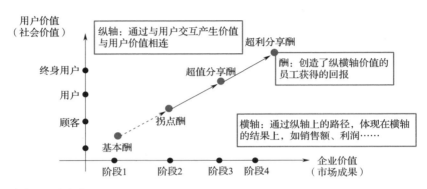

图片来源：海尔集团。

图5-3　海尔对小微的激励模式

　　企业通过构建多样性的小微群落增加了组织的适应能力，多样性代表不同的缝隙市场。借助平台开放性的资源配置功能，企业可以构建出具有自我成长性的不同小微。这些具有差异性的小微面对市场份额和平台资源的竞争，随着时间的推移，在不同缝隙市场上取得不同的业绩。环境变化具有随机性和偶然性，通过外部选择和内部选择会自然淘汰一些不适应的小微，留存下具有成长性的小微并得到平台更多的支持。

　　借助用户交互机制，创业小微可以局部改进它们面临的市场机会。从总体群落层面看，环境变化往往是难以预知和控制的，小微成员可以通过与环境中用户群体的直接交互感知局部、短期的市场变化趋势，识别可能的市场机会，通过和用户群体的不断交互，小微的局部探索准确性和速度提高，能更快到达山峰的位置（局部最高点）。

（二）管理无领导

人单合一下的领导模式将会对员工充分赋权，通过支持员工参与组织决策，建立起劳资双方协同共存、互惠互利的"管理无领导"模式。管理无领导体现的就是人人创客，让员工创客化，通过激发员工的工作活力，让他们成为具有创业精神和自主能力的创客，以人单合一模式将决策权、用人权、分配权让渡给员工，实现"人人都是CEO"、全员创客化，激活内驱力，延拓增值渠道。海尔通过给予员工极大的自由，激发员工创业灵感和自身潜能，弱化组织层级结构，通过形成开放、自由、合作的平台，将作为执行者的员工解放为具有创业精神和自主能力的创客。

1. 劳动关系：从零和到共赢

（1）雇佣关系：零和博弈

在传统经营模式下，劳资双方在劳动过程中逐渐形成了相互对抗的恶性契约模式。资方总是以资本家形象压榨劳方的剩余劳动，尽可能降低生产成本，努力争夺高效产出；而处于相对弱势地位的劳方尽力反抗资方的压迫，并试图为自身争夺更多的利益。显然，在传统模式下，劳资双方都仅从个人利益最大化角度出发，尽可能多地为自身在劳动契约关系中争取利益。但是，"你多我少"的零和博弈如果不能及时破局，最终将导致两败俱伤。一方面，资方的强烈挤压将导致劳方反抗，劳方的流失也将导致资方维权成本过高，组织效率下降，员工工作积极性不足，不利于组织内部形成良好的组织氛围。另一方面，劳资关系的失衡会影响社会的安定和谐，劳资关系失衡会威胁雇主人身安全和员工的财产安全，双方在利益纠纷上的冲突将引起公众关注和政府部门出面解决，增加了政府治理成本和民众对此类事件的信任危机，对社会的安定和谐产生影响。

因此，如何积极转变零和博弈的劳资关系，推动劳资双方互利共赢是具有时代意义的思考。人单合一模式在很大程度上解决了这个问题，在不改变企业现有产权性质的基础上，顺应物联网时代的要求，为激发小微创新活力而设计的创新机制。小微通过竞单上岗、对赌跟投、按单聚散、用户付薪、增值分享等一系列操作工具和方式落实，是人单合一模式运行过程中的核心驱动力，有效解决了员工的动态激励与持续创新问题。海尔通过将企业家精神根植于每名员工的内心，为每名员工提供自我试错和探索创造的外部条件，通过将组织绩效、员工自我实现、用户个性化需求有机结合，创造互惠互利、互利共赢的局面。

（2）人单合一：共赢共创

人单合一模式顺应了物联网时代的要求，并以其开放性、动态性和激励相容的特性，突破传统激励机制的局限性，体现增量激励和价值激励的优越性，是对现代企业激励机制进行新的探索和创新。

人单合一模式具有以下三大优势。第一，机会均等。与传统激励模式不同，在人单合一模式下，每名员工参与人单合一的机会是均等的。根据公平理论，程序公平和信息公平与分配公平一样重要。人单合一模式下"抢单"的过程是充分透明且公正的，充分给予所有员工参与机会。第二，利益共享，风险共担。人单合一模式将管理者推向领导者角色，将被动执行命令的员工转化为主动承担责任的富有梦想的企业家角色，企业赋予员工充分实现自我价值可能的平台，而员工由于在组织中拥有更大的自主权，对组织活动拥有更高的参与度，企业与员工成为相互依赖、相互支持的利益共同体，实现利益共享、风险共担。第三，用户至上。人单合一模式下的每名员工都应该直面用户，创造用户价值，并在为用户创造价值的过程中实现自己的价值。作为海尔集团的特色商业模式，以用户至上为原则，打破了用户和员工之间的沟通壁垒，建立起了用户和员工的直接联系，推动组织不断向纵深层次发展。

人单合一模式从薪酬驱动的方式根本性变革倒逼企业战略和组织模式的颠覆，具体体现为"三化"——企业平台化、员工创客化、用户个性化。这一模式有效提升了员工的积极性和参与性。一方面薪酬制度的公开与透明增加了员工的信任感与依赖感；另一方面，薪酬的分配更加清晰，通过量化指标，员工可以更清晰地认识到自己该从哪些方面努力，继而争取更多的薪酬福利。这极大地激发了员工的工作热情和价值创造潜能。

2. 内驱力激活与组织赋能

"人是目的，有生于无""月印万川，随波逐浪"充分体现了"人的价值最大化"的理念和海尔文化。在海尔以"求索精神"为内涵倡导不断创新、不断优化的动态性文化内涵的指引下，海尔成功实现了从人单合一模式的进化发展，其"管理无领导"的内涵也在人单合一模式新的内涵下得以进一步深化。新阶段的人单合一模式通过依据人的能力对组织活动进行安排，突破了传统意义上的领导力，将组织领导推向了"管理无领导"的新台阶，成功打造出了网络型领导力。[一]传统意义上的领导者以隐形领导的方式带动组织成员自治，即组织的领导者不再以某个人为核心，组织的工作也不再围绕某一个人而开展，领导已然变成一种"若有似无"的精神根植于组织内部。换言之，在新阶段人单合一模式下的"管理无领导"，是在人单合一的基础上强调介于计划与市场、利己与利他、有序与无序之间的组织领导结构，形成自组织的新生态、自循环的新范式与自主人的新模式（见图5-4）。在新阶段人单合一模式的新型领导结构中充分体现了海尔几代领导体系的迭代和共融。

互联网时代，蓝海战略为企业提供了开放、对等、共享和全球运作的发展契机。结合区块链和维基经济学的思想，网络定理得以高度发挥作用，非线性机制得以激活，这将促使供方与需方可以产生更多的非线性协同效应。知识网络、用户网络、组织网络的共生结构，也将促使企业发展

　㊀　程冠军，杨洪江，卢斌，周跃辉.企业领导力的一场革命——剖析海尔"无领导"管理的"三大变革"[J].中国领导科学，2019（2）：71-74.

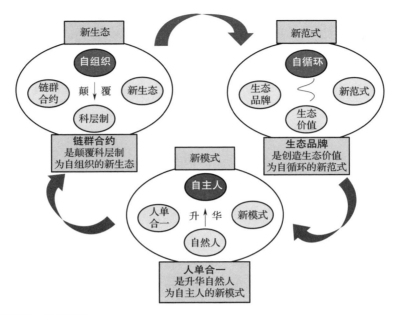

资料来源：海尔集团。

图5-4　海尔集团新型领导结构模式图

从集团领导模式迈向生态领导模式，去中心化的对等协作网络成为未来组织领导模式的重要趋势。在这个过程中，将进一步形成以节点为网络的网络，即超网络组织。超网络结构使企业强大并保持长盛不衰的作用路径是使全体人员处于一种被"激活"的状态，即每一个员工的每一个细胞都充满了活力。为此，海尔认真研究并建立了一种新的激活员工机制，将员工的贡献和自身利益联系在一起，赋予员工"永远的活力"。数字科技变革所实现的新范式中，最为重要的一个范式就是数字时代人单合一新模式，它实现了以感知作基础、传输作保障、云计算作大脑、应用作决策和服务的四端联动，构建了节约型、透明化、高效率、精确化、个性化、过程化和智慧化的治理模式。数字时代人单合一新模式的最大魅力在于实现用户节点能力的激活、重组与整合优化。

在海尔，在数字时代人单合一新模式下的组织形态中，每一个实体乃至每一个人都成为一个责权利的中心，这种氛围可以重塑每个员工的创新力和意义感，释放隐性知识和潜能。探索共创共赢的生态圈，创造出共赢增值表、顾客价值表等工具，目的就是驱动员工不仅关注自身的意义感，也充分关注利益共同体的意义感知，创造用户终身价值。物联网时代，领导的重心就是人的价值最大化。在每一个链群里，员工、用户、相关资源拥有者都成为组织链群链条上的一个节点，进而组成小微群。组织通过收集各小微主体主动提供的相关资源并进行资源整合，以较低成本实现了链群内可使用资源的效益最大化。这种方式既充分发挥了各小微主体在组织中的作用，也帮助海尔以场景为中心，打造更多的链群，从而实现创新。

（三）供应链无尺度

1. 思维革新：从机械思维到量子思维

作为张瑞敏提出的"三无"网络化战略的最后一项，"供应链无尺度"描述了海尔对供应链网络化的探索。供应链无尺度的实现以企业无边界、管理无领导为基础和条件。张瑞敏在2019年Thinkers50大会上首次提出"产品会被场景替代，行业会被生态'复'盖"的商业规律预测，从而强调商业生态圈对未来竞争的重要性。而生态圈或商业生态系统的重要组成部分即为供应链。著名的供应链管理专家马丁·克里斯托弗（Martin Christopher）指出"未来的竞争不是企业和企业之间的竞争，而是供应链之间的竞争"。面对新时代前所未有的挑战，关注、重审和重塑供应链，是企业管理的重要议题。

以17世纪牛顿机械物理学为代表的机械思维的兴盛，主导了19、20世纪现代企业管理理论的发展。依据机械思维认为的世界是由独立的原子、电子等微粒构成并逐级构成宏观世界，相应的管理理论则塑造推崇一个层级制结构的、自上而下控制的、以效率为目标的企业机器，培养一大批规模巨大的跨国公司，推动全球工业化水平的发展。基于机械思维模式的供应链管理，遵循管道式关系，偏重精益控制，以资产驱动供应链运作，链中的各利益攸关方依据定制计划和流程实施运作。然而，随着外部环境的不确定性、复杂性与日俱增，严格控制的供应链无法对随时变化的外部环境做出及时响应，造成运维成本高昂且存在较高的供应链管理成本浪费（如库存堆积）。但由于长久以来存在的"以效率为中心、科层为导向"的管理范式，我们无法顺利进行供应链改革。显而易见，至今大部分企业的组织结构和管理思维仍是以17世纪牛顿式管理为源头的管理思维，技术的快速发展与管理理论革新是明显不匹配的，换言之，管理理论亟须革新，最重要的是转变管理思维。

丹娜·左哈尔基于量子时代背景，提出以量子物理学为根源的量子管理理论，其"量子思维"为我们走出旧的思维模式提供了指引。依据量子物理学的波粒二象性，量子思维下的世界是由能量组成的，所有部分都是动态能量进化模式，既以"粒"的形式独立存在，又以"波"的方式相互影响，从而提出公司只有在结构与运作中呈自组织状态，才能在不确定的环境下发挥最佳作用。基于量子思维的供应链管理模式，供应链呈复杂分布，供应链以用户需求为中心倒逼上游相关方，借助数字化技术与平台，能够实时响应需求，实现智能运营，大幅降低供应链成本（物流成本、库存成本等）。表5-1是传统供应链与新型供应链模式的对比。

表5-1 传统供应链与新型供应链模式的对比

比较项目	传统供应链	新型供应链
思维根源	机械思维	量子思维
组织模式	线性模式	网状
信息共享程度	非实时信息交换，信息不对称	实时信息交换，信息对称程度高
协作方式	按计划运营	实时协同

（续）

比较项目	传统供应链	新型供应链
管理工具	传统数据分析与预测	大数据实时检测，数字平台管理，实现数据流通
灵活程度	灵活性低	灵活性高
响应机制	被动迟缓响应	敏捷迅速响应
管理机制	主观管理，经验式决策	数据管理，智能化决策
地位	较低	较高，密切关联企业战略方向

2. 供应链无尺度的优势

（1）用户视角下参与价值创造与释放创新能量

大多企业所践行的"以用户为中心"，仅关注用户作为终端的环节，关注用户体验，提供保修及较为完善的售后服务等。海尔贯彻"以用户为中心"，并不是仅仅满足用户的需求，为用户提供更全面的增值服务，而是强调与用户的"交互"。这种交互是指用户参与供应链各环节，包括产品设计、制造、营销、定价和评估。将用户纳入供应链的各个环节实际上是将用户转化为企业的战略资源，原本企业相关决策仅由企业内部相关部门的少数人完成，而在无尺度供应链结构下，企业的创新与用户创新相联系，大众用户参与价值创造，提升创新水平，释放创新能量。

（2）供应链视角下破解产权冲突与实现价值统一

海尔无尺度供应链网络战略构建供应链生态圈。海尔通过转型为平台型企业，驱动供应链节点企业基于平台一起转型，实现供应链扁平化、生态化。转型后的海尔供应链生态圈包括用户圈和资源圈，而资源圈是海尔实现一流模块商资源、设计资源、物流资源、制造资源、服务资源等所有资源的整合。整合后各节点企业均融入资源圈，改变供应链管理逻辑，进而重塑资源圈内各企业关系。过去与上下游节点企业交互谈判的是海尔集团，上下游企业仅需要满足海尔的要求；在供应链生态中，所有上下游节点企业都需要直接面对终端用户。由于用户对象的转变，使各节点企业形成统一战线，实现价值共创与价值共享。

2016年中国家博会，海尔集团向与会的900多家供应商说"不要再被动地等我的图纸了，跟海尔一起，用差异化的方案去满足用户需求，去创造用户体验"，这意味着加入海尔供应链生态圈亦需要进行相应的变革以跟上海尔脚步，与其同频共振。

（3）企业视角下实现供应链数字化转型与增强适应力

海尔无尺度供应链战略落地助力构建海尔商业生态系统。海尔集团从一家资不抵债的小厂发展成全球最大的家用电器制造商之一，从白色家电制造商变成集智慧家庭、产业互联网和大健康三大主业的综合服务商，离不开供应链数字化转型。供应链数字化转型是当下企业突破生存瓶颈的原因有以下三个方面：第一，受益于互联网发展和全球化进程，21世纪的供应链范围扩大到全球，形成全球互联的供求网络，供应链数字化转型能够增强供应链的竞争力，从而有效应对不确定性与复杂性带来的风险；第二，人工智能、大数据、物联网等技术的兴起在对企业生存模式、管理模式进行颠覆时，首先体现为供应链的颠覆性变革，这是因为供应链结构是企业管理结构的外部运作体现；第三，企业实现数字化转型是以供应链数字化转型为基础的。

海尔集团依靠企业电器产业引导构建以企业核心产业为中心的平台型商业模式。在该模式下，海尔将自身定位为平台服务商，与供应链利益攸关方和用户建立合作伙伴关系，共同承担技术和商业风险，供应链节点企业的商业模式亦集成到海尔的商业生态系统中。通过平台构建，颠覆传统的分工理论，为利益攸关方提供资源整合与资源支持，一方面海尔促进供应链各方关系从博弈转为协同合作，减少利益攸关方之间的矛盾内耗；另一方面，组织和协调利益攸关方的各项工作，改造企业业务流程，强化企业的市场应变能力，保证企业可持续发展。海尔集团自2012年起建设互联工厂，落实"产销合一"，实现向大规模定制转型，自主研发打造具有中国自主知识产权的工业互联网平台卡奥斯（COSMOPlat），依托卡奥斯逐步建立健全其供应链生态圈，并实现企业数字化转型。

全球化、互联化发展推动供应链向网络化发展，供应链需要从传统有尺度的"强调组织间协同、提高运营效率的模式"向无尺度的"强调组织间互动与协同创新"的供应链模式转变。这是由于传统有尺度的供应链模式下，各供应链节点企业之间存在利益博弈，从而限制供应链价值创造能力；而无尺度供应链实现了各节点企业的利益协同，所有节点企业共同创造价值、共同分享价值，从而使得供应链各节点企业真正实现目标行为一致，最终使整个供应链呈螺旋式上升发展。

对核心企业而言（即海尔集团），实现供应链无尺度网络战略，需要建立一种开放、低成本的可共享价值的合作框架以吸引外部企业加入，同时还需要维护供应链生态的经济秩序，把握节点企业与用户的动态供需平衡，推动生态圈持续良性进化。

海尔从单一的企业生产与销售的组织者演变成供应链的组织者与集成商，从传统有尺度供应链转型为无尺度供应链，大体经历了两个阶段，分别是供应链整合再造阶段和供应链转型阶段。自开始着手供应链整合再造，进行业务重组，从"按库存生产"转向"按订单生产"，海尔集团就开启了现代供应链模式，从封闭的供应链结构向开放的供应链结构转变，并逐渐演化为无尺度的供应链生态。

3. 供应链由整合再造到转型

根据海尔集团国际化战略发展阶段目标，海尔自1998年起开始着手供应链模式的整合再造：①整合形成商流推进本部、物流推进本部和资金流推进本部，将每个事业部的财务、采购、销售等业务进行整合，以实现全集团范围的统一结算、统一采购和统一营销；②整合形成3R、3T等支持流程。海尔将人力资源管理、信息管理、设备管理、技术质量管理等管理部门从各事业部分离，形成3R、3T流程。⊖通过对供应链从原材料需求至创造出用户真正需求的服务或产品一系列流程的整合与再造，海尔集团实现了以消费者需求为导向，形成了网络化供应链结构。整体而言，海尔供应链整合再造的逻辑是，从"以订单为中心"的订单管理思维转变开始，借助互联网时代的机遇与信息技术的支撑，倒逼采购流程、制造流程和物流流程的转变。

（1）订单

供应链流程再造之后，颠覆了原本的大批量生产为大批量定制，供应链上各节点企业借助搭建的全球营销网络，获取全球范围的用户订单。此外，海尔的网上订单管理平台亦对供应链上游端的订单进行信息化管理。

（2）采购

供应链改造后，海尔物流本部搭建由"3个JIT⊜"构成的全球采购配送网络。"3个JIT"的第一个就是采购JIT，对集团所有物资进行集中采购，以B2B的形式进行网上招标、网上沟通、网上支付、网上监督，从而高效及时地补货，大幅缩短采购周期，实现供应链采购成本优化。

（3）制造

基于订单与采购环节的供应链管理，海尔集团制造环节变得更为高效和高质量。根据用户提供的订单，供应链各供应商和生产商协同合作，提供优质的产品，以高效完成订单。海尔集团通过建成工业园，为海尔配套开发、生产所需要的产业，加强海尔全供应链的合作与协同。

⊖　3R指"研发（R&D）、人力资源（HR）和客户管理（CR）"流程，3T指"全面预算（TCM）、全面设备管理（TPM）和全面质量管理（TQM）"。

⊜　JIT是准时制生产方式（Just in Time）的英文简称。这一概念由日本丰田汽车公司于20世纪60年代提出。

（4）物流

海尔通过"3个JIT"的后两个JIT，即送料JIT和配送JIT统筹协调供应链物流方面的高效运作，包括上游端的供应商之间的运输和下游端针对用户的物流运输。海尔在全国范围内建立配送中心、专卖店和营销点，遵循"在中心城市实现8小时配送到位，区域内24小时配送到位，全国4天内配送到位"的时限目标。

自2005年海尔提出并践行人单合一模式，海尔的供应链模式在实践中开始进一步的转型。正如海尔开展供应链整合再造的根本原因是海尔制定"以订单为中心"的战略目标，从而开始"按库存生产"转为"按订单生产"的一系列供应链流程再造以支撑战略落地，人单合一模式的提出将海尔的企业战略从"以订单为中心"进一步升级为"以用户为中心"，从而推动供应链的无尺度转型。张瑞敏在2005年9月海尔全球经理人年会上提出"人单合一双赢"模式，从此开启了海尔对践行人单合一模式的探索。人单合一引导海尔实现三个转型，即传统经济转型为互联网经济，制造企业转型为服务型企业，员工转型为自主经营体。

在订单、采购、制造、物流等环节的协同转型升级下，海尔建立了全球化的网络布局。截至2023年5月22日，海尔在全球拥有35个工业园，138个制造中心，126个营销中心，销售网点超过23万，拥有用户家庭10亿个。下一步，海尔秉持生态品牌战略发展目标，在供应链转型方面会进一步向生态化发展，通过探索订单流程的更多可能性，继续协同完善其他流程的转型升级。

第六章

物联网时代生态永续
共益的体系进化：从
人单合一到链群合约

● **本章导读**

✓ 人单合一的引领性体现在：一是宗旨，人的价值最大化；二是用户，
以用户的体验迭代为主，创造终身用户；三是员工，创造价值与传递
价值合一。

✓ 链群合约有三个要点：一是符合物联网时代的要求；二是自组织解决
了过去传统管理下员工和企业领导、企业组织间的博弈；三是链群合
约实现了自主治理。

✓ 链群合约创建的三个新规则：第一是组织的新规则，从创客开始变成

小微，小微之后又变成链群，链群完全是自组织的；第二是合约的新规则，链群合约就是链群组织起来共同不断地创造价值，是动态的；第三是用户迭代升级的新规则，链群合约不仅有用户体验，也有用户体验迭代。

✓ 链群合约是由两部分构成的，一部分为创单链群，另一部分为体验链群。创单链群是由很多小微根据用户的体验来创造产品或者解决方案；体验链群根据用户的需求，随时满足用户的要求。

一、从互联网时代到物联网时代的组织管理新挑战

在人单合一模式提出后的十多年时间里，海尔的人单合一模式得到了高速发展与广泛应用。海尔集团内部至今已裂变出超过5000个创业小微，覆盖各行各业，其中活跃小微在300个左右。人单合一模式充分得到了各个市场环境的实际检验。"人的价值第一""以用户为核心"的理念彻底调动了企业员工的主观能动性和工作热情，增强了企业员工与用户、市场的紧密联系，提高了企业的创新能力与社会适应性，切实践行了其"企业无边界""管理无领导""供应链无尺度"的特点，为企业未来的可持续发展打下了坚实的基础。

然而，随着社会由互联网时代向万物互联的物联网时代转变，传统的人单合一模式在不断迭代演变的环境下受到了挑战。人单合一的本质是"零距离"。这种模式虽然可以充分释放员工的活力，但是如今的小微已经不满足于在一个简单特定的场景下实现技术创新和价值分享，而是跨场景、跨行业、跨地区、跨生态的深度交融与联合发展。庞大的小微群体的自由扩张带来的发展无序、竞争内耗、缺乏协作、资源没有得到充分整合利用等问题，在一定程度上抵消了人单合一模式为企业带来的递增边际收益，同时也限制了人单合一模式从海尔走向世界。尤其当企业业务由行业走向生态，面对更加复杂的生态主体时，如何协同它们之间的合作、实现生态的共生共赢、组织的永续发展需要新的组织管理模式。

吉姆·柯林斯（Jim Collins）在《飞轮效应》一书中通过因果增强回路解释了推动企业永续进化的系统动力机制。如图6-1所示，海尔集团的飞轮效应通过正负向增强回路，在系统复杂性和稳定性之间权衡演进：为满足用户需求需要提供高性价比产品，高性价比产品可以改善用户体验，不断

改进用户体验要求整体解决方案，提供整体解决方案催生了拓展应用场景的需求，适应不同应用场景要求满足不同的用户需求，循环往复。

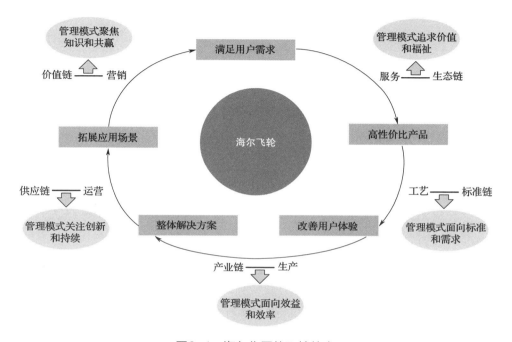

图6-1　海尔集团的飞轮效应

　　飞轮的转动增加了系统复杂性，从高性价比产品到改善用户体验旨在改进工艺，完善生产标准链，管理模式是基于用户需求的产品标准化运作；从改善用户体验到提供整体解决方案需要产业链上下游有效生产管理，管理模式面向的是全产业链的效益和效率改进，需要标准链和产业链耦合；从整体解决方案到拓展应用场景需要供应链网络协同运营管理，管理模式需要关注创新和持续，需要产业链和供应链耦合；从拓展应用场景到满足用户需求涉及价值链网络视角的广域营销，管理模式聚焦知识管理和共赢，需要供应链和价值链耦合；飞轮不断循环往复，每一个环节都从非均衡演化开始，在增强回路机制的作用下，滚雪球似的自催化反应，变革旧结构，演化生态链，使得追求人的价值最大化与福祉成为管理模式的稳定态。

以伊利亚·普里高津（Ilya Prigogine）为首的布鲁塞尔–奥斯汀学派认为，演化只能在一个开放系统中产生，而开放系统中的耗散结构与封闭系统中的平衡态结构是完全不一样的（Prigogine，1980）。在海尔飞轮的驱动下，整个集团系统持续进行参数优化、结构优化和系统边界优化的寻优过程，远离平衡态，具备了耗散结构的特征。因此，张瑞敏于2019年首次提出了人单合一基础上的"链群合约"管理理念，为人单合一模式的可持续发展指明了崭新的方向。

链群是一种小微升级之后的组织形式，它可以自适应"一切皆有可能"的变化，即动态的用户体验需求，不断自增强以实现边际收益递增。链群既能为企业植入用户需求方向，也能为企业创造终身用户，可以充分契合物联网时代的体验经济和共享经济，由此真正构建物联网时代的非线性组织，由生态系统创造用户的最佳体验，并实现增值分享。张瑞敏强调："只有以增值分享为驱动吸引更多链群节点，链群才能生存；只有量化链群利益有关各方增值分享的标准，链群才具有独特的竞争力。"

链群合约的最大魅力在于实现用户节点能力激活的同时，重组并整合优化各方资源。为了使网络中的个体实现更好的创造业态，组织还应该创造更好的创新公地，为创业者和个体中小微企业提供创新的平台。与此同时，链群生态的进化性也体现在海尔人单合一与链群合约模式中。人单合一模式下，各小微要抢单，在抢单过程中不断实现价值创造，实现自我进化。链群合约模式下，面对潜在市场需求，小微间达成临时合作模式，若无法实现目标则链群自动解散，这种主动性的探索行为使得整个供应链生态不断提升与进化。整体而言，从人单合一到链群合约，实现了三大突破。

第一，实现了时代突破。人单合一是互联网时代的产物，而链群合约将海尔人单合一模式与物联网时代相联系，延续了人单合一的生命力，契合了时代发展的要求。

第二，形成真正的纳什均衡。链群合约将原本各自进行价值创造的小微以合约方式相互联系，实现各方最优策略组合和最大收益。

第三，实现自组织和自治理。通过链群合约治理模式，各小微的价值创造被统一起来，从而在人单合一模式下小微内部的自组织与自治理的基础上，更大范围地实现小微间的自组织和自治理。

正如张瑞敏所说，这种机制保证了自主创客和小微之间的"活而不乱，高度协同"。在实现小微和创客自然价值最大化的前提下，也实现了小微链群的资源高效整合利用与目标一致。链群合约是海尔不断适应时代和企业发展所进行的自进化式理念革新，为小微和企业实现物尽其用、共创共赢提供了肥沃的土壤与源源不断的甘泉，将企业发展成生态，从而全面扩大了企业能力。正是因为有了基于人单合一的链群合约管理理念作为指导，海尔才能真正成为物联网时代企业发展的引领者与开拓者。

二、物联网时代价值逻辑的新变化：从产品到场景

（一）用户需求由产品形态走向场景品牌

物联网时代，万物互联，尤其是人的衣食住行需求更加便利、更大程度地接入互联网，实现了需求方与供给方的直连互通，人们的需求不再是某个时间点上的单一需求，而是时间轴上的全部需求之和。一方面，物联网时代，用户需求正在变得愈加个性化与多变性，而市场竞争也变得更加激烈，通过细分维度下用户价值与用户感知的提升进而实现企业价值增量的获利模式变得愈发困难。另一方面，物联网时代的万物互联实际上也为企业与用户提供了双向机会，企业与用户可以更直接地关联，同时企业也拥有更成熟的物联网技术为用户提供全方位、全景式服务，而用户也有更

大意愿通过融入场景获得更加便捷、系统全面与订制化的服务。因此，企业由卖产品转向为用户提供场景服务、由被动供给产品转向主动构建用户价值导向的物联场景服务，可能是物联网时代下企业发展的新机遇。

短期来看，物联网时代的市场对于企业的技术柔性、市场感知能力与用户交互能力都提出了更高的要求，传统市场的交易模式已然不符合物联网时代的价值创造机制，企业也更加难以通过单一商品的供给获取高额市场利润。长期来看，企业通过放弃单次产品供给获利的模式，主动构建以用户价值实现为导向的场景品牌，在用户需求的宽度和时间维度上持续为用户提供以场景为边界的系列服务，可能是企业在物联网时代实现持续发展的有效方式。这是因为，一方面企业通过场景品牌可以提升用户需求的满足感；另一方面企业通过以引导用户习惯为目标的诱致性技术或产品创新，在满足用户场景基础需求的同时，不断提高用户价值的增量空间可以获得长期价值收益。因此，物联网时代用户需求由产品形态走向场景品牌的背景下，企业也应由产品制造商转向场景服务提供者。面向未来，正如张瑞敏所论述的："产品将被场景替代。"这是物联网时代市场发展的必然趋势，也是黑海市场中企业的未来新机。

实际上，从产品竞争向场景竞争正是海尔集团近几年在商业模式上提出的转型方向。物联网时代，企业仅仅依靠单一的产品并不能为用户创造终身价值，而最有价值创造空间的是场景品牌。将来不再会有完美的产品，只有追求完美迭代的场景体验。海尔生物医疗的竞争战略很好地诠释了张瑞敏的这一思想，海尔生物医疗的转型方向和竞争战略也是海尔集团整体战略转型的一个缩影。海尔生物医疗以用户需求为切入点，转向打造以实现用户价值为导向的场景生态，开创性地打造了血液网、疫苗网、生物样本库网等多种物联网解决方案，通过打通用户、设备和产品的互联互通，实现了"端云网一体化"的价值创造新模式。不仅仅是海尔，从华为、小米、苏宁、阿里巴巴等企业的转型战略看，在万物互联时代，场景将成为企业之间竞争的焦点，企业的竞争战略需要从产品价值升级为场景竞争，否则，很难在物联网时代获得持续的竞争优势。

（二）用户需求的满足由价值终点转向起点

在今天这个时代，产品的本质是生命周期总价值，又称用户终身价值，是企业从用户所有的互动中所获得的全部经济收益的总和。物联网时代，技术、产品迭代加快，企业的市场竞争不应该是一次产品的销售竞争，而应该回归用户。企业不应该盯着竞争对手，而是要以用户为中心，要比竞争对手更深、更好、更快地满足用户的需求。并且，这种满足不是一次性的满足，而是持久的满足。企业要创造用户持续价值，最终靠创造用户价值、满足用户潜在需求和未来需求实现价值持续创造。物联网时代，为企业持续创造用户价值带来了更大的机遇。企业通过不断构建场景、积累场景品牌，培养用户的消费习惯，持续满足用户的某类场景需求，实现将一次消费的价值终点转向价值的起点。

正如张瑞敏所言：物联网本质上是人联网，用户个性化需求从孤立的信息变成变化的"需求图谱"，由此产品生命周期转变为用户体验周期。所以，产品售卖出去并非服务的终点，而是用户终身体验服务的起点。从产品形态到场景品牌，我们可以将用户的一次产品、服务消费视作进入海尔场景的接入口，通过一次产品服务的良好体验，让用户深度融入场景，并通过场景的延拓与用户显性需求和隐性需求的不断碰撞，将用户更深层次地留在场景中，在不断满足用户需求、实现顾客价值的同时，实现企业价值。并且，由于场景的建立和用户对于更加便捷、高效生活的追求，用户成为场景中的忠实客户和核心主体，在不断提高用户体验价值的同时，不断完善场景的丰富度和用户的适配性。

海尔当前很多传统业务单元部门在单品销售上已经很难获取新的增长点。例如传统家电的单品销售，由于传统的家电厂商也一直在打破行业技术壁垒，并不断有各类新生家电企业、境外家电品牌和跨界企业进入家电行业，竞争异常激烈。而海尔家电业务链群通过场景搭建，将简单提供一次产品价值终点转变为提供用户体验服务的价值起点。例如海尔智家旗下的三翼鸟，提出了"推动智慧家庭行业革新，让家庭物联网走进千家万户"的口号，同时从单品销售转型到多场景，给用户提供一站式服务，降低用户的使用门槛。又如海尔智家上海001号店，通过推出智慧阳台场景，每月可销售数万套，而该场景方案中也融入了多样性服务，如洗衣机、干衣机、健身器材、橱柜、晾衣架等。如果不是一个场景，而是单个品牌的产品，则无法满足用户的个性化需求，因此更好的办法便是大家共同创造价值，增值分享。企业通过将用户的单一产品价值创造转变为不断满足用户需求组合，提供持久的用户需求满足服务，实现用户长期价值的同时获取更长久的价值回报。

（三）从人单合一到链群合约是产品到场景与价值终点到起点的必然

物联网时代，企业战略由产品到场景，由价值终点到起点的理念转变，实际就是将用户价值在空间和时间两个维度上拉长，将单一产品的销售转变为对于用户相关需求的全覆盖，甚至激发用户的潜在需求，如图6-2所示。海尔集团从2005年的人单合一到物联网思维，充分发挥着自身优势组建场景生态网络，从而成为用户升级体验的核心所在。在需求的空间维度上，企业应该将产品竞争转向场景构建，由单场景向多场景融合发展，而海尔集团的血联网、食联网、三翼鸟等品牌都在大力开拓以场景构建为

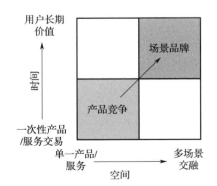

图6-2　企业关于用户价值在时间与空间维度上的延拓

内容的用户价值增值服务。其中，三翼鸟品牌是典型的多场景融合服务，通过打造智慧家居、智慧厨房、智慧客厅与智慧生活等，进而打通各类场景形成一个多场景融合、用户价值最大化的生态品牌，这也是其在用户需求空间维度上的拓展。在需求的时间维度上，企业应从为用户提供简单的产品转变为为用户提供场景服务，从一次性交易转向用户终身价值实现，从关注产品的生命周期转向关注用户的价值体验周期。比如海尔的冰箱销售是一次性交易，但是可以通过海尔智家将冰箱变为网器，链接到多种场景中，实现打通用户需求信息与多种场景的交互。也就是说，冰箱成了物联网交互的链接点，用户终身都可以通过冰箱与海尔保持联系，实现价值增值。

从产品到场景，从价值终点到起点的转变，需要海尔由人单合一走向链群合约，通过构建更广范围的小微链群，实现场景的不断丰富和快速响应。正如张瑞敏的观点：人单合一是充分激发人的自主性，是升华经济人为自主人的新模式。它能够激发企业成员更加积极地实现用户价值，但是在场景构建、多元需求满足等方面显得力不从心，这时需要建立适应物联网时代的小微链群的组织体系。它可以通过链群改变以往小微间的各自为政，构建与社群相关的生态体系，不断推动用户体验迭代升级与各类需求的快速响应，进而形成链群合约的治理模式与机制。小微无须与哪个领导签订一个合约，而是始终围绕用户与用户需求在自驱动、自组织、自关差。因此链群合约在满足用户多样需求的同时，有助于提高用户忠诚度、实现用户终身价值。企业由实现简单产品收益转向创造用户终身价值后，小微将具有更强的自主性与竞争性，这需要以链群形式组织各类小微，协同它们不断满足用户需求、实现终身价值。这也是链群的优势所在，即与传统企业的线性组织不同，链群是非线性组织，能够不断根据用户体验的变化，随时、高效地自我组合。因此，企业市场战略由产品到场景、由价值终点到起点的转变，需要企业由人单合一发展至基于链群合约的人单合一新模式。

三、物联网时代战略视角的新变化：从行业到生态

（一）从关注行业发展到关注生态建设

在工业经济时代，企业需要基于产业定位而制定相应的发展战略。企业应该结合自身发展阶段、目标和市场竞争情况等，按照迈克尔·波特（Michael Poter）等战略学者的战略类型划分，选择适配自身的发展战略。但在万物互联的物联网时代，企业制定战略的思维发生了变化——企业需要跳出行业视角、构筑超越行业的生态体系。正如乔治·吉尔德（George Gilder）在《微观世界》一书里说的，"所有的变化都集中在一个划时代的事件中，物质的颠覆"，产品被颠覆了。简单来讲，产品不值钱了，用户需要的是产品溢价后的价值增值，企业获得的超额收益也源自这部分价值增值。而这部分价值增值的获取很多时候已经脱离单一产业，需要多产业的融合、生态体系的支撑才能实现。

企业需要将关注点由所在行业转向更宏观的生态建设中，物联网时代企业的竞争对手并不是同行、跨界竞争者，而是能否围绕用户需求不断创造价值，通过生态品牌的创建以使用户的单一交易活动发展为终身用户价值的满足，这也是物联网时代的竞争发展趋势。正如张瑞敏的观点：生态品牌不是产品一次性的交易，而是和用户不断地交互。所以21世纪企业的核心竞争力就是通过打造生态实现用户终身价值。单体企业无法满足用户的组合需求，经典的波特价值链理论，需要让位给一种新的价值理论——生态体系共生下的价值共创理论。而生态品牌能够持续满足用户的各类需求，更符合物联网时代的要求。

拥有用户黏性与品牌价值的生态品牌并不一定是由产品质量创造的，而其本身与产品品牌和平台品牌有明显不同。从经济形态看，产品品牌更

多是来自工业产业发展过程中，平台品牌则是通过更高的用户流量实现价值创造的；本质上，生态品牌是通过用户的体验结果实现价值创造，满足用户需求和获取更好的用户体验。从供需视角看，产品品牌和平台品牌是单边或双边（多边）市场，平台品牌来源于用户流量的溢价，而生态品牌根植于各方价值的不断创造与增值过程。从用户角度看，前两种品牌的交易对象是顾客、是一次性交易的买方，而生态品牌的服务对象是企业的终身用户，是价值永续增值的过程。例如，海尔智家围绕用户的衣、食、住、娱等生活需求，建成了衣联网、食联网、空气网、水联网等能够与用户、生态方交互共创的七大生态圈。

（二）战略协同由产业闭环走向多元交融

物联网时代，用户需求将更加趋向于多元化、个性化、动态化，企业要满足用户的新场景、新需求，需要不断地进行自我创新，并且通过协同各方力量，更好地满足用户复杂多变的需求。在这一用户需求满足与价值共创的过程中，企业不应只关注单一的行业，而应该更好地融入生态，为用户创造更好的体验，企业因此才能有更好的发展。具体到用户价值共创过程，用户的动态和潜在需求很难通过单一行业闭环实现，尤其是用户对于多场景交融的需求，需要企业扮演平台方、生态平台，协同各方资源共同实现用户价值创造的全过程，并在多元交融中激发更多的衍生需求和场景应用，以创造更大用户价值，也在此过程中实现各方收益。由产业闭环到多元融合，是指跨行业企业间的联合共创为用户创造新需求。

传统工业时代，各行业边界清晰，但在物联网现实的生态体系下，用户需求是场景化的，一个生态就覆盖了很多行业，因此生态品牌是由众多行业生态方聚集到一起形成的生态圈，共创共享、各方共同打造生态品牌。以上文提到的海尔智家上海001号店为例，其用户的平均销售额是40万元，但没有任何一个产品能卖40万元，这说明它的用户要的不是一个产品，而是一个场景解决方案。其最为畅销的智慧阳台场景，以洗衣机、干衣机、健身器材为主，同样有橱柜、晾衣架等不同种类的物品。这种场景需求很难通过单一的行业完成，而应该是围绕该场景搭建生态体系，协同更多目标行业的相关方共同参与，多元主体交融中共同创造价值，实现增值分享。

　　海尔在由关注行业到关注生态，由产业闭环到多元交融创造价值方面，取得了较为显著的成绩。例如，卡奥斯工业互联网打造的"与大企业共创，与小企业共享"生态赋能模式，已经孵化了服装、化工、农业等多个行业生态，链接全国80万家企业。盈康一生围绕用户全生命周期的健康需求，打造了国际细胞库、盈康优生等大健康新兴场景生态，积极引入医院等各类主体参与到健康生态体系的构建中。日日顺旗下日日顺供应链也积极向场景生态品牌迈进，构建了基于用户需求的定制化、多场景解决方案和生态体系。

（三）从人单合一到链群合约是从行业闭环到生态融合转变的必然

　　企业需要构建围绕用户价值的生态网络，以此为用户持续创造价值。在场景生态中，用户的价值需求是多样的，任何单一企业都很难满足用户群的价值需求。企业应该尝试利用跨行业的多样小微去满足用户价值，而小微的背后连接的是更多的生态伙伴，以此形成基于用户价值的生态网络体系。因此链群合约机制是适应企业从行业闭环合作到生态融合转变的治理需要。并且，链群合约在促进企业竞争战略由行业到生态建设方面起到了强推动的作用，并在一定程度上保障了用户价值的满足由单一行业闭环转向多元行业融合。

　　海尔集团也在通过链群合约赋能生态体系构建中形成了典型做法。以永慈医院在行业首创的呼吸机脱机链群为例，在链群合约的驱动下，其瞄准了重症康复这个用户需求痛点，以患者体验升级为核心，并联ICU、康复、护理、营养、脱机中心、高压氧、设备、科技、心电图厂商、呼吸机厂商等环节，形成共创社群，共创物联网脱机生态，实现行业联动。用户是海尔生态永恒的土地，海尔集团通过围绕用户需求构建生态体系，实现生态赋能用户价值。例如，海尔物联网大健康坚持以用户需求为核心，通过不断挖掘不断变化的医疗需求图谱，持续为用户动态构建可以满足其需求的整个物联网医疗健康生态圈。在链群合约的驱动下，海尔物联网大健康生态与用户建立了持续的交互关系，并形成终身联系。海尔也正构建起一个以用户体验为中心，与众多资源方携手共同进化的、开放共享的物联网大健康生态系统。

四、物联网时代利润锚点的新变化：由企业内增转向生态共赢

（一）由企业内赢走向各方共赢

物联网时代，各类物联网基础设施不断完善，相应的协同共享、共生共创新机制也在不断健全过程中，我们的社会愈发加快了向零边际成本社会迈进的步伐。第一次和第二次工业革命提高了生产效率，降低了生产能源、产品和服务的边际成本。更廉价的能源、产品和服务大大刺激了消费者的需求，使就业率激增，从而提高了亿万人的生活水平。而无所不在的万物互联网络不断强化与各类可再生能源互联网、不断发展的智慧物流体系和智能交通网络交通的接入，以此影响并改变社会生活方方面面，最终建成一个分布式智慧网络，引发了第三次工业革命。

物联网时代，企业观念应由卖产品转向提供场景服务，战略应由行业竞争转向生态构筑，其本质是由相对封闭、短期视野的企业观到开放、更具战略眼光的生态观，这一转变过程及转变后的新常态需要更多利益攸关方的参与，其可能是行业内，也可能是跨行业主体或其他辅助功能的主体。物联网时代，企业不应只关注自身发展，而应该更具整体视野，通过实现自身、竞争合作者、用户、金融机构、协同研发机构等各利益攸关方

价值，进而构筑目标协同一致、更加高效的生态网络，实现各方共赢，而物联网技术和基础设施的不断发展为降低边际成本、提升更大价值增值空间等提供更大可能，这也成为企业由内赢到共赢目标转变的现实基础。

海尔在由关注企业内赢走向实现各方共赢的价值转变中走在了前面，海尔最早在集团层面推动的人单合一管理模式其实就是将员工价值创造与用户价值实现统一起来，实现真正的供需双方的目标一致和价值统一，即打破原有传统科层组织的部门和科室，由员工直接面对用户创造价值，实现利益攸关方价值共赢。集团员工可以更加自由地加入各类团队，自主经营、共负盈亏、自主创造价值，通过自组织体与外部用户、供应商、合作方交互合作，组成共同满足市场需求和创造用户价值的利益共同体，构建开放的价值生态圈。员工在自主赢得用户订单、提供增值产品生产和服务并创造用户价值的过程中，实现员工创造价值和用户体验价值，同时也相应地实现供应商、合作者等各方利益。这种创新型管理模式是依靠员工主动创业创新和创造用户价值，实行员工自主经营管理，是一种引领价值创造和增值共赢的管理新模式。在自组织经营体进行自主经营、共负盈亏的价值创造过程中，员工可以与市场、用户零距离接触，在满足用户需求和价值体验中实现自身价值。

（二）企业由关注传统利润到关注生态收益

物联网时代，技术、产品、市场、用户需求的变动变得更加频繁和快速，企业很难保持持续的竞争优势和稳定的收入，企业的成功更多取决于市场情境和企业面对市场的适应能力，也正如张瑞敏指出的："没有成功的企业，只有时代的企业。"企业所谓的成功，更多的是由外部因素决定的。不管有意还是无意，只有踏准时代节拍的企业才能成功，但是任何人、任何优秀的管理者都是人，都会发生错误，所以企业不可能永远踏准时代的节拍。这就要求企业应该转变关注点，如果持续关注短期利润的获取，将会因为不能及时地调整战略方向，在面对新的情境时处于被动局面而失败。如果企业将关注点由简单的传统企业利润的获取转向为生态收益，注重企业作为平台方或生态基础方，为围绕企业的生态各方创造价值，实现生态体系总价值最大，就能使企业基业长期，获取持续价值回报。

企业由关注利润转向关注生态收益，将显著提升企业在动态环境中的韧性。物联网时代瞬息万变，企业很难独力应对所有变化中的危与机，企业需要构筑全生态体系，既是对于风险的分担，更是对各方资源的整合、协同各方力量，共同创造价值，这大大提升了创新的市场适配度和价值。一方面，生态中的各方都能贡献资源信息，尤其是用户和市场前沿的零售商等能够为企业提供更及时、准确的市场信息，技术合作者能够为企业提供技术市场的前沿技术等，以更好地把控产品/服务等的技术主流性和成本效益性，此外金融机构等辅助功能的生态参与方能够更好地提供资金，支持企业长期发展。另一方面，构建产业联盟体系将能更好地调动生态中同业资源共同面对市场变化，协同开展产品研发，提高企业的市场韧性。此外，企业由关注利润到关注生态收益，有助于企业跳出直接的市场竞争成为平台方，从而获取各方收益的分成，降低风险，实现企业的基业长青。

实践中，由关注利润到关注生态收益的企业较多，比较成功的有阿里巴巴、腾讯和美团等互联网企业。例如，阿里巴巴集团由最早的电子商务主业发展为今天的平台型企业，包含了各类依附其平台生态而共存的组织。腾讯、美团亦如此，它们已经在很大程度上跳出了参与市场终端的直接交易，更多的是为双边市场提供服务，以平台生态管理者的角色共享价值增值。但是这类企业发展的基础是流量和网络效应，一旦缺少流量，企业的发展将变得举步维艰。

（三）从人单合一到链群合约是企业由内赢到生态各方共赢的基础

人单合一管理模式将员工价值实现与用户价值创造绑定在一起，从产品到场景，从价值终点到起点，将用户变为终身用户，因此只有用户需求不止，企业便会长存。链群合约模式将更广泛的小微引入价值共创，通过打通市场与企业边界，统一各方价值，共同为实现用户价值而努力。因此，链群合约是围绕用户价值创造的小微链群生态体系，它们各负其责，企业打造的生态中的用户深度融合，在实现用户价值的同时，使得生态中各方实现共赢。

由于链群合约的激励对象是组织的所有成员，更能加强组织范围内所有员工的参与度和调动员工的积极性。同时，链群是一个不断动态发展的过程，这就意味着在链群中，目标达成，则继续跟进；目标未达成，则被链群淘汰。这与传统激励模式中目标达成后则"一劳永逸、坐享其成"截然不同。而且，由于链群结构的收益与风险是成正比的，在链群中，各个小微与其创单目标的关联度更强，更能激励员工积极参与目标的达成，为自己创造更大效益。

组织通过动态的增值分享激励员工相互竞争，既拓展了激励的范围，也实现了组织目标与个人目标的协同一致。在链群共赢生态的驱动下，员工更有热情投入工作，链群合约进一步激活了组织内驱力，为海尔提供源源不断的创新力和组织效益，如图6-3所示。

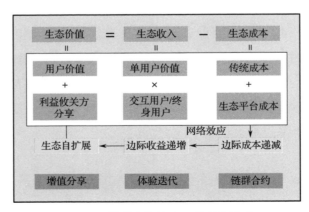

图6-3　链群合约治理下的共赢生态

面对物联网时代的新发展要求，海尔集团的发展理念也由互联网时代的人单合一模式逐步转型为物联网时代的链群合约模式。链群共赢是人单合一模式的新范式，也是数字科技变革所实现的新范式中最为重要的一个。

诺贝尔经济学奖获得者，不完全契约理论的奠基者奥利弗·哈特（Oliver Hart）认为："新型契约要通过交互，不断协调双方的期望和利益，链群合约做到了这一点。"⊖链群合约本质上就是一种契约关系，约定了不同利益主体的小微及利益攸关方的权责关系，链群合约的签订者要对契约负责、对整个链群目标负责。这种契约关系的具体实施体现在，当链群主提出用户需求及底线目标时，由链群中其他小微成员拿出方案抢入链群，满足用户需求。如果链群成员不能兑现承诺则"散出链群"；如果超预期地满足用户需求并创造增值，则整个链群可以获得超额利益分享。在整个过程中，基于风险共担原则，由于链群主要对整个契约负责，链群主可以对链群成员提出建议和评价，各方围绕共同目标实现生态总体收益最大化。

链群合约是持续创造生态各方价值实现的保障。用户需求不止，生态价值创造不尽。物联网时代多变需求的实现需要生态各方的协同努力，而如何有效激励各方积极参与价值共创过程，如何进行利益分配等成为物联网时代协同共创的难点问题，链群合约可能是破题的关键。链群改变了以往小微间的各自为政，通过创建与社群对应的生态圈，彼此独立的小微因为满足用户的特定需求并联起来了。链群合约实质上是一种契约，目的是约定不同利益主体的小微及利益攸关方的权责关系。例如在这一过程中，签入链群的生态成员如果能够超额实现机制创造，则整个生态中的成员都能够按照事前确定的契约关系分享增值价值。因此，清晰的共同目标、明确的价值分享机制，都促使链群合约参与方专注于实现用户价值，提升各自收益，最大限度地吸引成员融入生态，也更好地将用户留在生态中，显著提升了企业的韧性和价值收益。

⊖　青岛日报．物联网的本质是人联网 [EB/OL]．（2019-09-22）[2022-06-22]．http://www.qingdao.gov.cn/n172/n1530/n32936/190922081205880162.html.

第七章

物联网时代基于
人单合一的链群合约

○ **本章导读**

✓ 链群合约可以实现有机融合,一是因为链群中没有上级组织,完全靠
  用户融合到一起;二是因为链群创客是用户付薪,而不是企业定薪。

✓ 链群合约是生态合约。传统的合约是以内部有多大力量就设计多高的
  目标,但生态合约是先设定引领目标,然后根据目标整合优秀的人才
  进到生态中。

✓ 链群合约是完全合约。完全合约就是以用户体验为中心的生态各方零
距离的自驱动、自优化。

✓ 链群合约是无限合约。链群合约跟随用户体验迭代持续自涌现、自裂
变、自进化。链群与用户无穷交互,创造用户最佳体验,以延续游戏
为目的,这个体验迭代的游戏没有终结。

量子组织主张的组织结构是一种适时动态演化的生态型组织，身处生态中的每一位员工也是量子化员工。海尔的链群合约是量子组织的具体实践模式。链群合约本质上是通过激发个体的主体性，共创一种分布式、自涌现的生态，让生态链上的各个节点之间交互无穷进化，使各生态方的价值不断涌现，实现生态圈不断裂变。链群合约中的小微也是量子化个体，实施自组织、自驱动、自创业，沿着"以增值分享驱动生态圈自裂变"的路径，实现"人的价值最大化"，促进人的全面发展。

一、链群合约的概念内涵与特征

（一）链群合约的内涵

链群合约可以理解为信息化的、动态性的多方对赌契约，连接协议内外各方（如小微），商定达成协议所需的结果、利润分配方式等各方面内容，以期共同围绕用户需求触点打造"用户场景"，实现价值增值。其中，通过直连用户需求与员工创造，使得员工创造价值等价于用户体验价值。链群合约的信息化体现在，对赌契约签订、预案落实和预案完成后的增值分享都将通过线上系统完成，从而降低内部交易成本并能确保一定程度的公开公正。链群合约的动态性体现在，多方对赌协议是针对某一个特定"用户场景"而临时成立的链群，是通过抢单方式聚合形成的，在链群运行过程中根据市场需求进行动态调整，包括人、目标、组织、机制和分享比例等。

链群合约将其拆解，可包括链、群、合约三个部分。"链"指的是生态链，借助区块链、数字化实现链接；"群"是小微群，是生态链各节点的合集；"合约"体现在链群合约各节点并非独立，而需互相协同，共同合作才能实现价值创造，且合作的机制是通过智慧契约相连，是链、群存在并维持的内力。链群合约连在一起就形成了一种全新的管理机制。这种机制使得小微不再是个独立的、进行单兵作战的个体，而是兼顾了个体创新能力的优势，并且与链群之间协同配合、资源共享的有强大凝聚力的生态系统。图7-1为链群合约的组织关系图。

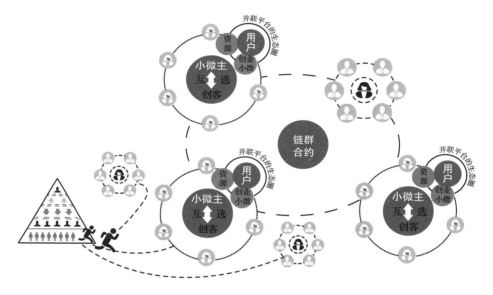

图7-1　链群合约的组织关系图

从组成结构看，链群合约包括小微、链群和平台三大结构，小微互动成为链群，平台赋能链群合约。

首先，不同业务内容的小微结合形成不同的链群。体验链群通过销售小微、服务小微和交互小微等链接用户触点，创单链群通过生产小微、研发小微和设计小微等链接小微节点，实现用户体验价值与员工创单价值相统一，最终实现链群合约目标。

其次，一个链群合约项目包括体验链群和创单链群两个部分，是一种小微升级之后的组织形式，它可以自适应"一切皆有可能"的变化，即动态的用户体验需求，不断自增强以实现边际收益递增。链群拥有以下优势：链群能为企业指明用户需求的方向，能为企业创造终身用户，可以充分契合物联网时代的体验经济和共享经济。由此，链群合约便真正实现了物联网时代的非线性组织，由生态系统创造用户的最佳体验，并实现增值分享。

链群中的创单链群与体验链群就像两个相互协同又相互制约的维度，它们的目的是打通一切中间流程，让创单与体验一体化。每个小微、节点、利益攸关方都可以突破时空限制互联互通，共同创造用户的最佳体验，实现用户体验升级。链群是一个不时自我加强、自我优化的自组织，唯有增值分享机制才能倒逼生态各方自组织、自驱动、自优化。体验链群经过与用户交互完成自组织的"方向校准"，创单链群基于用户需求产生"单"，在创单进程中产生递增收益；小微和触点可以抢入链群，定位也能够穿插堆叠。增值分享机制则是中心驱动力，只有利益攸关方共创共享，生态才会不断优化。

最后，在整个链群合约过程中，企业（海尔）的人才平台、公关平台、行政平台、财务平台、资本平台、知识平台、信息平台等为链群合约提供支持服务。

图7-2是链群合约的概念图。

在海尔逐步进化成各类企业快速配置资源的市场（平台）、成为真正的平台化企业后，海尔的组织模式将进一步从三级自主经营体的倒三角组织形态转变成为网络化组织。通过转化、创业、临时契约等形式，未来海尔平台上存在三类人，并对应三类关系：第一类是在海尔平台上创业的创业者，与海尔建立以股权关系为纽带的动态合伙关系；第二类是基于项目的外部合作者（海尔将其称为"在线员工"），与海尔建立以项目契约为纽带的合作关系；第三类是承担平台治理责任的员工，与法律意义上的海尔仍然存在雇佣关系，但数量极为有限（海尔将其称为"在册员工"）。

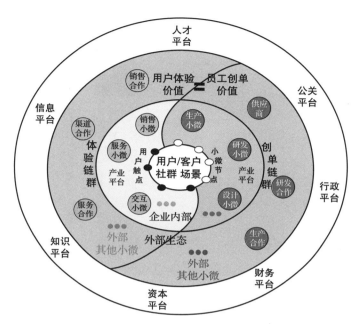

图7-2　链群合约的概念图

海尔平台的三类人在动态开放的平台环境中充分进行价值创造，实现全员创新和人的全面发展。

　　简而言之，链群合约的基本动能是实现人的价值最大化，其核心形式是自主人的自组织，文化根基是人单合一，其组织行为是泛在协同。链群合约的内部三创机制为海尔集团的发展提供了技术加速器，链群合约的系统性是推动海尔飞轮的运转动力，链群合约形成的生态系统是企业超指数发展的组织保障，链群合约通过有组织链群治理形成集团创新管理体系，如图7-3所示。

　　（二）链群合约的量子特征

　　链群合约是在人单合一的基础上提出的，以人为本、数字赋能、动态寻优的内部三创（即创新、创业、创造）机制。它具有以下三大特征：一

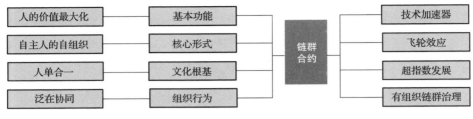

图7-3　链群合约管理概要

是通过以人为本实现自驱动自管理；二是数字赋能托底开放生态；三是动态寻优标靶引领性链群目标。

1. 自驱动和自组织

链群举单、抢单机制，一方面促使链群合约的构建和运作通过员工自发形成，体现了自组织特征；另一方面，促使链群主、小微主自发就增值分享、用户需求、增值数据等方面进行创新优化，从而驱动整个链群项目不断优化，实现自驱动。链群合约通过利益共享、风险共担的多方对赌契约模式，将链群各节点的风险与利益进行统一，形成"一荣俱荣，一损俱损"的链群关系，从而使得链群内部实现相互驱动、相互促进、相互监督，实现自我管理。

2. 增值分享形成开放生态

增值分享是一种超利分享。链群合约在三自平台确定的底线目标（即每个单至少要完成的底线标准）的基础上举单底线利润之上的利润空间，该利润空间是能分享的增值分享部分。最终实现的增值空间大小由链群合约各节点的价值创造程度决定，目标抢占越高，则价值分享比例越高，从而实现开放的增值分享空间。此外，链群合约的各节点提供开放的岗位和机会，向企业内外部开放，从而形成开放生态，降低企业内部交易成本，提升企业业务效率和效益。

3. 具有引领性的链群目标

链群主举单需要经过领域或产业的内部论证及海尔集团投委会等过程，才能举单成功。举单成功的论证内容包括"符合集团战略方向""价值空间"和"增值空间"三个方面。此外，单的目标是通过链群合约系统自动测算的，其目标来自行业对手，数字化技术提供更加明确和精准的节点指标，树立科学的标靶，引领链群合约实现前瞻性目标。

二、链群合约的基本流程与驱动体系

（一）链群合约的基本流程

本节聚焦链群合约运作的主要环节，阐述链群合约的运作方式。链群合约主要包括六个环节，分别是链群主举单[○]、明确增值、签订契约、缴纳对赌金、核算增值和互评互估，如图7-4所示。

图7-4　链群合约的基本流程

第一步：链群主举单。链群主根据用户需求发起项目，链群合约系统通过市场容量、市场竞争力目标、行业增速、GDP四个维度自动生成具有第一竞争力的链群目标。链群主在该阶段需要设计搭建组织，包括创单链群和体验链群两类。

○　在海尔，举单的主体可以是普通创客、小微主、链群主等不同角色，但一般是由链群主发起举单。

第二步：明确增值。系统根据超额利润，自动测算出1.5倍底线分享及以上的分享空间和分享对应的市场目标。链群主在举单时需要将链群目标拆分至各节点，确定每个节点的单和目标。

第三步：签订契约。根据创单链群的产品对赌方案，体验链群以小微为最小单元，自下而上抢对赌目标，如果体验链群认可并抢出高于市场第一竞争力目标的新目标，则可进入下一步；若出现多人抢单情况，则由链群内部对抢单方案进行评估，择优抢入，节点对方案结果负责。

第四步：缴纳对赌金。各节点进行对赌并缴纳对赌金，对赌金与目标、价值分享互为约束，所有人为同一目标负责，任何一个节点若不能交付符合承诺的成果，就会影响共同目标，进而影响其他节点的收益，从而形成链群合约各节点相互倒逼、主动协同。

第五步：核算增值。链群合约周期内，若目标达成，则系统将事先约定的增值分享自动核算、自动结算、自动支付到各自账户。增值分享按月度显示，按季度兑现。

第六步：互评互估。系统设计员工信用等级评价体系，链群各节点根据星级评价标准相互评价，评价不达标者。不达标者可能失去下次签约机会，从而让单给信用等级更高的、更有竞争力的创客。

（二）链群合约的驱动体系

链群合约的自驱动体系进一步突破人单合一的自我管理，实现组织和员工的自驱动，通过增值分享、引领目标和显关差三个自驱动体系得以体现。

1. 增值分享的自驱动体系

增值分享是自驱动的原动力。从节点工作模式角度，在底线目标的基础上，链群合约各节点共同努力创造更大的增值分享空间，从而实现节点工作的自驱动。从增值核算过程角度，自驱动体现为链群合约的数字化和信息化，能够实现自核算、自分享和自验证。从增值分享的正螺旋循环角度，增值分享既是当前链群合约的结果，又是更高目标的起始，不断提升增值分享的水平，实现螺旋式自驱动。

2. 引领目标的自驱动体系

引领目标的自驱动体现在两个方面，分别是链群主的举单目标引领和链群节点抢单目标引领。链群主的举单需要在三自平台自动测算的底线目标基础上，规划市场规模、链群盈利能力和利润贡献，并经过论证环节的考验，这一过程初步规划了对应用户场景的引领目标。在链群合约落地过程中，对链群节点的抢单亦需要提出节点的盈利目标，只有主动抢入高目标，才能进入链群，获得增值分享，因此在节点上又一次实现了目标迭代。无论链群主的举单还是链群节点的抢单，都是自发性的、主动提出的，而非上级分配的KPI，从而实现引领目标的自驱动。

3. 显关差的自驱动体系

显关差的对象包括增值分享的差距和目标的差距。增值分享差距方面，由于链群中的每个节点都能看到自己节点与其他节点的利益分配及调整，因此每个链群节点都能随时评估自身节点在引爆增值方面与其他节点的差距，从而自发地调节和修改。目标差距方面，链群合约的日清体系能够实时观测到各个节点的动态信息，亦能够观测到节点目标达成的程度，从而能够清晰地看到自身节点的目标完成情况以及该节点在整个链群中运作的健康程度，并进行相应的修正。通过信息化平台将差距实时、自动化显示和观测，链群中的所有节点实现了自主进行偏差校准和缩减差距的自驱动。

三、链群合约的阶段演变

链群合约模式的实现并非一蹴而就，而是要经过不断的迭代更新，一步步完善，才能在真正意义上实现链群合约。2021年2月，张瑞敏提出链群合约的三重境界；2021年底，海尔集团董事局主席、首席执行官周云杰在张瑞敏提出的"链群联合体"基础上将其提升至战略高度。至此，纵观链群合约的发展历史与前瞻，链群合约包含三个层面的发展阶段，如图7-5所示。

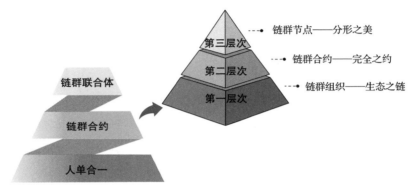

图7-5　链群合约的发展阶段

（一）链群合约的三重境界

第一层次：链群组织——生态之链。在该层次下，链群合约的整体组织构架呈现出小微节点、生态共创方围绕用户场景，以增值共享为驱动，自发聚合到一起的链群形式，是链群合约的最基础层次。当某一组织实现上述组织构架时，则意味着已经初步构建了一个链群组织，即"有形"。

第二层次：链群合约——完全之约。在形成生态之链的基础上，完全之约层次则达成生态链中各个节点之间的完全契约，是根据用户体验的迭代变化而动态迭代变化，链群中各节点的关系呈现出动态互动状态，是一种动态的智能合约。当某一组织实现完全之约时，则意味着该组织在"有形"的基础上进一步达成"有意"的状态。

第三层次：链群节点——分形之美。"分形"概念来源于量子物理学，张瑞敏借量子管理哲学提出的"分形之美"，体现出生态之链的生生不息和持续迭代。链群节点能够根据用户场景的变化不断实现裂变，每一个链群节点从作为生态之链的一个环节裂变成一个新的生态之链，实现"生态的生态"，从而实现链群合约的可持续性。实现分形之美需要每个链群节点都有体验能力和创单能力，既能直接感知用户需求，又能自主创造用户价值，从而在"有形"和"有意"的基础上，实现"有魂"。

（二）链群联合体

链群联合体，又称"链群联盟"（Ecosystem Micro-community Consortium），由链群发展而成，是各链群以用户为中心，实现自驱动、自进化，链群之间形成有机的协同，以此进一步引爆价值创造能力，共同为用户创造更好的体验。

由此可知，链群联合体是链群合约的发展方向，是"链群合约的链群合约"。该概念的提出是为了解决企业发展到一定程度后被动拆分的问题。在链群联合体概念下，企业发展的未来从"拆分"转变为"自裂变"，即各个节点可以不断壮大、链群合约可以不断扩大，从而整个企业的生态能够不断进化，从"0"到"1"到"N"到"∞"。图7-6为链群联合体的概念图。

在链群联合体概念下，每一个链群、小微、个体都能够逐级实现自裂变，不断壮大。最终，链群联合体的终极存在是"自由人的联合体"，契合马克思《资本论》所提到的，"人类社会最高境界的联合体是自由人的联合体。"在链群联合体下，每个人都能够实现全面自由发展，所有人共同占用和使用生产资料，共同创造和分享成果。

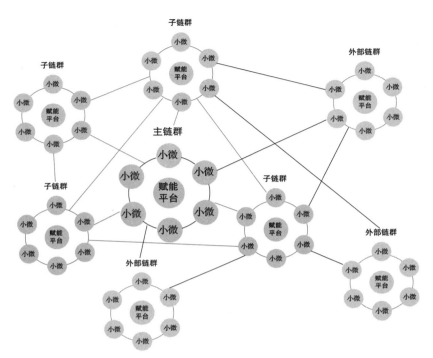

图7-6　链群联合体的概念图

Haier
运维治理篇

基于人单合一的
链群合约

—

运行机制与治理模式

第八章
链群合约全景式
运行流程

⊙ **本章导读**

✓ 链群合约的"三自":一是自涌现,是从 0 到 1 的蝴蝶效应;二是自
裂变,是从 1 到 N 的分形;三是自进化,从 N 到无穷大,把生态做大,
满足用户各种体验。

✓ 链群合约完全根据用户的需求,小微之间相互协同,产生一个市场化
的自治组织。链群合约分为四步:第一步是自组织,所有的小微都是
自组织,包括社会上的资源;第二步是自驱动,链群中是一种合约关

系，链群中的小微要共同完成目标；第三步是自增值，链群必须为用户创造价值，才能分享价值；第四步是自进化，创造一种新的用户价值，而不是停留在原来的状态上。

✓ 在海尔生态中，每个自主人成为价值中心是链群合约持续进化的条件，而链群合约则为每个人成为价值中心提供更好的保障。

一、预备导入流程[⊖]

（一）宣贯理念

员工对管理理念的认同是推行管理的必要条件，加强对员工进行链群合约理念的培训，并使之深入体悟并践行是必不可少的。第一，在说理上打通员工的认识，对员工进行理论培训。企业应为员工构建起经济学、管理学与社会学三个视角下对人单合一与链群合约的认知，使员工理解链群合约理论的创新性和优势。

第二，在案例上强化参与者的认识。企业应通过剖析经典案例，让员工从讲解中领悟人单合一与链群合约的内涵。例如：列举云裳链群这一案例，分析在云裳链群中的合约机制，体会何谓链群合约——链群合约是信息化的多方对赌契约，通过对链群内各节点实施有效激励、约束和协调，使得各个小微节点互相监督、高效协作并快速满足用户需求；也可以把它看成是一个多方的临时协议，旨在达成新成果。

第三，设计后续强化培训的思路。理念的培训一般包括理念认同与实践，因此企业可以设计每周流程循环学习、理念践行互评等环节，以强化理念培训。

（二）塑造行为

除了链群合约的理念培训，企业还需要做好链群合约行为层面的塑造工作，包括明确的行为规范、互动方式等。首先是工作风格的塑造。人单

⊖ 预备培训流程适合于引入人单合一与链群合约的企业，海尔集团的内部小微主由于熟悉相关内容，拥有相应的流程设施，可以跳过此阶段。

合一要求小微以用户为核心，包括用户的需求、用户的价值，通过与用户的不断交互实现自进化，这一核心在链群合约中是不变的。在链群合约中，企业需要充分借助链群合约平台，签订合约后秉持诚信原则，在链群合约周期内达成目标，实现各个节点的共赢。

其次是链群主行为的塑造。企业应要求发起人以用户为核心，突破传统人是"员工"的思维，将人看作"全球创客"。发起人通过与用户的不断交互，发现用户的场景需求，在链群合约工作台上进行"举单"，即发起链群计划。举单过程是以链群主以链群合约系统为指导，在平台的帮助下确定计划挑战的目标和达成目标的预计分享酬，并发起链群计划。在抢单的小微员工中确定需要的人员，也可以引入外部资源方协同。链群各参与方签订链群合约，并且基于对所要挑战的目标缴纳一定比例的对赌金。

最后，与链群主行为塑造相同，其他成员行为塑造同样要求以用户为核心，转变思维，将自己看作"全球创客"，充分借助链群合约平台，根据链群的预计分享酬等要素决定是否抢单，并提交自己所要达到的目标以及完成目标的预案。在被链群主选中后，链群中的成员即可参与签订链群合约并在链群合约周期内达成目标，获得报酬，最后进行各节点互评，互评结果影响下次签约。

此外，在后续的实施过程中，可以借鉴日韩车企学习德国大众工业流程的思路，企业可以定期互相参访各大链群小组。每个成员都需要每年进行链群轮训，以成实效。

（三）构建流程基础设施

企业在学习海尔链群合约时，需构建流程基础设施，可以参照PEMM模型中的基础设施因素，构建信息系统和人力系统两个层面的基础设施。[○]

────────

○　哈默，赫什曼．再造奇迹：企业成功转型的9大关键[M].陈汝曦，译．北京：科学出版社，2012.

　　信息系统层面的流程基础设施大致包括从低到高四个阶段。首先制订能够支持链群合约流程顺利进行的多个IT系统；然后根据链群合约的流程实际情况，将原本多个、分散的系统有机地调整为部分组合IT系统；再逐步构建一个完整的IT系统支持链群合约流程；最后集成一个拥有模块结构的IT系统支持链群合约流程，满足行业中的企业间沟通标准。

　　人力系统层面的流程基础设施包括整套制度设计：员工的职位定义、工作描述和能力要求，招聘、发展、奖励和表彰制度，小微和小微之间、小微和外部资源方之间、小微和链群之间、链群和链群之间的合作制度。

二、事前立约流程

（一）识别创业机会

　　识别创业机会包括两种现象。一种是组织内部的员工发现并识别了创业机会，把创意转化为商业计划与行动方案，开始成为创客，开创性地建设链群合约流程；另外一种是在已有公司与产品的基础上，预引入链群合约模式以优化自身的管理效率及实现员工的整体价值，即改善性地建构链群合约流程。

　　张玉利等学者将创业机会识别的过程分解为产生创意（Idea）、形成商业概念（Business Concept）、进行市场测试（Test）、设计商业模式（Business Model）。这些是从商业机会（Business Opportunity）到创业计划（Business Plan）所需要开展的工作，即B-OICTMP⊖。链群合约的机会（O）源自小微、链群发掘未明确的市场需求或者未充分使用的资源或能力，据此产生具有创业指向同时具有创新性的，具备独特新颖、客观可行的想法，即创意（I）。进而将创意发展为可在市场上进行检验的商业概念

　　⊖　张玉利，张敬伟.理解创业：情境、思维与行动 [M].北京：机械工业出版社，2021.

（C），商业概念体现用户正在经历的、小微及链群试图解决的种种问题，并能体现解决问题所采取的手段，以及带来的用户价值和增值共享。市场测试（T）是获取真实信息的重要手段，链群合约商业机会的测试包括真实性测试、竞争测试和价值测试。而后链群依据价值发现到价值匹配再到价值获取层层递进的逻辑构建商业模式（M），包括说明各种不同的参与者及其扮演的角色，各种参与者的潜在利益，以及企业的收入来源。在经历了以上环节后，链群就可以确定创业机会并开始着手制订创业计划（P）了。

（二）成为链群主

链群合约是一种类似项目制的临时对赌契约。为了项目的顺利进行，项目发起人即自发形成的链群主需要对流程负责。按照迈克尔·哈默的观点，链群主的身份、活动与权力需要被清晰地界定。[一]身份上，链群主是项目最高级决策团队的核心一员；活动上，链群主开发并参与滚动式流程战略计划，与同事合作为客户和供应商提出企业间流程改造项目；权力上，链群主虽然三权下放，但对控制流程预算等相关事宜具有较大的影响力。

海尔的链群主，一般是自发形成的，在商业意识、领导力与人格魅力上都有一定的优势。商业意识上的优势可以让他们开发好的项目；能力上的优势可以让他们有效地领导团队成员；人格魅力上的优势可以让他们找到长期合作的团队。在流程层面，链群主身兼首席流程官（Commodity Pool Operator，CPO），成立流程委员会以不断优化流程。

（三）确立链群合约目标

海尔的链群主在自我确立的过程中，一般已满足了找到好项目的前提条件。有了好的项目就需要进一步确立链群合约的目标：一方面，链群主要清

─── 哈默，赫什曼.再造奇迹：企业成功转型的9大关键[M].陈汝曦，译.北京：科学出版社，2012.

晰地定义整个链群的目标，具化到包括哪些指标，做好短期目标、中期目标与长期目标，经济目标、成长目标与精神目标等多个维度的设定；另一方面，链群主要定期审查和更新这些目标与指标，并将它们运用于战略规划。

　　链群主根据用户需求发起项目，链群合约系统可以通过市场容量、市场竞争力目标、行业增速、GDP四个维度自动生成具有第一竞争力的项目目标。[⊖]具体来说，链群主需要设定对赌协议，确定利润增值分享比例、个人成长规划与精神提升路径，把整个链群团队建设成一个利益共同体、成长共同体与精神共同体。当然，增值目标、行动目标等都可以根据实际情况进行微调。

三、事中协约流程

（一）设计链群合约流程

　　海尔链群合约的流程设计的目的是致力于改变以往小微间各自为政的局面，在环境层面通过创建与社群对应的生态圈，支持用户体验迭代升级，实现利益攸关方之间的利益增值共享。链群合约流程的实施源于链群主根据用户场景需求进行举单，再由三自平台系统确定计划挑战的目标和达成目标的预计分享酬，后经小微员工的抢单和外部资源方的协同，最终形成链群签订合约。

　　在链群运营过程中，主要有体验链群与创单链群两个主要部分。根据创单链群产品对赌方案，体验链群以小微为最小单元自下而上抢对赌目标，如果体验链群抢出高于市场具有第一竞争力的目标，则可进入下一步，反之则不成立。[⊖]

⊖　海尔模式研究院编写的内部资料《链群合约手册》。
⊖　同上。

（二）组织人员抢单

确立了链群合约的目标与流程后，链群主可以发出邀请单，吸引其他人员加入团队。其他人员在抢单的过程中要展示适宜的技术、能力与人品等素质，链群主审核通过后形成对赌性的团队合约。若出现一单多人抢单，则由链群主、其他成员和三自平台根据抢单方案进行评估，择优抢入，节点对方案结果负责。链群间各成员以用户体验的应用场景为核心融合在一起，所有节点都以用户体验为中心，构成一个动态的、开放的链群合约组织。[一]

在一定的时期内，若成员没有按照约定完成单，则会收到系统提醒；第二次还是没有完成单，则会接到警告；第三次依然没有完成单，则会要求退出本链群合约组织；然后再次抢单，选择新的团队成员。

（三）自主动态协同

链群合约在正式达成前需要各个节点进行对赌，并缴纳对赌金。对赌金与目标、分享互为约束。链群合约一旦达成，便不可更改，所有人为同一目标负责，任何一个节点如果不能交付符合承诺的成果，就会影响到共同的目标，进而影响到其他节点的收益，一荣俱荣，一损俱损。因此，链群合约节点相互倒逼，主动协同，无须第三方管控。[二]

有了利益共同体为基础，链群合约团队每个成员的能力、性格形成互补，大家在动态磨合的过程中寻找最优的协同管理模式，最终形成彼此信任、互相促进的共同体。

[一] 海尔模式研究院编写的内部资料《链群合约手册》。
[二] 同上。

四、事后履约流程

（一）兑现链群合约

海尔链群合约利用基于区块链的智能合约这一运作理念，通过去中心化保证所有信息实时共享，从而提高团队协同效率，降低沟通成本。其基本设计原理是"事前约定、事中动态调整、事后兑现"。与一般企业的KPI考核不同，链群合约的考核以自我评估为主。

链群合约正式达成前需要各个节点进行对赌，并缴纳对赌金。在完成既定目标后，链群合约系统基于事先约定的增值分享比例进行自动核算和自动结算，并支付到各自的账户中。以海尔智慧烹饪链群为例，链群根据平台、厨师、食品加工企业和养鸭厂价值贡献的不同，事前约定好分享比例。每卖出一只烤鸭，海尔智家平台、厨师张伟利、惠发集团、养鸭场分别可拿到利润的2%~6%作为增值分享，剩下约15%的利润归智慧烹饪链群，在这15%的利润中，有约6%作为增值分享空间分给链群各节点的创客，约9%的利润留作链群后续发展。因为分享比例都是事前约定好的，所以每个节点都可以在事前清楚地了解到自己达成目标后可以获得的分享值。

（二）评估链群合约考核

链群合约评估流程包括平时的日清体系评估与合约完成后评价两个部分。日清体系将链群内员工签订的契约目标分解到每天，显示各个员工每天的目标完成情况，获取的增值分享额等。如果员工没有完成目标，日清体系会帮助查找没有完成的原因，起到动态优化的作用（即"关差"）。

另外，在此次合约完成后，各节点根据星级评价标准互相评价，评价不达标者将很有可能失去下次的签约机会，其他更有竞争力的人会抢入进来。

以智慧烹饪链群为例，链群合约的评价是不断迭代提升的过程，开始是局部试点运行，接着发现团队成员存在的问题，分析原因并解决问题，继而不断优化到满意程度，后续再逐步展开优化人员结构与人员组成，不断突破原有格局。

（三）优化流程能力

对于如何学习并提升链群合约流程能力，可以参照PEMM模型中的文化因素和专业技能因素分别讨论。[⊖]在文化层面，以客为尊的理念逐渐从宽泛的认识到本质化的理解，意识到链群的领导者是用户，用户也是价值共创者，结果责任的承担主体不只是管理人员，员工也逐渐承担起对小微结果、链群结果、企业结果、客户服务的责任。面对企业因构建链群合约流程而在组织结构、职能安排、管理体系、考核指标等方面开展的逐层改变，员工的接纳程度由低至高，并主观上将变革看作规律现象。

在专业技能层面，越来越多的员工能对链群合约流程建立深层次理解，并学习及掌握流程改造和实施能力、项目管理能力、沟通能力、管理能力等。小微能使用一种或多种方法解决项目执行问题，进行小幅度的流程改善，到链群能为流程改造创建出正式的优化流程，再到链群合约平台嵌入一个包含环境审查、改变规划、实战及支撑创新的正式系统。

结合文化因素和专业技能因素两方面，链群合约的流程能力不断自主优化，循环迭代，形成动态寻优的流程体系。

⊖　哈默，赫什曼．再造奇迹：企业成功转型的9大关键 [M]．陈汝曦，译．北京：科学出版社，2012.

第九章
链群合约治理

○ **本章导读**

✓ 链群合约与传统契约有两点不同：一是链群合约的领导是用户，而不是传统的责任人；二是链群合约约束的不是传统契约的责任问题，而是共同责任与增值分享。

✓ 链群合约优于区块链的智能合约。智能合约解决的是诚信问题，而链群合约解决了区块链不能解决的用户体验问题，体验链群和创单链群

结合在一起，可以随时去满足和创造用户的体验，也可以使体验不断
迭代，最终创造出终身用户。

✓ 链群合约自进化出三种价值：第一种是与用户无穷交互中自进化出新
的体验价值；第二种是以生态的增值分享自进化出体验迭代升级的新
价值；第三种是完全合约自进化出每个人的价值最大化。

一、海尔链群合约

市场合同形成的契约方式，即通过完备或不完备的合同条款约束员工的行为实现组织预期的目标。海尔在人单合一的基础上创造性地提出并实施了链群合约的新的契约治理机制，即员工主动发起相应的业务链，各主体通过抢单的方式加入相应的链群并承担相应的节点工作，每一个节点之间相互并联，围绕共同的目标开展相应的价值创造活动，更为关键的是，海尔的链群不仅仅是面向海尔内部的员工，而是涵盖大量的中小微企业、海尔的用户以及其他参与生态方等。通过自主构建链群形成自组织的链群生态，海尔最终实现企业不单一地运用市场合同来约束员工，彻底地激发了员工的自主性与创造性，使员工成为企业经营的真正主人。并且，各个链群之间相互独立，同一链群内的员工分工协作，围绕节点的贡献开展增值分享，最终创造链群的整体绩效与共享价值，实现员工与组织的共同进化与共赢发展。

二、区块链管理与链群的分布式治理

（一）区块链技术及其发展历程

区块链的出现是数字经济时代数字技术创新的必然结果，其主要应对的是传统契约合同治理过程中的信息不对称与市场信息交易风险问题。区块链的发展也经历了几个阶段：第一个阶段是点对点（Peer-to-Peer）比特币等虚拟货币的迅速发展。区块链作为一种加密技术，迅速在金融、物联网、供应链管理和数字版权等领域被广泛应用。区块链具备去中心化和去信任的技术特征，为数字经济时代的泛在连接的信任问题提供了新的技术基础。第二个阶段是可编程化区块链，在数字货币的基础上，加入了智能合约等一系列的见证协议，可以优化更多金融领域的实务和流程。可编程化区块链的标志产物是以太坊，也是智能合约的应用产物。以太坊是一个开源的有智能合约功能的公共区块链平台，通过其专用加密货币以太币，提供中心化的以太虚拟机来处理点对点合约。此阶段的区块链技术主要应用在金融领域，以智能合约的开发和应用为代表。第三个阶段是超越货币、金融范围的区块链应用，致力于为各行业提供解决方案，向智能化物联网时代发展。此阶段的区块链技术将远远超越货币、支付和金融这些经济领域，它是对每一个互联网中心代表价值的信息和字节进行产权确认、计量和存储，重塑人们生活的方方面面，如医疗、司法、物流等。

从技术内涵看，区块链技术有狭义和广义之分，其中狭义的区块链技术是一种按照时间顺序将数据区块以链条的方式组合成特定的数据结构，并以密码方式保证不可篡改和不可伪造的去中心化共享总账，能够实现安全存储简单的、有先后关系和能够系统内验证的数据。因此，狭义的区块链技术主要面向的是数据结构存储；广义的区块链技术则超越了数据结构功能，能够通过分布式节点共识算法生成和更新数据，并且通过自动化脚本代码（即智能合约）编程和操作数据的一种全新的去中心化基础构架和数据计算范式。从这个意义上，区块链技术具备智能合约生成与计算的基本功能，其融合了博弈论、密码技术和分布式数据结构技术等多种技术，形成了相应的新的技术基础。因此，广义上的区块链技术能够解决分布式数据的全局一致性或共识问题，形成一种去中心化的基础构架，严格意义上属于一种新的数据和信任治理机制。

从区块链的演化发展历程看，如图9-1所示，区块链1.0解决的是货币流动性的分布式特征，作为一般等价物的记账簿，最终发展出相应的估值功能。区块链2.0则是将区块链1.0的技术和相应的治理机制应用于金融市场和其他交易市场，主要是开拓了智能合约机制，形成可编程的账本技术、

多重签名技术和图灵完备技术等。区块链3.0则是在区块链2.0的基础性进行
了系统优化，运用的领域进一步扩大，且机制也在不断创新。具体来看，
区块链1.0包括数据层、网络层、共识层、激励层和应用层，其具体技术包
括分布式账本、块链式数据、梅克尔树、工作量证明等；区块链2.0则是在
区块链1.0的基础上，在共识层增加了POW算法、POS算法和DPOS算法，
智能合约层包括EVM和脚本代码等。

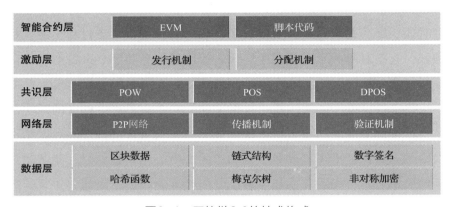

图9-1　区块链2.0的技术构成

　　相应地，如图9-2所示，在区块链的技术思维与技术范式下，整个组织
的市场契约结构与交易范式发生深刻改变，且区块链技术驱动的组织模式
也发生深刻变化。具体来讲，从组织模式看，区块链技术加速渗透推动组
织的数字化转型，即通过改变组织各个数据节点的传输功能与数字加密功
能，实现跨部门协作。跨组织单元的数据与信息共享，实现组织各个模块
之间的充分链接，形成分布式的数据结构，扩展了组织的市场交易边界与
交互边界，通过区块链上的各个节点之间能够共享组织的各类资源，包括
知识产权、技术品牌以及创新资源等，进而实现基于区块链的创新资源的
充分整合。并且由于区块链的去中心化特征，整个链群并不存在严格意义
上的科层制下的上下级关系，而是员工之间能够实现充分的平等并形成并

区块链范畴		机制	子机制/技术/原理	子机制/技术/原理的内涵
区块链3.0	区块链2.0是合约	区块链1.0是货币与支付，聚焦分布式系统中广义共识与（算法式）信任机制	共享机制	公开透明点对点链接	无须第三方中介、无须中心的点对点直接链接与全网广播（有助于以货易货）
				分布式账本的一致性	全网只有一个总账本，各节点均有相同备份并有相同的记账权利
			狭义共识机制	工作量证明机制（Proof-of-Work，POW）	确保正确答案很难被获取但又很容易被验证的哈希算法计算证明；各节点每次根据计算工作量的大小（挖矿）抢夺唯一的记账权和比特币奖励
				最长链原理	只要诚实节点群（矿工/矿池）控制过半（超51%）计算能力，最长链就是真实结果；节点可随时离开或重入网络，最长链是离线期间所有交易的证明
			奖励机制	区块/代币奖励制度	赢者将区块记入链中并获一定比特币（总量呈S形分布且有限）
				交易费奖励制度	创建区块的赢者可获得交易制造者提供的交易输入与输出之差值
			狭义安全透明信任机制	网络加密技术	公/私钥匙加密和数字签名对个人隐私信息进行匿名加密保护
				透明技术	账号全网公开但户名匿藏，公匙全网公开但私匙仅由用户保管
				时间戳溯源技术	依时间戳忠实记录每笔交易至首尾衔接区块链中，各节点可查
				基于哈希算法的不可篡改技术	忠实记录每笔交易；除非欺诈节点群控制过半计算能力（亦称为51%攻击），否则结果不可能被篡改；随记录的变长，篡改成本呈指数激增而不值得
	合约将区块链1.0拓至金融和市场的全面应用		狭义新型共识机制	权益证明机制（Proof-of-Stake，POS）	类假"股权证明"，以节点持有比特币的比例和币龄等比例地降低证明难度，以便加快答对速度并激励用户持续供给解题计算力
				储量/可恢复性证明	需要存储大量数据被运算的解谜算法，以便存储有价值的大文件
				混合机制	多种证明混合（如POS+POW的活动证明）以应对矿池的负面效应
			智能合约机制	可编程脚本技术	用一种特定的描述性语言编写的可自主执行代码（含可编程货币）
				多重签名技术	由签名的多方全体或部分同时签名或延时签名以便生效的技术，两人同签可对应担保交易，三人中任意两人同签可对应联名账户
				图灵完备技术	完善脚本而能计算图灵可计算（Turing-computable）函数的技术
	区块链3.0深化区块链2.0并同时向更广领域推广应用，如政府、健康、科学、文学、文化和艺术领域		共享机制	三式记账法（第一个狭义公司治理创新）	在复式账基础上增加第三项，以便让需做检查的内外利益攸关方及监管者根据不同权限及时访问账本（可审计、可搜索和可验证的分类账）
			分层结构机制	侧链技术（解决必要隐私问题）	与主链双向锚入满足个性化应用的侧链，在公有区块链外衍生私有区块链，如私有或半公开账本（机密交易可以保密交易的金额）
				闪电网络技术	解决比特币的交易规模、实时性和小额支付问题的微支付渠道
			自治机制	自主运作代理人技术（亦智能预言机）	可分析环境并有能力独立做决定（含收/支决定）的智能设备/系统，为物联网和分布式自治企业/组织的智能运作提供智能代理者
			协作机制	更正式声誉度机制	与代币衔接的声誉度机制提升社会生产（如Linux商业生态系统）协同质量
				按量（次）计费机制	不涉及产权而按（使用）量计费的去中心化的分享/共享协作经济，如中心化Uber/Airbnb对应去中心化版Uber/Airbnb，将依智能激励更好地协调节点用户
				产销者一体的机制	产销者一体的节点以更充分的互动/博弈而发展更好协作的平台
				新范式/层次的云机制	点对点范式下与传统云并行的新层次上的政府公有云和私有应用云

图9-2 区块链技术的主要类型与相应机制

联式的组织。区块链的分布式数据结构和记账技术能够推动各节点员工之间的并联协同，进而实现组织运转模式的深刻变革，这在一定程度上加速了组织的扁平化、分权化，以及降低了组织的交易成本与内部协调成本。

从主体参与性看，区块链技术解决了基本的信任问题，在新古典经济学体系或者制度经济学体系之中，信任是一个长期困扰经济学家的学术问题，即信任的获取、维系和治理等问题长期以来没有得到有效的解决。区块链技术的出现巧妙地解决了人与人之间的信任问题，通过分布式的数据结构与加密技术能够实现信任体系的重塑，任何机会主义行为在区块链技术体系之下难以实现。相应地，在信任问题得到基本解决后，整个组织的价值创造体系也得到了根本性的重塑，主要体现在区块链技术能够融合大量的节点用户并为各类创新主体提供大量的创新信息，根据相应的数据信息与需求信息实现产品的优化设计与功能的提升。任何主体都能参与到价值创造体系之中，即并不会由于对该类主体的不信任或者缺乏相应的市场完备契约而将其排除在价值创造系统之外。因此，在区块链技术的驱动下，组织的价值创造体系被彻底重塑，真正意义上的开放式创新与用户创新的价值体系得以彰显，即区块链技术对传统领先用户或者小范围的开放式创新进行重塑，各类小微主以及社会用户都能进入相应的链群之中，开展相应的价值创造活动。

（二）海尔区块链思维与组织自治

海尔区块链驱动的组织治理系统主要包括三个层面的治理。

第一个层面是区块链驱动的海量用户创新治理。创新治理解决的是面对随着数字经济时代数字技术的深入嵌入，包括大数据技术、互联网、物联网和区块链等技术的嵌入，真正意义上的大规模用户创新成为主流，即传统以领先用户为基础的用户创新范式逐步被取代，而大规模用户创新面临一个关键性难题，即如何协调海量分布式用户的创意与想法，并及时响应海量用户的创新与创意。海尔立足区块链的链群思维，巧妙地解决了创新治理的协调难题和交易成本难题，在人单合一的基础上以链群为基础开展特定场景下的用户创新交互，将用户连接到海尔的内部创业与创新链群之中，共同参与相应的产品创新、工艺创新和场景迭代创新等过程。这种以链群为基础的分布式治理理念实现了用户创新的分布式自治，而非以企业为权威或者为中心的科层治理，能够以链群为基础形成创新与创意的交互，最终实现用户参与的合约形成与创新共识。

第二个层面是区块链驱动的组织内部去中心化治理。在海尔的内部组织管理体系中，不存在单一的以部门为核心的组织管理系统，整个海尔组织处于高度的去中心分布式网络。员工成为分布式网络中的节点，能够根据链群的价值创造需求和相应的价值创造场景加入相应的链群，而链群通过"抢单""对赌协议"等机制实现节点之间的有效约束与激励机制，形成节点价值共创与链群整体共进化。

第三个层面是海尔与中小微的分布式泛在自治。海尔与中小微的关系突破了组织间协同或者合作伙伴关系，比如在卡奥斯平台通过构建面向工业互联网平台的价值创造生态系统，吸纳了上亿级的用户规模，包括各类小微与用户，实现各类工业场景与消费场景下的价值创造。在卡奥斯平台上，小微与海尔不存在严格意义上的市场契约关系，而是作为生态方的共创关系。小微在平台中能够发起相应的价值创造需求或者自主构建相应的链群，与海尔内部链群共同创造相应的价值。这种模式将小微与海尔放置于同等地位，实现了分布式泛在管理的生态方自治，形成"聚是一团火，散是满天星"的自治格局。

尤其是在面向几千家小微主的企业间合作治理方面，小微主在加入相应价值创造过程中依然存在相应的价值冲突与合作矛盾。海尔从竞争与合作协调的双重视角实现小微主的竞合平衡，首先扶持小微主的成长，在小微主的各个成长阶段发起相应的"创客"，实现以契约缔结的小微主价值工程，并赋予小微一定程度的决策自主权和协调权，从正、负两方面激励与约束小微间的竞争。其次，海尔以对赌协议的方式协调小微主的合作冲突。对赌协议实质上是融合了惩罚性的条款和激励性的分享条款，赋予小微利益分配和向其他小微索赔的权力，通过"对赌协议"一方面实现了小微主之间目标的协同，提升了契约发起小微和其他合作者的协调能力，进而实现分布式小微的目标一致性；另一方面，对赌契约还约定了小微主之间的利润分享分配原则，即对承接其契约的小微如果超额完成预期目标，则超额利润按照一定的比例实现共同分享。

　　总之，海尔借助区块链管理的思维实现了组织高度的去中心化，包括面向组织内部员工的价值创造系统、面向链群的价值创造系统，以及面向小微主的价值创造系统的去中心化。正如张瑞敏强调的那样："链群与用户无穷交互，不断创造用户最佳体验，这个体验迭代的游戏没有终结。"比如，海尔三翼鸟的智慧阳台业务早期面向的用户需求是具有学习功能的阳台。在该产品获得成功后，三翼鸟团队在竞合平衡规则的规制下进行了下一轮的"业务发起—合作—迭代"循环，进化为萌宠、亲子和健身等10余个智慧阳台业务场景。进而，三翼鸟团队基于阳台场景的成功经验再一次进行迭代，将其智慧家居场景布局从阳台单场景扩展至厨房、浴室、全屋空气及视听智能等多个场景，从而打造了具有成长性、引领性的智能家居品牌。

三、维基治理与组织创新协同

　　维基经济是互联网时代海量用户开放式创新与对等原则下的创新结果，是面向知识经济创新的典型体现，也成为用户参与的分布式创新和共享创新的典型代表。随着数字时代的发展，维基经济学的思想已经远远超越了单纯的商业或技术范畴，并开始包含更多的社会转型的意义。由此维基的定义由商业领域集体协作的艺术和科学的维基经济学，转向宏观维基经济学：把维基经济学及其核心原则应用于社会和从属于社会的一切机构。正如数百万人一直在为维基百科贡献词条一样，大量人群仍然正在为像Linux系统和人类基因工程这样的大规模协作做贡献。现在存在一个更大规模的，整理人类技能、创造力和智慧的历史机会，是接下来的几十年和更远的子孙后代重新评估并重新定位我们的许多习俗制度。

　　海尔在面向用户治理与小微主价值共创方面的治理思维与维基经济学的协作式治理思想相似。第一个层面是对链群内小微的战略治理，这一过程主要是以共同的价值主张与愿景形成一致性的战略目标。具体来看，海尔企业自身的价值创造目标与战略目标必然与小微主之间存在一定程度的冲突性，在小微主加入海尔的相关链群或者工业互联网平台之后，多个小微主的战略决策可能会偏离海尔平台战略的基本战略方向造成平台自组织失去战略稳态，若海尔对小微进行直接的目标制订，比如为参与海尔相关链群的小微主制订相应的直接的经济目标或利润目标，必然会提升对小微的控制强度，对小微主的过度战略控制必然会影响到小微主的参与积极性与组织活性，不利于海尔整个链群生态创新活力的持续改进。因此，海尔为开展与小微主之间战略层面的治理，采取的主要措施：一是通过重塑界面的价值主张打造共同的价值主张，避免平台对小微主的过度控制；二是充分赋能小微企业追逐相应的价值目标。一方面海尔推动小微主具有更大的自主能动性；另一方面，海尔将小微主作为企业的生态资源方，因此保证了小微主能够自我创新的同时支持海尔企业相关内部链群的价值创造目标，通过相关的"对赌协议"实现增值分享，进而重塑了界面的价值主张，保证了海尔与小微主的价值主张的一致性。

　　区别于一般企业间共创过程中的静态价值主张，海尔通过打造动态化的价值主张实现与小微主之间的自主治理。其动态性的价值主张表现在以下三个方面。第一，价值主张建构的动态性。价值主张建构主体不仅仅是海尔企业本身，还包括小微，通过各类小微主与海尔员工共同形成的链群形成集体建构式的价值主张。第二，面向用户需求的价值主张迭代升级。海尔与小微主形成价值共创界面后，其主要是解决特定的用户痛点与用户需求，其将小微主充分链接到相应的服务环节，用户与小微主之间也在无形之中不断迭代相应的价值主张。以智胜冰箱小微为例，该小微负责人通过深入发掘用户价值，将目标客户定位在年轻群体，制定了面向年轻时尚人群电冰箱研发和销售的战略目标。因此在生产端实现了重新研发设计，将冰箱内部的分隔挡板去掉，在有限的预算下尽可能地提升冰箱内部的使用空间。第三，价值主张建构的创新性。海尔面向用户需求的价值主张并非沿袭旧有的思路，而是与小微主共同发掘新的市场需求和用户潜在需求，具体通过颠覆性的市场创新重塑价值主张，小微主的优势是对于局部和现场敏锐的洞察力与渗透力，海尔与小微主共同创新相应的价值主张。因此，立足动态化的价值主张共创与迭代实现了海尔对小微主的动态战略治理，动态价值主张为海尔各个链群的小微主明确了以用户为中心的战略方向，并立足小微主与用户的交互实现自主创新，激发小微主与用户的参与者创新动机，支撑驱动小微主从多个业务领域持续识别用户需求的变化，从而在多样化的业务方向涌现以用户为中心的平台创新战略。

　　第二个层面是对链群内小微主的运营治理。为了避免对小微主运营的过度控制和推动小微主的充分开放式参与，海尔推出了面向运营层面的小微主间赋能规则。海尔首先通过组织变革构建了小微自组织运营涉及的互动环节，设计了从任务发起到运营结果反馈的全流程闭环，包括小微主任务发起、小微主预算运营控制、小微主运营效率评估、小微主价值增值分享与反馈，构建了内部契约体系、预算体系、日清规则、竞合对赌规则以及反馈评价规则等闭环运营赋能系统，并呈现端到端特征。端到端（end to end）概念广泛应用于信息管理、流程和供应链管理等领域，是对业务起点到终点的闭环设计。小微自组织运营的起始端是发起并成立面向用户特定需求的小微，由海尔内任一成员在深度挖掘用户需求的基础上，向平台提交小微成立申请。其次是预先运营控制，由小微生成具有竞争力的运营目标，并将其分解为可行的任务步骤，进而通过规则设计提升小微的自组织运营能力，并驱动小微间的合作完成上述目标。最终，在终结端对运营结果进行反馈，据此修正其运营中的问题，并循环至起始端发起新的任务，如图9-3所示。

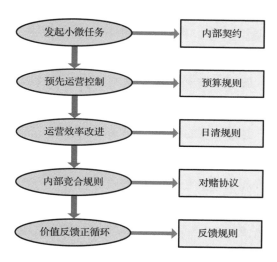

图9-3　海尔面向小微运营治理的规则体系

四、生态公地理论与组织赋能

（一）数字生态公地的概念界定

数字生态公地来源于数字生态系统的社会化转型，数字生态系统又来自商业生态系统在数字经济背景下的转型，所以对于数字生态公地的界定需要建立在上述若干概念清晰且明确的基础上。生态系统最早是一个生物学科中的名词，是指自然界内的有机体与其所处的物理环境组成的一个相互影响、相互制约的统一体。当"生态系统"一词被引申到商业领域后，其内涵发生了重大转变，具体是指相互依赖的企业及其他组织为创造并分配价值而自发组建的复杂网络，即我们常说的商业生态系统。商业生态系统广泛存在于多个跨地区、跨行业的领域，一般由商业组织、非商业组织和外部环境构成。其中，商业组织包括企业、科研机构、中介服务机构等，它们在这个系统内部分别扮演不同的角色，并发挥对应的功能，如中介服务机构为其他主体更好地发挥功能提供有偿服务等。非商业组织包括政府、高校、公益组织等，提供政策指导、公共服务以及改善基础设施等。外部环境主要起到支持不同组织生存和发展的功能，包括开放的环境、自组织环境、域群环境和需求驱动型环境等。这些外部环境由不同的组织独立或协同提供，并通过技术服务、管理服务反哺其供给者，促进整个系统经济绩效、创新绩效的提升，从而推动商业生态系统的良性演化。

而到了数字经济时代，随着云计算、移动通信、智能互联网的发展，一个相互连接、智能便捷、包容并济的商业环境——数字生态系统正在不断地重塑。关于数字生态系统的具体内涵，不同的学者由于研究视角的不同，对其有不同的定义。有的学者认为，数字生态系统是一个开源的商业网络环境，不同的企业能够在这里进行高效的互动，以提升组织的经济绩效、创新绩效；也有的学者认为，数字生态系统是一个开放的、松散耦合的、区域集群的、自发组织的商业网络环境，在这个体系内，所有组织都能积极主动地针对外界的环境变化，及时做出反应，以谋求利润的最大化。尽管视角不同，但总体来说，数字生态系统就是传统的商业生态系统所进行的数字化转型，以及由此带来的不同组织间关系出现的一系列新颖性变化。这些变化表现在两个方面：一方面，数字生态系统凭借互联网和移动设备所构建的商业环境更为开放，这要求不同的组织间加强彼此的信任程度，提高相互的商业责任感；另一方面，技术的进步带来了交易数量和交易频率的攀升，持续降低了不同组织内外部的协作成本，有助于企业缩短对消费者的响应时间，了解消费者的个性化需求，最终实现提高消费体验的目的。

可以看出，数字生态系统的落脚点在于核心企业通过在系统内部引入商户、消费者、互补商、合作伙伴等不同参与者，利用数字技术开展产品革新、服务革新、创新革新，从而进行多维度的价值创造并惠及生态系统的所有参与者。而价值分配，就是数字生态系统展现其公地性质的过程，从该视角看，数字生态系统能够利用数字技术的优势，不断对系统的不同参与者进行正外部性效应的溢出，在这个层面上，数字生态系统已演变为数字生态公地。在经济学中，"公地"的概念源于1968年英国经济学家加勒特·哈丁（Garrit Hadin）在其文章中提出的"公地悲剧"，指的是个体利益与集体利益存在不可调和的冲突，最终导致有限的资源被过度使用，从而造成集体利益损失的现象。所以，如果从公地悲剧的相反视角来考虑，经济学中的公地则是指一个能够让内部的个体和集体等不同组织获益的公共空间，这个公共空间既可以指传统公地理论中可供放牧的草原，也可以指海洋、河道等公共资源。

因此，结合数字生态系统的定义及其社会化行为以及经济学视角下公地的定义可知，数字生态公地指的是由不同的领导者企业或领导者企业联盟基于市场需求，利用包含一系列特定标准的，规模可变的软件、硬件等设备和服务的数字技术，通过不断地吸收跟随者、用户与互补者等经济性与社会性主体，基于资源互补商而搭建的一个具有正外部性的数字化商业生态空间。在这个空间内，不同的参与者能够实现数字化、立足数字技术赋能数字生态公地内的各类组织实现数字化转型，以数字化赋能全方位提升公地整体的运营效率，最终实现经济价值、社会价值和共享价值创造。

（二）数字生态公地的类型划分

如上文所述，数字生态公地是立足于数字生态系统的公地，其形成的商业基础在于类型各异的数字生态系统。所以，基于数字生态公地的经济学内涵及数字生态系统的类型，数字生态公地又可以进一步细分。我们按照系统内部成员的公地社会属性程度以及组织场域链接范围，对其进行了划分，包括面向特定功能的数字生态公地、面向平台生态圈的数字生态公地和面向社会生态圈的数字生态公地，如图9-4所示。这些数字生态公地的社会属性程度逐渐加深，组织场域的链接范围也在日渐扩大。首先，值得论述的是面向特定功能的数字生态公地。随着数字技术和物联网的发展，线上的虚拟通信与线下的实体要素结合得越来越紧密，很多企业致力于推出互联互通的产品，向着"互联网+"转型，这些新型产品往往比一家企业所提供的独立产品更具有价值。所以，这种模式迅速被广泛应用于医疗、保健、消费品、汽车等诸多行业，形成了面向不同功能的数字生态公地。该类型的企业一般由单一的企业或者包含相对较少数量的企业联盟，基于特定的业务需求而联合构建。以阿里巴巴与宝马共同搭建的"阿里云创新中心—宝马初创车库联合创新基地"为例，双方通过共享彼此的资源优势，创建了高效互通的战略联盟，专注于打造"互联网+汽车"领域的创新孵化生态系统，通过寻找汽车领域的具有较高潜力的初创型企业，利用"互联网+汽车"平台全方位推广其解决方案，帮助这些初创型公司的项目落地，最终实现互利共赢。

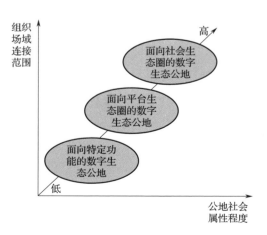

图9-4　数字生态公地类型的划分

其次，在面向特定功能的数字生态公地基础上发展起来的是面向平台生态圈的数字生态公地。相比于面向特定功能的数字生态公地由单一企业或小型的企业联盟所搭建，面向平台生态圈的数字生态公地立足于数字平台生态系统，它可以容纳数以百万计的合作伙伴和数以亿计的产品，所提供的功能得到了极大的扩展。其基于"数据优先"的办法，利用庞大的用户群体，不断设计出新的产品和服务，然后通过平台将产品和服务销售给四面八方的用户，从而实现海量价值的瞬间创造。因此，基于平台生态圈的数字生态公地的价值创造范围更广，不同参与者的协调性也通过平台双边和多边市场机制变得更为灵活，这是相对于面对特定功能的数字生态公地的巨大优势。Google Home就是一个典型的面向平台生态圈的数字生态公地。在这个生态公地内，谷歌公司提供了一个基础的开放平台，在这个平台上，接入的开发商、用户、工程师能够通过资源共享、协同创造出基于Google Home的智能硬件、智能软件、智能服务，全方位提升平台生态系统的价值创造能力，提升平台生态圈内参与者的福利价值。

最后，在面向平台生态圈的数字生态公地的基础上，一些超级科技巨头纷纷致力于搭建面向全社会生态圈的数字生态公地。该类型的数字生态公地整合了不同平台圈的用户和消费者信息，涉及各行各业，包括如电子商务、即时通信、差旅、餐饮等全体社会成员所必需的行业类型。在数字经济背景下，目前该类型的生态公地主要由科技巨头企业构建，如国外的苹果、谷歌以及国内的腾讯和阿里巴巴等。以阿里巴巴为例，它通过收购、控股、参股等方式涉足不同的平台生态系统，然后在此基础上，以企业为单位，全方位整合社交媒体、购物、通信、金融等服务，形成一个链接多方的生态系统，包括买家（中国消费者、全球消费者、全球批发采购员工）、零售市场（淘宝网、天猫网、聚划算、全球速卖通）、零售商（小型零售商、品牌零售商）、批发市场（淘宝网、全球贸易网）等众多参与者。随着服务的不断拓展，这些科技巨头能更好地进行数据挖掘和收集，提前锁定社会生态圈内的所有新产品和新服务，以对整个社会经济发展起到巨大的影响作用。

（三）数字生态公地的形成及构成

数字技术和通信技术的发展颠覆了既有的商业模式，尤其是大数据、云计算、人工智能等数字技术的发展，直接推动传统的商业生态系统转变为线上线下一体化的数字生态系统，促使资本与数字技术紧密结合。一个典型的例子就是亚马逊、58同城等构建的数字生态系统，在这样的系统上，不同的参与者利用平台提供的匹配信息，能够进行远程的链接与协作，如自由职业者可以更灵活、自主、创造性地为客户提供设计、翻译等不同类型的工作，在创造价值的同时也能更好地平衡生活与工作的关系，以实现资本的良性增值。

因此，数字生态系统推动了一个由自由职业者建立的劳动力市场，不同需求的用户在这里能够供给或购买所需要的劳动力，原本独立的微观主体变成了微型的企业家，用户能够在数字生态系统内部进行分享、交换、租赁产品和服务，在提高个人效用的同时也能进一步开发未被利用的资产，以提高整个社会的福利。例如，GitHub等开源社区等能够充分开放共享资源并获取各类服务资源等，以提升相关代码软件等的成长性和普适性，创造更大的社会价值。由此可以看出，当下的数字生态系统创造出了一个全时空开放的在线生产和消费市场，通过促进交易的顺利达成，实现了劳动力的灵活就业、人力资本的持续深化、环境的可持续发展、经济的包容性增长。从这个视角看，数字生态系统已经演化为持续创造社会价值的数字生态公地，并促使传统的工业经济模式发生了一系列转变，不再完全受资本增值的外界压力支配。数字生态系统对传统的工业经济模式产生的影响主要表现在以下三个方面。首先，数字生态系统着重关注生产者和消费者的类型、数量、福利等微观信息，通过赋能用户以实现自身的发展，不再执着于对资源的约束；其次，数字生态系统的核心内容在于不断优化不同用户之间的交互网络，通过交互网络的改善降低交易壁垒，不再停留在优化单一企业内部的工作流程上，使得交易的达成具有更多的想象空间，节约了社会资本；最后，数字生态系统推动了企业家对生态系统价值的关注，既关注从交易中获取的直接价值，也关注从相互的协调过程中获取的间接价值，而不再完全从用户中索取价值，而不能对用户的发展进行反哺。这些诸多特性使得数字生态系统发展成为一个开放、包容、协作、互惠的数字生态公地。

随着数字生态公地的应运而生，为了对其能有更为深刻的了解，我们需要进一步剖析其各基本组成部分，并明辨其基本运行规律。一般来说，数字生态公地由两个基本的成分构成：组织和环境。不同的组织在环境内部通过错综复杂的业务往来关系形成合作网络。其中，组织是指数字生态公地内部的业务单元，既包括以私人为单位的个体组织，也包括以集体为单位的企业组织。与生态系统相比，数字生态公地更强调对激励合作的治理机制，其中的组织可以按照其在生态公地内部所起作用的大小分为领导者组织和跟随者组织，领导者组织负责构建数字生态公地并决定其业务运作、发展、转型等重大事项，跟随者组织则提供一系列补充及辅助功能，为数字生态公地的运行保驾护航。为了确保数字生态公地的有序运行，每一个组织在系统内部均需要扮演双重角色：供给者和需求者。它们一边通过向其他组织提供特定的服务实现自我价值，同时也向其他组织索取资源，以实现自身的成长。在这个过程中，它们也需要时刻遵循环境中既定的共同的或特殊的规则，为了实现一定的目标而独立或协作开展相关任务，最终惠及彼此。

环境是指在数字生态系统背景下，由技术支持、组织提供并通过多样化服务反哺组织的一系列制度安排，可以分为组织内部环境和组织之间的环境。组织内部的环境是指一个复杂组织内部不同部门之间的环境，相对较为固定且简单，不同的组织能够依靠自身的内部环境实现不同部门的联动，从而独立做出决定并执行任务；组织之间的环境则包括开放的环境、松散的耦合环境、区域集群环境等较为复杂的类型。其中，开放的环境是指能够被所有参与者观测到并能积极融入的环境，在这里的交互都是可见且易于加入的；松散的耦合环境则是指不同的组织通过项目或者任务达成的相对封闭且有序的环境，在这里的交互都是为了达成既定的任务选项，具有松散的强制性；区域集群环境则是指具有相同属性的组织为了共同的利益而集结在一起所形成的一个社区空间。在组织和环境的相互交织和相互影响下，数字生态公地不仅实现了自我的演化与成长，更能通过不同组织的相互协作，从经济绩效和创新绩效方面赋能所有参与者共同进步，最终实现全社会福利的改善，彻底地从单纯的商业属性演变为社会公地属性。数字生态公地的构成及运作关系示意图，如图9-5所示。

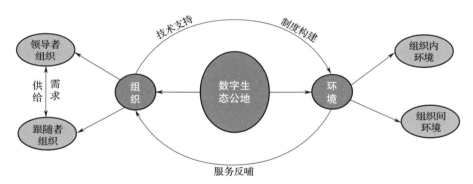

图9-5　数字生态公地的构成及运作关系示意图

（四）数字生态公地的运行模式

　　数字生态系统的本质是由不同组织基于数字技术而搭建的商业生态圈，在商业生态圈内价值创造的机制是其运行模式的核心关注点。数字生态公地来自数字生态系统的社会化转型，不仅具有商业属性也具有公地属性，所以，价值分配机制也就成了数字生态公地运行模式的另一个重点内容。其中，价值创造机制体现了数字生态公地商业性的本质，而价值分配机制则体现了其公地属性。

1. 多重综合价值创造机制

价值创造是指具有使用价值的物品被创造的过程，在商业社会中多以货币量来衡量。在传统的商业市场中，价值创造遵循链式法则，企业通过最终的一次性销售收回成本和获取利润，价值创造体现在连续的交换过程中。而在数字生态公地中，众多参与者可以通过相互协作并提供具有互惠价值的产品和服务创造价值，不仅仅是领导者企业，其他所有参与者均能因参与整个系统而创造价值，价值的创造也不完全体现在最终的产品销售上，而是遍布于不同参与者的动态互联、互通的协作全过程中，其创造机制遵循循环往复式的模式。因此，作为一个整体，生态公地创造的价值要远远大于单个企业所主导的传统经济模式。例如在一个面向平台生态圈的数字生态公地中，消费者为产品和服务的最终支付可以直接以货币的形式体现出供给方创造的价值，而消费者对商品的评价、体验乃至消费本身也可以间接创造价值，如消费者的正面评价能为商家带来更多的潜在购买量。所以，为了能在这种循环往复式的商业活动中持续创造价值，领导者企业需要针对瞬息万变的数字经济社会做好两方面应对措施，我们以海尔为例展开分析。一方面，海尔应保持足够的灵活性，这种灵活性主要表现在对用户需求识别的灵活性和市场识别的灵活性，创造出新的价值。然而，随着移动互联网的兴起，在移动互联与工业物联网背景下，用户需求正向着大屏、智能化、多样化的方向转变，因而最终造成了整个生态系统的数字化转型与以用户为核心的数字生态系统。在这一生态系统下，用户本位成为海尔价值创造的中心环节，围绕用户的价值主张更好地迭代海尔企业产品与服务体系，成为海尔链群合约与人单合一管理范式下的核心环节。另一方面，海尔不仅需要准确识别未来的趋势，更需要吸引优质的合作伙伴，相互补充，以协同创造更大的价值。要做好这一点，核心企业需要率先识别自身的优势和能力，有针对性地找出自己欠缺的技能，然后通过一定的制度安排，找到能弥补差距的合作伙伴，实现共同进步。很多平台生态圈的公地在运营之初都深谙此道，它们一开始专注于用户和用户需求，而把其他诸如配送、支付等业务交付于合作伙伴，这种运营方式能够促使企业迅速拓展核心商业活动，与其他竞争对手展开强有力的竞争。

2. 价值共益分配机制

价值分配是指按照一定的规则获取价值的行为。在传统的商业模式中，价值分配按照交易的性质和数量进行匹配，供给方可以直接获取价值。而在数字生态公地中，领导者企业是价值分配规则的制订者，跟随者企业则需要服从这些规则，参与者既能从交易中获取直接的显性价值，也可以通过提供辅助型服务获取间接的隐性价值。并且隐性价值的获取方式及其合理性是数字生态系统公地属性存续的关键影响因素，是商业性与公益性的重要权衡标准。生态系统内部参与者的数量、业务的复杂性、不同参与者之间关系的紧密程度都是影响间接价值分配的重要因素。因此基于三种数字生态公地的典型类型，我们进一步分别阐述不同类型的数字生态公地中跟随者间接价值的获取和分配机制，明晰其内在的运行机制。

第一，面向特定功能的数字生态公地。此类型数字生态公地由单一的领导者企业或者小型企业联盟所构建，通过吸引具有相似作用的追随者企业向社会提供特定的功能。由于功能较为单一，不同的参与者之间多为线性关系，协调程度较为松散，参与者只需要完成各自特定的任务即可推动统一功能的行使。所以，在这种情形下，很多参与者的可替代性较强，领导者企业一旦发现某个追随者企业具有某方面短板，只需要从单一的需求侧和供给侧方面找到潜在的替代者，即可对其进行替换，且不会影响整个体系的运转。以常见的大型零售市场为例，一旦某些商品由于种种原因而出现了价格上涨或质量问题，企业将会立即更换供货渠道，用其他更为物美价廉的供应商取代原有的参与者，以迎合市场的真正需求。所以，在面向特定功能的数字生态公地中，跟随者企业难以掌握较多的话语权，尽管它们依旧可以获取一定的间接价值，但是间接价值的分配机制完全由领导者企业根据自身收益最大化的原则而制订，不会顾及跟随者企业的利益。

第二，面向平台生态圈的数字生态公地。此类型的数字生态公地一般由线上平台企业所构建，通过吸引能够促进交易达成的互补资源为双边用户服务。由于供给方用户类型的多样性，相对于第一种类型而言，此种类型的数字生态公地的功能开始向着多样性的方向发展，不同参与者之间的关系复杂程度开始上升，需要相对紧密的协调与配合。因此，不同的跟随者企业在系统中角色的重要性开始上升，新进入者对其产生威胁的可能性日趋降低，变得难以被取代。当企业发现特定的跟随者企业出现一些功能上的短板时，碍于其在其他方面与系统有着较深的耦合度，难以在短时间内找到合适的替代者，一旦进行替换，甚至有可能影响系统运行的稳定性。例如一些具有强烈品牌效应的厂商，尽管其入驻平台后依旧主要通过提供产品获得价值，但是其本身也在努力构建自己的小型生态系统，通过为用户创造具有吸引力的用户体验提升自身在系统中的位置，通过差异化的竞争、品牌溢价等方式进一步创造间接价值。此时，领导者企业一旦将此种类型的参与者驱除出系统，则会导致其带走一批忠诚度较高的用户，甚至导致其他一系列连锁反应，影响整个系统的存续。所以，在面向平台生态圈的数字生态公地中，跟随者企业拥有的话语权已经有了一定程度的上升，它们能够对间接价值的分配机制产生影响，领导者企业需要充分考虑不同类型的跟随者企业，尤其是那些具有较大影响力的跟随者企业，不仅需要充分考虑其获取直接价值的可能，也要为其获取间接价值创造一定的隐形空间，从而使得价值分配的机制更为合理，进一步提升系统的运营效率。

第三，面向社会生态圈的数字生态公地。此类型的数字生态公地一般由大型的科技公司通过整合多个平台生态圈进而构建微社会生态圈的全部资源，在这种情形下，数字生态公地的业务范围将得到极大的扩展，甚至会在众多行业涉及社会民生的直接需求，此时不同的业务功能交织在一起，使得跟随者企业紧紧地被绑定在了一起。领导者企业为了构建一个有效的面向社会生态圈的数字生态公地，需要在平台圈的数字生态公地上进行有效的拓展，将不同的跟随者企业置于最为合适的子系统内，以能够在多层次上分别发挥各自的功能。这些子系统，按照社会生态圈的内容来划分，可以包括创新、生产、应用等；按照交易的流程来划分，可以包括生产、交换、消费等，一旦核心企业不能合理分配跟随者的适当位置，导致不同的流程相互干扰，将会降低系统的运行效率，降低生态系统的竞争力。此时，由于系统内部具有牵一发而动全身的特性，跟随者企业就具有了参与分配间接价值的绝对筹码，领导者企业需要发挥龙头企业的带头作用，充分考虑跟随者企业间接价值的获取方式和额度，将更合理的间接价值分配给系统的各方参与者，秉承着做大做强的企业运行原则，实现不同类型的合作伙伴有序的聚合，构建数字经济时代的新型网络组织。

（五）海尔数字生态公地建构的突破口

数字生态系统的建构基于大型的企业或企业联盟，而数字生态公地功能的运行，不仅要依赖于这些领导者企业，跟随者以及外界的制度安排对此亦有重大影响。所以，为了更好地推动数字生态公地的建构，我们针对性地从领导者企业层面、跟随者企业层面和政府层面提出以下政策建议。

1. 生态领导者层面：构建和谐共生的内部共创环境

成功的领导者企业需要认识到数字生态系统价值创造的核心在于不同

参与者需要进行互通有无的合作，通过相互合作使得自身所具有的互补性技术、增值服务、创新产品等异制性资源注入其他合作伙伴，实现合作共赢。所以，在这种情况下，领导者企业首先需要改变价值创造的理念，立足于谋求数字生态公地长期发展的目标，通过努力构建不同参与者互联互信的机制，向更多的参与者开放接口，积极寻找能够协同完成目标的合作伙伴，并与之建立长久的合作关系，实现数字生态公地的壮大。其次，为了谋求进一步的发展，领导者企业也要努力培育能够提供高附加值的参与者，把自身的业务战略融入参与者的成长路径，通过为它们提供优质资源助力其迅速发展，使得其能够及时反哺数字生态公地，实现双方的协同成长。最后，领导者企业需要制订妥善的利益分配机制，不仅保证不同的参与者能够以最为直接、便捷的方式获取直接价值，也要保证所有参与者享有充分的机会获取间接价值，从而促使所有组织都能保持长期而稳定的合作关系。

2. 生态跟随者企业层面：强化自身在系统中的耦合度

为了能在数字生态公地中谋求长久的发展，跟随者企业需要遵循领导者企业制订的交易规则，而这些规则的制订往往以领导者企业的利益最大化为首要标准，跟随者企业只能无条件服从，但是这并不意味着这些相对弱势的参与者对所有事情均无能为力。所以，为了更好地利用数字生态公地持续性创造价值，跟随者企业可以从以下两个方面着手，着力提升自身的经济价值。一方面，跟随者企业需要提高自身的活力与竞争力，增强自身在系统中的参与感，积极通过显性的交易活动逐步获得话语权和规则的制订权，确保自身的利益；另一方面，为了稳固自身在系统中的位置，跟随者企业需要寻找机会和创造机会，努力与其他组织建立更为复杂的合作关系，通过与其他参与者发生更多的接触强化自己在系统中的耦合度，这不仅能够降低自身被潜在的进入者替换的可能，更能提升自身从多渠道获取间接价值的能力。

第十章
链群合约的实施
要素与保障机制

⭘ **本章导读**

✓ 人单合一模式的可复制、可操作性体系——"一卡一表一品牌"。"一
  卡"是"人单合一计分卡","一表"是"共赢增值表","一品牌"
  是"生态品牌"。

✓ 人单合一的目标——生态品牌,具有"三无"特征:无缝体验,无界
  生态,无感支付。

✓ 生态品牌价值评估工具——共赢增值表,克服传统财务报表无法核算

用户、利益攸关方、各攸关方的价值分享，围绕用户需求创造出了物联网时代"第四张报表"，破边际收益递减，实现边际收益递增。

✓ 人单合一的战略工具——人单合一计分卡，体现中国传统哲学系统论的"整体关联、动态平衡"。横轴是引领目标，从高端品牌到场景品牌再到生态品牌；纵轴是链群合约，小微围绕用户需求，自发组织形成生态链上的链群。

　　2019年12月26日，海尔对外发布第六个战略阶段的主题：生态战略。这种战略进化相应地体现在海尔精神"诚信生态，共赢进化"和海尔作风"人单合一，链群合约"中。人单合一模式正式进入3.0阶段，核心目标是构建基于物联网生态品牌的黑海生态。物联网时代，企业要以打造场景和生态为核心，围绕用户体验进行价值创造。生态系统的构建，需要衡量小微企业如何创造生态价值。海尔开发了针对小微企业进行价值评价的共赢增值表，它不仅是承接生态品牌的核心工具，还能驱动链群加速向共创共赢的生态品牌转型。人单合一计分卡从组织变革和生态成果两方面考评链群绩效，为海尔颠覆传统组织形态和引爆用户体验指引方向，是推动海尔转型的操作体系评价工具。

　　海尔开创的生态品牌是一种符合人民追求美好生活需求的模式，通过对用户提供良好的体验服务，获得持续生态收益。共赢增值表为企业生态转型指出了正确方向，弥补了传统财务报表的不足，通过推进小微企业转型升级，打造共创共赢的生态系统。人单合一计分卡引导企业进行用户体验的升级迭代，将消费者由普通用户转变成用户，创造体验，获得分享价值。这几种要素在海尔的不断创新中得到广泛应用，海尔创造的链群合约机制，实现利益共赢，让小微链群自动协同起来为用户创造场景价值，并将生态系统中的资源高效统一起来。因此，我们可构建基于人单合一的链群合约各要素的关系图，如图10-1所示。

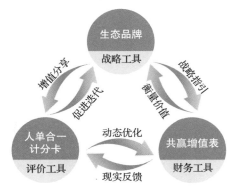

图10-1　基于人单合一的链群合约各要素的关系

一、愿景目标：生态品牌

在100多年管理理念演变的过程中，许多杰出的企业和企业家都留下了宝贵的管理经验和模式，伯利恒钢铁公司和弗雷德里克·泰勒留下了"泰勒制"，福特汽车公司和亨利·福特留下了"福特制"，丰田汽车和大野耐一留下了"丰田制"。如今的西方管理思想史与全球管理思想史几乎一致，而只有日本为东方管理思想争取到了一席之地。如今，虽然中国是全球第二大经济体，但是中国企业和管理思想在全球管理理念的发展中鲜有建树。⊖

海尔人单合一模式的开发和研究，对树立中国企业在全球管理思想史上的地位，以及提高中国管理模式的国际影响力，有着举足轻重的作用。张瑞敏在谈到海外并购时说，"在海尔的餐盘上有很多种不同的蔬菜，每种蔬菜都代表着一种文化或一个国家的生活方式，但'沙拉酱'是统一的，那就是人单合一。"

海尔集团于2019年12月26日举办了创业35周年庆典，张瑞敏在致辞中说："35岁的海尔并没有暮气沉沉，也没有老态龙钟，反而充满了朝气，活力四射，正在努力向着物联网新的高峰攀登，以我们共同引领的'人单合一'模式冲击这个新的巅峰。"具体来说人单合一模式为海尔带来两个方面的改变：第一，改变企业，将原本带有围墙的花园式企业改变成可以自我进化的热带雨林式的商业生态系统；第二，改变生活方式，用物联网的生活方式替代传统的生活方式，企业从最初以生产产品为核心，转变为以打造场景和生态为核心。正如詹姆斯·弗·穆尔（James F. Moore）在《竞争的衰亡：商业生态系统时代的领导与战略》一书中提到的，"在多变的新世界秩序中，要成为领先的公司，就必须持续不断地改变自身，超越行业的划分。⊖"

⊖ 胡国栋．海尔制：物联网时代的新管理范式 [M]．北京：北京联合出版公司，2021：47．
⊖ 穆尔．竞争的衰亡：商业生态系统时代的领导与战略 [M]．梁骏，杨飞雪，李丽娜，译．北京：北京出版社，1999：9．

　　2020年新冠疫情暴发，打破了全球各大公司的正常运营秩序，所有公司都必须在突然且不稳定的变化中寻找自己的出路，这也是对公司管理方式空前的挑战。同年8月，日本政府的财务报告显示，第二季度GDP比上个季度下降了7.8%。由于疫情的影响，52家日本本土上市公司相继启动了一项"提前退休或自愿退休"的行动，以减少公司的开支、降低成本，争取在严峻的考验下活下去。与此形成鲜明对比的是，海尔电器在日本的销售额逆势增长21%，特别是冷柜市场，一举打破三菱集团在本土的霸主地位。

　　历经19年的不断探索和迭代，海尔人单合一模式被视为继"福特制"和"丰田制"后的第三次划时代的管理变革，成为世界上第一个在物联网时代开创的管理模式和商业范式。人单合一的本质是，每位员工都需要直接面对用户并创造用户价值，在为用户创造价值的过程中实现自身的价值。回顾人单合一模式的发展历程，我们可以看出其一贯坚持的理念：与用户零距离，共同构建双赢的生态系统，逐渐从"以互联网为平台的企业"转变为"以物联网为基础的生态企业"。就像杰里米·里夫金（Jeremy Rifkin）在《零边际成本社会：一个物联网、合作共赢的新经济时代》一书中指出的：物联网是将每件事与每个人相连，伴随这一转变而来的就是人类心理的改变，也就是向协同时代和生物圈意识的飞跃。○

（一）生态品牌实现的前提是物联网

　　美国麻省理工学院Auto-ID研究机构于1999年首次提出物联网的理念：利用射频识别技术和各种传感器将一切物体与互联网相连，并进行智能识别和处理。2008年，欧盟的物联网研究计划工作组将物联网界定为由具有

○　里夫金.零边际成本社会：一个物联网、合作共赢的新经济时代 [M].赛迪研究院专家组，
　　译.北京：中信出版社，2014：270.

标识、虚拟物体或物体组成的，由智能界面与用户、社会和环境交互的网络。目前，我们可以把物联网的定义归纳为：由多种传感器和互联网相融合而构成的庞大的网络结构，实现人、机、物的互联互通。[⊖]

随着物联网的应用，虚拟空间和现实世界得以结合，人们能够同时进行各种不同的活动。例如，用户佩戴小米智能手环，除了获取时间、天气等信息，还能实时获取步行里程、心率、睡眠质量等信息，并能利用大数据和云计算来关注自己的身体状况。因此，物联网的大连接可以让消费者深入地把握"商品之魂"，企业也可以从数据中更容易地获得消费者个性化体验的满意度，并将其转化为商业应用，从而创造新的价值。

（二）品牌迭代的历史规律：从产品到生态

人类经济的发展阶段正在从产品经济时代、服务经济时代逐步向体验经济时代过渡。与服务经济相比，体验经济尚处于初级阶段。后者将不断取得突破，成长为引领性的经济增长领域。[⊜]消费者的注意力和焦点从产品的品质、价格转向自身能否享受到更好的消费体验，相应地，品牌的竞争也从产品和服务的层面转移到了体验层面。海尔将数以亿计的使用者与利益攸关方联系起来，进行持续的价值交互，建立起一个巨大的虚拟网络社群与商业生态系统，从而实现了"电器—网器—社群生态"的迭代升级，这也是海尔在黑海战略的指引下，由家电厂商转型为物联网生态企业的路径。

在这样的商业模式下，海尔的品牌理念从传统家电品牌提升到以物联网为基础的生态品牌。海尔"以人为本"的经营理念在战略和品牌层面上得到延伸，要为消费者提供一种内在的体验价值，持续与消费者进行有温

⊖　任保平. 新发展阶段物联网赋能经济高质量发展的路径与支持体系研究 [J]. 经济与管理评论，2022（3）：14-24.

⊜　特维德. 逃不开的大势 [M]. 陈劲，姜智勇，译. 北京：中信出版社，2022：96.

度的价值交互，满足他们的个性化需求。这样，企业就不仅仅是从售出商品中获得利润，还可以将利益攸关方联系起来，以用户体验为核心进行价值创造，带来循环的生态收益，也可以让生态圈的其他利益攸关方分享价值。

（三）生态品牌的核心竞争力：诚信生态圈

从传统的线性思维到非线性的生态思维，实现了资源的连接和集成，这是企业构建生态品牌的首要环节。在降低成本和满足个体化的双重压力下，传统的横向和纵向整合策略逐渐被无边界、自组织的网络化和社群化策略代替。没有资源链接，就不会有持续的用户体验；没有持续的用户体验，就不会实现生态品牌。约瑟夫·派恩（Joseph Pine）在《体验经济》一书中预测未来经济发展属于体验经济时代。○

用户体验和品牌黏性是消费者互动的重要内容，也是生态品牌构建的重要因素。在大连接的体验式经济时代，由于物质生活的日益丰富和消费者个性化需求的释放，缺少差异化的商品与服务，很难继续为品牌创造持续价值。消费者对品牌的选择已经从产品的质量、价格转向是否能够提供优质的用户体验。经过体验经济的洗礼，品牌消费会变成引人入胜的体验。○

促进个性化体验不断升级的诚信生态圈，是实现用户交互的组织基础，构建生态品牌的社会基石。要想满足消费者的个性化需求，光靠一个企业或某个品牌是很难做到的，需要企业将各方资源都集中到品牌社群中，共同行动、优势互补。大连接技术和社群化的商业模式很容易被复制，但是品牌与用户、品牌与利益攸关方之间的信任却很难被复制。如果说，连接可以让各利益攸关方实现资源的整合，那么，信任就可以让各利

　○　派恩.体验经济 [M].毕崇毅，译.北京：机械工业出版社，2021.
　○　丁一.用户体验国内外研究综述 [J].工业工程与管理，2014（4）：92-97.

益攸关方实现资源的协同。没有了信任，生态系统中的各类资源就不能协同合作，如果没有合作，那么品牌也不可能为用户提供满意的体验，也不会形成生态品牌。○

（四）生态品牌的价值哲学：社会价值最大化

生态品牌的价值理念是以人为本，资本和企业都要为人的需求服务。品牌的价值已经不能只通过货币衡量，还需要结合对人类需求服务的能力。面对企业品牌，人们不再是被动的消费者，也不再是企业获得利润的载体，而是成了企业品牌构建的参与者、评判者和领导者。

生态品牌把人的感受、审美趣味、个人价值的自我实现、社会价值都纳入企业的经营和运作，对人与企业的关系进行了再定义，并在这个过程中，企业品牌的物化形象也发生了改变。生态品牌是企业和社会的一种新型关系，从股东利益最大化过渡到人的价值最大化。在此基础上，平台要给用户带来满意的体验，通过不断的互动、迭代、升级，形成一个生态系统，让生态圈的各利益攸关方都能获得收益增值。海尔将生态品牌的落脚点与价值目标定义为，在生态体系中，以用户体验为连接网络，实现利益共享。纵观海尔的发展历程，最耀眼的莫过于其管理创新，正是由于不断地创新，海尔不断地适应新的市场环境变化，成为全国乃至全球成功企业的典范。○

现在企业很难成为生态的领导者，即便成了领导者，也要自我更新。因为时代在不断地发展，企业也要随之改变。"没有成功的企业，只有时代的企业。"希望中国的企业现在能够抓住这个机会，共同成为商业生态系统的先行者。○

○ 陈茜. 海尔：从人单合一到链群合约的进化之路 [J]. 商学院，2019（10）：83-85.
○ 刘海兵. 海尔式管理创新：经验与挑战 [J]. 科技管理研究，2020（7）：266-274.
○ 张瑞敏. 黑海生态——物联网时代的新战略思维及管理工具 [J]. 清华管理评论，2020（9）：10-17.

二、链群合约下的共赢增值表

共赢增值表是海尔实行黑海战略，建设生态品牌的一个主要战略工具，是海尔人单合一共创共赢模式最终落地的财务工具。通过企业内部使用和不断迭代调整，如今共赢增值表已经升级到4.0版本。

（一）共赢增值表的提出

传统企业的财务管理系统一般使用的是三张表，即利润表、资产负债表和现金流量表。传统利润表以数字损益为导向，计算规则是收入减去费用等于利润，反映的只是企业整体的盈亏情况。

海尔在2005年开始实施人单合一模式，为了实现以用户为导向的需求，海尔将传统利润表改为战略损益表，从交互用户、人力资源、计划执行、闭环优化四个方面对经营过程和结果进行评估。

2015年，海尔人单合一模式进入共创共赢新模式；在新阶段，海尔又颠覆了战略损益表，提出并制订了共赢增值表。海尔在使用过程中也对共赢增值表进行升级补充，目前已升级到4.0版本。

（二）共赢增值表的组成

在实际使用过程中，海尔不断地对共赢增值表进行更新迭代，现在的共赢增值表由六部分组成（见表10-1），分别是用户资源、资源方、生态平台价值总量、收入、成本、边际收益。

用户资源是指全流程参与设计，最佳体验迭代升级，形成生态圈的用户，包括交易用户、交互用户和终身用户。部分用户在购买海尔的产品之后会在使用过程中对该产品提出建议，参与产品的更新迭代过程，这就是终身用户。⊖将来企业之间的竞争就是比拼终身用户的数量，而共赢增值表

⊖　邵原，朱振梅，单雨飞，刘玉声. 共赢增值表——物联网时代的财务工具 [R]. 美国会计师协会，2021.

可以创造终身用户，实现终身用户的增加。用户资源是使边际收益实现递增的前提，也是丰富生态圈的必需资源。

表10-1　海尔共赢增值表六要素图

项目		定义
1. 用户资源	1.1 交易用户	在平台上进行过交易的用户
	1.2 交互用户	在平台上购买过产品或服务后，持续参与交互的用户
	1.3 终身用户	平台自演进持续迭代丰富社群生态，形成百万级终身用户
2. 资源方	2.1 交互资源方	链接的所有资源方
	2.2 活跃资源方	能参与共创的资源方
3. 生态平台价值总量	生态平台价值总量	**聚焦用户体验增值的各方共创共享实现的物联网生态圈的价值总量（∑ 3.1：3.2）**
	3.1 利润	传统利润+生态利润
	3.1.1 传统利润	传统收入–传统成本
	3.1.2 生态利润	生态收入–生态成本
	3.2 增值分享	∑ 3.2.1：3.2.3
	3.2.1 链群分享	链群共创获得的价值分享，含创客及生态平台等
	3.2.2 支持平台	帮助链群实现价值创造和传递的支持平台，如大共享、三自平台……
	3.2.3 共创相关方	各利益攸关方（包括资源方、用户创客以及外部资本方）在平台上获得的价值分享
	3.2.3.1 资源方分享	各合作资源方（即供应商或品牌合作商等）在平台上获得的价值分享
	3.2.3.2 用户分享	参与平台、产品、服务共创、设计的用户取得的价值分享
	3.2.3.3 资本分享	社会化资本方价值分享。[可分享利润+（期末估值–期初估值）]*股权比例
4. 收入	收入	**传统收入+生态收入**
	4.1 传统收入	聚焦用户交互与体验的持续迭代，通过销售电器或网器、提供服务等经营业务所形成的收入

（续）

项目		定义
4. 收入	4.2 生态收入	聚焦创物联网生态品牌的引领目标，小微与各合作方在社群生态平台上通过价值共创持续迭代所形成的收入
	4.3 单用户收入	4.收入/1.1交易用户
5. 成本	成本	传统成本+生态成本
	5.1 传统成本	聚焦用户交互与体验的持续迭代，通过销售电器或网器、提供服务等经营业务所形成的成本
	5.2 生态成本	社群交互平台持续迭代升级过程中的投入资源成本
	5.3 边际成本	5.成本/1.1交易用户
6. 边际收益	边际收益	边际收益=收入增加量/用户增加量

资料来源：《管理会计实践创新与物联网商业生态的竞争力：海尔集团的探索》。

　　资源方是指生态圈吸聚的、为满足用户需求而持续迭代产品或服务的所有的利益攸关方，包括交互资源方和活跃资源方。交互资源方是指平台上所有的资源方，体现了平台的发展方向；活跃资源方是指参与共创过程的资源方，体现了平台的活跃度和共创能力。在整个生态圈中，资源方是保证生态圈良性发展的关键，共赢增值表的资源方在一定程度上反映了平台的吸聚力⊖。

　　生态平台价值总量是指聚焦用户体验增值的各方共创共享实现的物联网生态圈的价值总量，包含利润和增值分享两部分。利润分为传统利润和生态利润，增值分享分为链群分享、支持平台和共创相关方。价值共享是价值创造与实现的前提⊜，生态平台价值总量是共赢增值表的核心项目，详细地列明了价值是如何分享的，而增值分享是重中之重，只有各利益相关

　⊖　田高良，杨娜．海尔共赢增值表实践与管理会计报告创新 [J]．中国管理会计，2022（1）：44-57．
　⊜　海尔共赢增值表研究院．共赢增值表蓝皮书 [M]．北京：经济科学出版社，2021：3-37．

者相互合作，共同完成项目目标，不断地扩大盈利范围，各利益攸关方才能获得更多的利益。正是增值分享激励小微企业主动创造用户需求、满足用户需求，吸引资源方到海尔平台投资、共创。

共赢增值表核算的收入包括传统收入和生态收入。传统收入是指单纯买卖商品获得的收入，生态收入是指依靠商业运作产生的附加增值收入。以衣联网为例，买镜子所得收入是传统收入，由镜子衍生的衣服供应链所得到的收入就是生态收入。传统企业的边际收益是递减的，而生态收入使得海尔实现了边际收益递增。生态收入的增加体现了海尔已经成功从制造型企业转变为创业平台型企业，生态收入占收入比例的增长趋势，可以衡量海尔的生态平台能否吸引利益攸关方共创。[一]

共赢增值表核算的成本包括传统成本和生态成本。传统成本是指交易过程中的直接成本，生态成本是为了获取生态收入而付出的增值成本，如运营费、宣传费等。[二]生态成本是海尔转型做生态品牌、获得生态收入必不可少的成本支出，而且不同于传统企业通过降低成本提高利润，海尔并不吝啬生态成本的支出，相反海尔担心小微企业会通过使用品质低的供应链导致海尔声誉受损。

边际收益是指每单位产品、资金或用户所创造的收益。在经济学中，边际收益有一个规律，即边际收益递减规律，而共赢增值表实现了边际收益递增，生态圈越丰富，用户资源越多，边际收益越多。

（三）共赢增值表的优点

从共赢增值表的组成可以看出，共赢增值表不是传统利润表的补充而是彻底颠覆了传统利润表（见表10-2）。第一，共赢增值表颠覆了传统利

[一] 海尔集团管理会计创新与探索：第四张表——共赢增值表 [J]. 中国总会计师，2018（7）：26-27.

[二] 海尔共赢增值表研究院 . 共赢增值表蓝皮书 [M]. 北京：经济科学出版社，2021：41-69.

润表，变过去的以企业为中心到现在的以用户为中心，真正实现了用户付
薪。海尔生物医疗的CFO曾在访谈中说："共赢增值表的框架与模拟测算可
以让合作方清晰地看到，用户数量的增多，一起开拓的商业生态收入和生
态利润就会随之增加，各方分得的收益也会增加。"共赢增值表的设计以用
户为呈报的第一项，而且其他类别的项目的结算都与用户资源有关。共赢
增值表记录了不同层次的用户数量，以及交互用户慢慢演变成终身用户的
过程，员工最后的薪酬直接取决于员工创造和满足了多少用户需求。共赢
增值表体现了"用户至上"的主旨。

表10-2　共赢增值表和传统利润表的不同

传统利润表	共赢增值表
以自我为中心	以用户为中心
封闭的系统	利益攸关方参与创造用户最佳体验
自上而下串联	全流程并联
单边市场	双边市场

资料来源：海尔模式研究院。

　　第二，共赢增值表变会计主体为平台主体，海尔不再是一个封闭的制
造型企业，而是一个开放的、有用户和资源方参与的平台型企业。传统利
润表只反映本公司的损益情况，是静态的情况；共赢增值表引进用户资源
和资源方，实现的是动态平衡，小微企业可以看到用户和资源方的拥有、
变动情况。海尔的财务总监曾说："无论海尔生物医疗，还是其他业务条
线，我们都不再像过去一样以自身的产品为聚焦，而是依托海尔的产品加
外部合作方的产品和服务一起推进新的商业生态。""我们会和资源方达
成一个共识，海尔的用户也是资源方的用户。"传统企业无论是追求企业

㊀　王俊清，陈艳．物联网时代第四张报表驱动企业转型的研究——基于海尔共赢增值表的
分析 [J]．商业会计，2020（22）：19-22.
㊁　海尔共赢增值表研究院．共赢增值表蓝皮书 [M]．北京：经济科学出版社，2021：115-
148.

利益最大化，还是追求股东利益最大化，本质上都是零和博弈，而共赢增值表追求的是共创共赢。公司的销售情况不再是商业机密，资源方可以看到他们产品或服务下单的具体数据，用户需求不再是一个参考，而是小微企业需要满足的主要内容、工作的最终目的。

第三，共赢增值表将科层式的企业管理模式颠覆为小微企业自组织、自驱动的生态模式。共赢增值表以发现用户需求、创造用户需求为起点，以满足用户需求为终点，所有人直接面对用户需求，自组织、自驱动去满足用户需求，不需要一级一级地下达命令，科层式变成了平铺式，减少了信息传递过程中的损失，加快了信息传递的速度，使得海尔能够更快速地发现用户需求，更及时地做出反应。

第四，共赢增值表将事后算账的项目制，颠覆为各利益攸关方参与增值分享。传统企业一般是在项目结束之后发奖金，但是奖金是如何分配的，是对哪些劳动进行的奖励都是模糊的；而共赢增值表中的生态平台价值总量将所有利益攸关方的价值共创纳入其中，所有利益攸关方都会有增值分享，链群里的利益分配对所有成员是公开透明的，这就使每一方都能清楚地知道自己奖金的来源、创造的价值。而且，如果有一方不能完成目标就会影响整个链群的收益，这就实现了对链群成员的监督约束，倒逼链群节点创造更高的价值。

正是共赢增值表对用户的重视和透明的价值分配体系，激励着员工以满足用户需求为中心不断地创造价值，在带动企业发展的同时实现了自我价值。而且，共赢增值表对资源方的坦诚相待以及共创共赢的企业文化吸引着更多的资源方加入海尔的生态圈，促进生态圈的不断繁荣、维持生态圈的良性发展。

三、链群合约中的人单合一计分卡

人单合一计分卡（Rendanheyi Scorecard）是海尔在物联网时代首次自

主创造出来的，它从海尔人单合一的管理模式和用户付薪的理念中诞生，是能够在海尔组织结构变革与海尔生态成果两个重要方面对海尔整个小微链群进行绩效考核的一种有效手段。[⊖]人单合一计分卡是海尔倾覆传统企业组织形态，以战略导向来引爆用户体验变革的企业战略工具和绩效考核工具。

（一）人单合一计分卡的特点

人单合一计分卡是基于"用户付薪"的理念，在物联网时代提出的。它契合于海尔独特的链群合约组织体系，与常见的绩效评价工具如平衡计分卡、KPI及360°考核等相比，在以下五个方面具有优势。

1. 评价范围

传统的绩效评价工具是对某一特定的部门和内部人员进行评估；人单合一计分卡是对链群进行评估，链群是一种打破了行业、部门界限的动态开放性组织。因此，人单合一计分卡不仅可以对企业的内部进行评估，还可以对外部生态资源方进行评估。

2. 评价目的性

360°评估的目标是对各级领导进行全方位、多层次的评估；平衡计分卡是为了确保企业实现均衡发展，从上至下执行策略；OKR是为了使员工有一个明确的工作目标；人单合一计分卡则是为了促使企业突破传统的组织模式，建立一套动态的自我管理组织体系。

3. 绩效评价工具的主要功能

传统的绩效评价工具只是用来对员工个人的工作表现做出综合评价，

⊖ http://www.dailyqd.com/.

评价的内容应该是企业员工被有效管理下的工作表现；人单合一计分卡则是能够评价组织内部各成员的自我管理能力，如链群达到自组织阶段，说明企业内部成员具备对工作的积极性与责任意识；当链群达到自驱动状态时，也就意味着内部成员都可以实现自我管理；当某一个链群的自增值达到一定程度时，这就表明会给用户创造更高的价值，同时自身也会得到更多的增值；自进化的程度可以判定一个链群的开放性，以及它能吸引到多少外部的生态合作伙伴。

4. 评价考核的主体

传统的绩效评价工具以员工为主体，但由于企业中不同管理层级的员工之间错综复杂的相处关系，很容易导致绩效评价丧失激励效果；而人单合一计分卡的评价主体是用户，如果用户不认可，就没有生态效益，组织变革也不能进行。这样就消除了同事与同事之间、上级和下级之间的徒劳"博弈"，在链群中营造了一种清正廉洁的合作风气。

5. 市场端的考核方式

传统的绩效评价方法主要是通过业绩和市场份额衡量；人单合一计分卡主要关注的是为用户带来的价值，能否不断地满足用户愈加个性化的需求[○]，能否实现从高端品牌到场景品牌、生态品牌的进化。

（二）人单合一计分卡解析

人单合一计分卡由两部分组成（见图10-2），纵轴是共同进化，横轴是价值循环。

纵轴以链群合约为中心，由自驱动、自组织、自关差组成一个循环。根据用户需求确立引领目标，有了引领目标后，链群合约来承接，并通过

　　○　https：//tech.gmw.cn/2020-07/17/content_34003800.htm.

信息化日清来关差，关差后，再确立一个新的引领目标，形成用户体验升级的循环。

横轴由创新价值、传递价值、分享价值组成一个价值循环。从创新重组出新的价值，并向用户传递价值，实现用户体验增值，创造的价值由参与的各生态方共同分享，分享后根据用户需求再创造出更新的价值，形成生态方共创共享的价值循环。横纵轴共同作用最终实现指数级的增长。

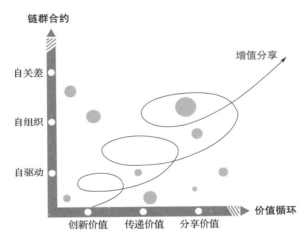

图10-2　人单合一计分卡概念图

1. 纵轴坐标介绍

（1）自驱动（引领目标）

自驱动分为三个关键领域：创业小微自涌现、全员抢引领和引领目标动态迭代。

①创业小微自涌现：组织成员应该做到主动发现用户需求，不再需要根据上级制订的目标被动完成工作，并且能够根据用户需求树立阶段性目标，全员创业，有目的的实现自我管理，自我驱动。

②全员抢引领：组织应该具备相应机制使成员不仅能够实现劳动所

得，还能分享利得，每位组织成员能够通过创造用户价值实现自己价值的最大化。

③引领目标动态迭代：引领目标是行业领先的挑战性目标。以引领目标为依据，成员应该根据用户需求设计方案，并且能够围绕用户需求不断升级自己的方案，促使组织目标不断地迭代，且在迭代过程中创造新增值，形成螺旋式上升。

（2）自组织（链群合约）

自组织分为三个关键领域：建立链群合约、节点动态优化和增值分享驱动自裂变。

①建立链群合约：组织需要一种适应物联网时代的创新型组织形成机制（如链群合约），以适应快速满足用户体验迭代的需求和复杂的市场环境，并解决组织成员的自主性和一致性协同问题，加强组织成员间的协作和动态调整。

②节点动态优化：组织内部的自我调整应该是用户体验驱动的，并避免传统组织模式中心化因素的潜在不利影响，规避上层决策等人为因素的干扰。

③增值分享驱动自裂变：组织的裂变应该是用户需求与分享机制驱动的，通过节点间的有机链接形成开放、动态的链群，实现更高引领目标。

（3）自关差（信息化日清）

自关差分为三个关键领域：信息化日清自显差体系、链群自关差体系和链群自进化体系。

①信息化日清自显差体系：组织要想做到持续进化，就必须拥有自我诊断差距的能力，即需要具备自我诊断机制。

②链群自关差体系：组织中每个节点能够根据组织和自身的目标、其他节点的行为以及环境的变化不断修正自身的行为，以便完成整个组织的共同目标，所以组织必须拥有相应的制度作为支撑。

③链群自进化体系：组织能做到无须外部施加干预，自己根据环境调整自身，实现不断进化。平台上每个节点的自我进化能够推动整个平台的进化，实现链群自进化体系。

2. 横轴坐标介绍

（1）创新价值（重组出新价值）

创新价值分为三个关键领域：重组用户新体验、新用户价值和利益攸关方分享。

①重组用户新体验：组织应该通过与用户零距离交互并了解用户的潜在需求，深刻洞察用户需求。当组织为用户在某个节点上创造的价值是分散的，没有形成合力，也没有满足用户的整体需求时，组织应该具备把为用户在不同节点上创造的价值有机地重新组合在一起的能力，从而形成整体解决方案，为用户带来全新的用户体验。

②新用户价值：组织应该围绕用户体验提升来实现用户价值增值，而不是仅仅依靠增值空间有限的硬件设备的组合，并且全新的用户体验能够满足用户潜在的需要，促使用户愿意为之付费。

③利益攸关方分享：随着新用户价值的增加，利益攸关方获得的分享价值也会相应地增加。用户的整体需求不再是单个组织能单独实现的，而是需要开放地吸引外部合作伙伴加入链群，共同为用户创造全新的用户体验。

（2）传递价值（用户体验迭代的价值循环）

传递价值（用户体验迭代的价值循环）分为三个关键领域：体验持续迭代、放大单一用户价值和体验迭代价值循环。

①体验持续迭代：组织应该快速地迭代验证用户体验，且每一次迭代都应进一步满足用户的需求，使用户获得更好的体验，或者给用户带来全新的用户体验，为用户创造更高的价值。

②放大单一用户价值：组织应该与用户建立信任关系，在用户不断地提出新的需求时，与用户零距离交互了解用户需求并进行快速迭代，能够为用户的不同需求提供完全个性化的解决方案，放大单一用户价值。

③体验迭代价值循环：组织应该为单一用户在不同场景的需要提供个性化解决方案，从而使单一用户转化为终身用户。随着单一用户转化为终身用户的数量不断增加，最终形成终身用户数量的指数级增值，愿意为个性化解决方案付费的用户将不断增加，用户价值呈指数级增加。

（3）分享价值（利益攸关方增值的价值循环）

分享价值（利益攸关方增值的价值循环）分为三个关键领域：吸引一流资源方共创、增值分享自循环和新的价值循环。

①吸引一流资源方共创：随着用户价值的指数级增加，终身用户群的相关需求能够吸引大量本行业和跨行业的一流利益攸关方资源。在与一流的利益攸关方资源开放共创，满足终身用户群的需求时，也可以共享一流的利益攸关方的用户，使得生态圈整体的用户群快速增加。

②增值分享自循环：为用户群创造的价值不断增加，利益攸关方获得的分享也能不断增加，最终形成价值循环。

③新的价值循环：新的用户需求不断涌现，引爆的用户体验也会不断满足新的用户需求，生态系统内生态方的互动应该以满足用户的场景需求为驱动，能够为用户创造更大的价值，获得更大的分享价值，自发进行这种价值循环。

四、各要素的标准化应用与实施保障

（一）生态品牌的标准化应用与实施保障

1. 生态品牌的标准化应用

2018年，海尔生物医疗通过物联网技术对传统疫苗行业进行重塑，智慧疫苗接种由此诞生，并在海尔生物医疗的创业平台上"抢单"，成立了小微企业"海乐苗"。智慧疫苗接种的核心是通过智能疫苗仓库等智能设备作为相互连接的智能终端，将各个资源方连接构造场景，创造出更多的价值，从而形成一个基于用户体验的双赢生态圈。智慧疫苗接种是利用物联网技术实现的，可将疫苗数据实时交互，从而确保数据的时效性和准确度。同时，医疗人员的所有操作记录会被储存在智能设备内，如果接种过程出现争议，可进行逆向追溯，精准召回。儿童是疫苗接种人群的重要部分，在接种后至少需要30分钟的观察时间。针对这一痛点，"海乐苗"协调生态资源，为儿童打造体验场景，将留观区乃至整个接种点都改造成儿童乐园，并且利用信息技术，让每一位疫苗接种者的观察时间都可视化，用户体验得到充分满足。

海尔生物医疗实施的市场战略就是构建提升用户体验的价值网络。为解决偏远地区疫苗冷链配送的难题，"海乐苗"将5G通信、太阳能发电等技术融入医疗运输车，打造移动智能接种平台，建立了价值生态网络，为用户持续创造价值。2019年10月25日，海尔生物医疗在上海证券交易所上市，被称为科创板的首支物联网科技生态概念股。对海尔来说，海尔生物医疗的成功上市是其在物联网时代进行生态布局的重大胜利。海尔的转型策略是将全世界最大的白色家电生产商转变为生生不息的生态系统，通过各小微企业组成链群，从而构建场景形成生态品牌，创造生态价值。[⊖]

2. 生态品牌的实施保障

用户体验是构造生态品牌的起点，它既是产品的灵魂，又是人们在不断消费中获得的内在收益。生态品牌赋予了品牌与人类全新的关系——"品牌即人，人即品牌"。这是张瑞敏"企业即人，人即企业"经营理念的自然延伸和深入发展。信息时代，经济与社会环境变化极快，所以我们

⊖ 罗家德. 复杂：信息时代的连接、机会与布局 [M]. 北京：中信出版社，2017：132.

强调的是系统内不断创新以适应外在环境的快速变化。海尔开创的生态品牌和物联网商业模式，是一种符合新时代人民对追求美好生活需求的解决方案，也是企业家对时代旋律的强烈回应。[⊖]基于对海尔生态品牌的研究，传统企业要想进行战略转变、实行生态品牌转型，需要以下四项核心战略作为保障。

第一，塑造生态思维，主要包含系统思维与公地思维。公地思维的关键在于价值共创、资源共享，企业应认识到自身是生态公地的一分子，公地的成长与自身价值的实现相辅相成。系统思维可以让人类对事物有更为直接的认识，理解生态战略的实质、关注生态系统的竞争、促使企业构建和融入生态系统。

第二，构建数字能力。物联网高速发展的今天，企业获取的数据规模、数据活性，以及对数据的解读和应用都是决定其核心竞争力的关键。张瑞敏认为，大数据是物联网的基础，企业需要重视小数据，只有准确把握用户的个性化小数据，才能更好地满足用户的个性化需求，创造持续的品牌价值。

第三，开发智能产品。传统的产品如同一座孤岛，与外部世界没有相互联系，要想在新的市场中生存，企业必须把机械产品向智能化方向发展，运用大数据对用户需求进行分析，并根据实际情况设计方案，从而不断提高用户体验。

第四，创造场景体验。物联网时代，企业间的竞争将由产品竞争向场景竞争转变，场景将是企业创造价值的主要载体。通过场景的逐步丰富化，终端用户与企业销售的数字产品互联互通，为用户提供极致的体验，企业进而获得持续收益。

⊖　曹仰锋．黑海战略：海尔如何构建平台生态系统 [M]．北京：中信出版社，2021：481．

（二）共赢增值表的标准化应用与实施保障

1. 共赢增值表的标准化应用

海乐苗是海尔创新孵化的诚信疫苗生态品牌。通过用户资源的不断积累，海乐苗已经从一个产品研发销售的小微企业转变为一个生态型小微企业。在平台的整体技术和运营效益方面，共赢增值表是推动海乐苗创造和衡量用户价值的重要工具。同时，共赢增值表体现了从重视产品营业额增长转变为重视用户价值增长的战略观念，让企业内所有员工都可以了解企业未来的发展战略。通过细化战略目标并落实到每个成员，共赢增值表展现出了实际实施与理想目标的差值，进而促进战略落实，推动业务转型升级。

最初海乐苗的共赢增值表显示用户数量不达标，因此海乐苗创建以疫苗接种点为中心的用户群，围绕疫苗接种点的应用场景联系多个利益攸关方，共同搭建生态系统，创造多方共赢生态圈。海乐苗利用物联网技术有效提高了疫苗的存储和接种等工作的效率，监控了在疫苗接种过程中发生的几乎全部信息，达到疫苗接种零误差的工作目标，推动了疫苗接种的生态系统建设。海乐苗为用户提供最佳的交互体验和持续优化的生态场景，由此获得源源不断的优质用户和资源方，实现与各个利益攸关方的增值分享，开创生态共赢的局面。

然后随着疫苗资源方的不断涌入，以疫苗注射站点为主要联系点构建的疫苗生态系统将变得日益完善。在稳定生态成本的同时，海乐苗的生态收入和增值共享将实现层级式增长，边际收入持续递增。现阶段，海乐苗已覆盖河南、湖北、广州、内蒙古等全国27个省市以及"一带一路"沿线的70多个国家，建立了100多个社区健康服务示范中心。此外，作为世界卫生组织的战略合作伙伴，海乐苗为全球近两亿名儿童筑起了一道安全接种的"高墙"。海乐苗之所以能取得如此引人瞩目的成绩，正是因为海尔共赢增值表在其中发挥的重要作用，在不同的发展阶段指引海乐苗转型升级，并证实了海乐苗自我进化和增值分享的道路确实可行。

2. 共赢增值表的实施保障

共赢增值表彰显了管理会计报告框架的成功创新，也指明了物联网模式下企业生态转型的正确方向。需要强调的是，共赢增值表并没有替代传统报表，而是在传统报表的基础上弥补了其不足之处，为企业管理指引新的方向。共赢增值表是支持海尔打造生态系统平台的一个关键驱动工具，既要包括财务数据也要包括非财务数据，即用户资源和用户带来的数据价值，以及资源方带来的数据价值。根据共赢增值表，小微企业可以从财务和战略两个角度分析企业的经营状况，做出最合理的决策，创造生态价值。

自2015年以来，共赢增值表被广泛用于评估小微企业的价值，它不仅突出了用户资源和用户价值的重要性，还突出了生态效益和生态利润的重要性。[一]共赢增值表依托于增值分享机制，既可以很好地反映生态资源方创造的价值，衡量平台和生态系统的竞争力，也可以衡量小微企业吸引外部资源方参与生态系统建设的能力。共赢增值表对信息资源的价值进行了全面、客观的计量，通过定量的语言表述用户资源、生态效益和场景平台的整体资源价值，增强了会计信息的相关性和可信度。共赢增值表作为海尔核心的财务工具，将会帮助海尔适应新时代的变化，通过推进小微企业转型升级，打造共创共赢的生态系统。

（三）人单合一计分卡的标准化应用与实施保障

1. 人单合一计分卡的标准化应用

因为物联网将会和智能家庭或者智能家居融为一体，所以海尔开始搭建一种能够满足消费者所有关于"衣"需求的智能家居平台——衣联网。

〇　敖翔. 管理会计报告框架变革驱动组织生态共赢——海尔共赢增值表的设计与应用探索[J]. 管理会计研究，2021，4（6）：48-55+87.

从此，海尔不再局限于生产和销售洗衣机，而是提供洗、护、穿、搭、购等全流程服务。⊖根据人单合一计分卡的横轴来评价，衣联网实现了由高端品牌向生态品牌的进化。

2019年底，衣联网针对用户想在阳台上进行洗衣和晾晒等需求推出了与阳台相关的场景方案。此时，衣联网开始进入场景品牌阶段。为满足用户越来越个性化的需求，衣联网积极整合海尔内外部资源，通过与箭牌家居等多个外部核心资源方形成长期稳定的战略合作关系，快速地实现场景与场景之间的深度互联和后续服务的生态场景建设。衣联网为广大用户提供全新的场景解决方案，不仅包括一套完整的场景产品组合，还包含了产品背后的场景定制服务。截至目前，衣联网平台已能够满足对各种场景的需要，向用户提供包括洗护阳台、娱乐阳台等在内的共九大类千余种场景方案，满足了用户更加个性化和多样化的需求。根据人单合一计分卡来评价，衣联网成功地实现了在组织上增值进化的演变。

2. 人单合一计分卡的实施保障

人单合一计分卡是为人单合一管理模式的公司提供一种转型升级的指引方向和自评的尺度规范而设计出来。人单合一计分卡旨在推动公司管理突破传统的公司组织管理模式，围绕用户形成一个可持续优化的自我学习管理体系，从而进一步鼓励员工创新，提升服务水平，并最终获取终身用户。从横向看，人单合一计分卡旨在引导企业进行用户体验的升级迭代，让企业注重用户体验，将消费者的角色由普通用户转变成终身用户；从纵向看，人单合一计分卡要求企业的价值观从企业利润最大化转变为人的价值第一。

人单合一计分卡在实施中主要依靠四种机制。第一，以用户付薪为激

⊖　邹莹颖.海尔发布"衣联网生态云平台"，落地厂、店、家场景生态 [J].纺织服装周刊，2019（36）：6.

励机制来驱动小微企业，由此替代传统的企业付薪和岗位付薪。在这种机制下，企业只有为用户创造优质体验，才能获得分享价值。第二，动态合伙人机制使员工和企业之间的关系由传统的雇佣关系转变为合伙创业的关系，并基于用户付薪的原则动态优化传统的股权激励，根据为用户创造的价值动态地调整激励机制，从而避免了在持有股份后丧失创新动力和目标短视等问题。第三，对赌跟投机制用来控制动态合伙人获得的激励，动态合伙人通过在对赌跟投中达成对赌目标获得超额利润分享。第四，自创股份机制是对赌跟投的进一步延伸，实现对赌跟投目标的动态合伙人可以在企业成功上市后得到企业股份。[○]

○　http：//www.duibiao.org/2020/news_0521/2232.html.

第十一章
链群合约数字
基础平台建构

○ **本章导读**

✓ 在物联网时代，支撑生态经济的底层技术变成了数字化的技术，数字化不仅仅等同于算法，而是为了让用户的个性化体验展示得更好、更可迭代。

✓ 芯片技术也不能仅仅停留在助推产品的智能化，而是要促进人机互联，以满足用户个性化定制的场景体验。海尔已先行一步，将数字化技术、芯片技术融入生态经济领域。

✓ 链群合约数字化平台需要实现整体关联、动态平衡目标，其中"人"要求数字化平台支持不确定复杂交互和随机动态按需定制，"单"要求海量且轻量的各类计算、传感设备以及对应的复杂管理调度与知识整合，"合一"则要求链群合约数字化平台在提供服务功能的同时兼具治理工具性质。

一、链群合约圈层结构

数字化转型与管理不仅是数字时代企业管理学的重大研究领域，也是企业顺应发展潮流所必须采取的战略选择（黄丽华等，2021）。链群合约是企业数字化转型的重要模式，从根本上重构了企业价值创造系统和运作系统，形成了圈层结构的组织生态。链群合约根植于数字经济、社群经济和企业生态协同发展，是数字技术驱动的制造企业转型与创新的新模式，呈现了开放式、非线性、动态性和共享型的生态化经济关系，生成了典型的数字商业生态系统。数据作为经济资源和战略资源的重要性不断增强（UNCTAD，2021）。有效拉通数据、应用数据、治理数据不仅是企业数字化的现实问题，也是重组经济资源和战略资源的重要途径。

数字平台是目前解决上述问题的主要途径之一。数字平台被认为是一种快速演化的商业模式，旨在实现外部生产者和消费者之间价值创造互动的开放性、参与性的基础设施及其治理规则。本质上，数字平台是参与者共同治理模式基于数字技术的一种表现形式：一方面，平台支撑了企业数字经济活动；另一方面，平台也制约了企业经济资源和战略资源的持续重整和优化，需要有效治理。链群合约作为人单合一组织形式高效连接了需求和供给进而形成高位资源，其价值共创机制是资源节点在数字经济时代跨行业、跨区域多交叉性的共同体架构，其增值分享机制是解析链群参与者互动机理行为规律的创新引擎。张瑞敏认为，链群共赢进化生态是典型的数字经济时代企业组织形式，是人单合一模式的新范式。链群合约重构了价值创造系统，变革了价值运行系统，对抽象数字化管理理论研究具有重要意义。链群合约组织形式与数字经济、社群经济和企业生态系统研究相互交叉。在数字技术创新应用和中国情境的企业数字化转型的实践背景下，链群合约通过数字平台和数字生态促进企业组织形式变革，进而引起创新模式和参与者共同治理体系全面重构，已经积累了一定的实践成果。

从组织形式看，链群合约在一定程度上投射了费孝通先生"差序格局"对应的圈层结构。在《乡土中国》里，费孝通先生提出"差序格局"的概念解释我国传统社会结构，认为社会结构格局差别引起了不同的道德观念。差序格局是由以个人为中心向外扩散的无数社会关系构成，它是动态伸缩的，所以在对一件事或人的态度上会根据它的背景、关系者、亲密度做出不同反应。由此维持中国乡土社会秩序的不是"法"而是"礼治秩序"。因此，具有圈层结构的链群合约建构从组织形式上解释了链群是怎样组成的，合约是怎样建构的。

链群中的小微及其合作方的关系是相互依赖的。在处理链群合约时，链群将其中节点相互连接的可能性、可靠性和应用场景作为决策情境，在不同情境中采取不同的流程和处理方案。链群的差异化构成对应不同的需求者和应用场景，那么"合与礼就是这些行为合乎该社会的行为准则"，协同共生的同时，除了"合约"，链群节点行为更多可能是基于不同圈层协作的隐性知识和默契，可能是基于文化和协作传统认同产生的信任、依赖和克己复礼。阎云翔认为，费孝通所讲的差序格局是个立体的结构，既包含纵向的、刚性的、等级化的"序"，也包含横向的、弹性的、以自我为中心的"差"。具有圈层特征的链群可大可小、可近可远，且符合里夫金在《零边际成本社会：一个物联网、合作共赢的新经济时代》中提出的分布式的、点对点对等的、基于物联网的横向规模经济组织形式，由此匹配不同决策情境的链群节点间连接（短程、中程或长程）经由交叉网络效应具备了横向动态伸缩性，以人单合一为中心生成了"差"。链群合约的"合约"则以"序的再生产"形式，通过数字平台治理进行行为规范、资源配置、激励设置等以维系圈层组织形式。

　　数字平台治理[⊖]被视为平台方在协调多方能力的过程中为解决市场摩擦建立的规则、约束和奖励。平台设计是指平台方为实现治理目标构建并实施的特定工具和设计特征。平台治理与平台设计决定了价值创造活动的类型、参与实体、参与形式、自主程度和共享愿景，对于价值创造和价值获取至关重要。海尔卡奥斯[⊜]是具有中国自主知识产权、引入用户全流程参与体验的工业互联网平台。平台以共同进化、增值分享为宗旨，通过大规模定制的模式创新、信息技术与制造技术相融合的技术创新，以及跨行业、跨领域的小微创业机制创新，成为一个多边交互、增值分享的赋能平台，新物种不断涌现的孵化平台，以及各类创客创业创新的双创平台。卡奥斯通过做强平台能力、做专模块平台、做深垂直行业、拓宽区域复制和产业集群，构建"大企业共建、小企业共享"的产业新生态，在国内国外赋能不同行业、规模的企业数字化转型：①在国内，卡奥斯通过与各地区共建公共服务平台，打造区域转型样板、产业示范园区，带动产业集聚，促进区域经济高质量发展；②在海外，卡奥斯在海尔自有工厂进行复制，逐步对海外本土企业进行推广和赋能，共建数据框架与标准，推动全球产业变革。由此可知，卡奥斯是数据技术与工业系统全方位深度融合所形成的应用生态，具备工业智能化发展的关键综合信息基础设施特征。本质上，机器、原材料、控制系统、信息系统、产品及产销者之间的交叉互联，通过对需求的全面深度感知、数据实时交互、轻量计算处理和智能建模分析，实现智能运作和生产组织变革，形成基于数字平台的工业应用链群圈层。链群中的资源按照圈层结构的模式配置生成合约，从而共同维系了整个卡奥斯应用生态的共生秩序。

　　⊖　https://doi.org/10.1177/01492063211045023.
　　⊜　https://www.haier.com/haier_cosmoplat/.

二、规模服务业务模式

链群合约数字平台支持链群节点低成本海量协作连接，以人单合一为中心的链群节点可以多态集聚，当节点达到一定规模，数字平台支持响应泛在需求且智能调度有效时，链群生态系统具备复杂的网络特征，如图11-1所示。链群合约中的节点高度异质，从举单开始，抢入的体验链群和创单链群就是面向引领目标的差异化功能节点集聚。人单合一的产品内嵌于整个服务过程，当数字平台能够支持超网络模式的链群业务时，链群合约就具备规模服务的条件。

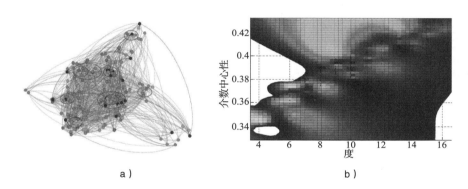

a)　　　　　　　　　　　　　b)

图11-1　链群节点集聚（浅色）、节点连接（介数中心性）和节点度

（一）响应泛在需求的业务模式

链群合约的小世界业务模式是指面向人单合一产生的链群生态系统高聚集性和链群节点间协作有效性并存的模式。瓦茨（Watts）和斯特罗加茨（Strogatz）提出了著名的"小世界网络"模型，该模型基础的点阵图结构产生了局部集聚的网络，而随机的重连规则大大减少了平均节点间的距离。

在具有一定规模节点的链群生态系统中，泛在需求的随机性使得链群节点间重连概率P大于零小于1，以人单合一为中心的链群聚集系数则远大于零，则小世界业务模式即链群节点存在长程连接使得网络特征路径长度急剧变小，即链群节点间可以有效协作。链群合约数字平台需要能够响应泛在需求，即链群节点达到一定规模，响应泛在需求生成的重连概率P在一定取值范围内，链群网络具有高集聚系数和小世界性质；否则，当链群节点间重连概率P趋近于零时，节点间有效协作的形成对特征路径长度会产生很强的非线性影响，除了需要协作的链群节点会受影响，其他周边节点也会受到影响，如图11-2所示。

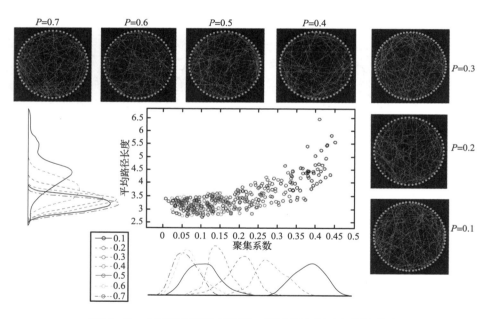

图11-2　小世界网络聚集系数、平均路径长度与重连概率

　　小世界业务的链群关注两个要素：一是以人单合一为中心形成的链群的集聚系数，高的链群集聚系数反映了某个人单合一能否有效完成；二是以网络特征路径长度表征的节点间协作关系，即使链群节点距离很远，甚至之前不存在连接，但是链群合约数字平台支持响应泛在需求的任何长程

协作。在链群的小世界业务模式中，几乎任意链群间都存在连接子网络，大多数链群节点间存在协作捷径（即平均最短路径）。科赫（Koch）和哈夫林（Horlfling）研究认为，存在白噪声的小世界网络中，会出现随机同步，即白噪声有助于链群生态系统对中等噪声强度进行更好的同步。

（二）支持规模创新的业务模式

某位创客发现一个商机可以提出，论单人要明确商业模式、盈利模式等内容，且单要符合集团的战略方向。例如，在智家构建美好生活、智慧生活的战略方向下，单的商业模式可不可行？差异化在哪里？盈利模式能否让各方都受益？基于此再研究这个单应该有多大的市场规模、现在市场里有多大规模、要做到一个什么样的规模等问题。从举单开始，所有节点都可以被抢入，创单链群对应从企划到设计再到供应链等节点，体验链群需要从区域到物流再到服务等与用户体验相关的节点。链群通过平衡风险和利润贡献生成。从论单到举单再到生成链群，优先连接规则贯穿其中。例如，智家可行商业模式需要哪些要素，是否根据这些要素按重要性排序生成连接；差异化存在哪些方面，正向影响要素同样可以按影响大小连接；盈利模式的受益方有没有序，是否按这个序建立连接；创单链群和体验链群的每个抢入节点都考虑功能、风险和盈利能力等，根据实际决策情境抢入节点并根据需要建立多重多态连接并生成链群。人单合一决定了链群节点的高度异质性，具有相同功能的同质节点只增加成本。因此，以人单合一为中心的链群可以通过优先连接规则生成高度异质性网络，当节点规模足够大时，链群生态系统趋向于无标度网络（见图11-3）。

链群合约的无标度业务模式是指链群生态系统中具有集群连通性和异构连通性的链群呈现的涌现行为和相变特征。巴拉巴西提出无标度网络，指出无标度网络中各节点之间的连接状况具有严重的不均匀分布性，即网络中少数被称为Hub点的节点拥有极其多的连接，而大多数节点只有很少

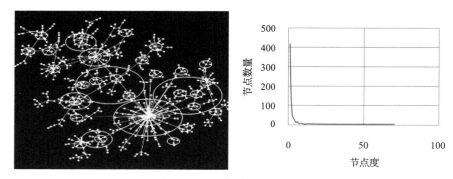

图11-3　无标度业务模式示例

的连接。少数Hub点对无标度网络运行起着主导作用。例如，海尔食联网
"一键烤鸭"原始链群拥有27个节点和47条连接，网络密度0.134，其中具
有网器作用的"智慧冰箱"节点度值是12，介数中心性是123.5433，网络
还包括13个介数中心性为零的节点。无标度业务模式意味着链群合约的圈
层结构有底层的Hub点（如介数中心性123.5433的"智慧冰箱"）和外层的
辅助节点（如介数中心性为零的节点）。虽然具体的人单合一链群节点是
按照满足需求形成的功能节点集聚，但从组织形式上，Hub点影响了链群
结构的完整性，Hub点的损失更可能带来网络巨连通分支的规模塌缩。同
时，无标度业务也具有鲁棒性的特征，即随机需求或突发状况影响不大。

　　链群合约的无标度业务支持规模创新。优先连接规则使得对应链群节
点具备累积优势，在动态可生长的网络组织形式下，这些节点从统计上具
有创新孕育创新的能力。因此，考虑无标度业务模式的规模创新能力，数
字平台需要具有调优治理功能，即有能够修正链群节点的累积优势机制。

三、数字平台建构机制

　　具有圈层结构的链群合约"序的再生产"通过数字平台治理实现。不
同于现有应用经典机制设计理论，通过激励和控制的数字平台治理研究，

链群合约既是一种行为规范，又是适应情境的共享默契与协作模式，链群合约的数字平台治理机制旨在自以为非、持续进化。"序的再生产"是形而下的，基于人单合一的实践，面向链群合约的情境，且具有充分的实践性和操作性。《海尔制：物联网时代的新管理范式》指出基于人单合一模式的物联网时代组织管理新范式，更深一步地触达"大规模定制"的难题，即如何实现以消费需求驱动大规模制造，本质涉及"产销协同"的核心，即利用物联网等技术架构层面的连接，精准识别、辨析、转化用户的定制化需求，并在用户的体验场景中实现定制化需求的创造与适配，完成供应链和用户需求的价值传递与价值共创。以人单合一为中心的链群合约在不断迭代组合中找到序的再生产的收益递增状态，整合"随波逐浪，月印万川"的框架体系、"上善若水，大制不割"的管理哲学和"执一不失，能君万物"的商业模式，从而在收益递增过程中以"序的再生产"表征"涌现秩序"，并通过组织形式助力实现人的价值最大化。汪丁丁认为，复杂性的本质是"涌现秩序"，而涌现的本质是怀特海在《思维方式》里阐述的"过程"。考夫曼指出网络结构变得足够复杂，复杂和自组织行为就会涌现出来。弗里德里希·冯·哈耶克（Friedrich von Hayek）应用了扩展秩序而不是自发秩序表述"我们文明由以发生并赖以生存的东西，精确地说只能够被描述为人类合作的扩展秩序"。链群合约"序的再生产"是实现哈耶克"扩展秩序"的一种具体方式。从理论上看，"序的再生产"是链群生态系统的"自发秩序"并且适应"人单合一"变化，秩序能够"不断扩展"。从应用上看，"序的再生产"的主线可以描述为在变化中保持的协同性、有组织的复杂性和目标导向性。

　　"序的再生产"之于链群合约数字平台建构就是治理机制能由复杂性提取目的性有序，有序的增加表现为目的性结构的链群生态系统维系圈层组织形式韧性。"共生多样性的增加"是布莱恩·阿瑟（Brian Arthur）给出的复杂性随进化增加的第一个机制。由人单合一生成的链群初始时，节点的更迭大多是取代不完备功能或缺乏竞争力的先前存在的节点，共生多样性的增加不明显。随着时间的推移，当链群节点开始提供生态位[⊖]，且生态位使得新的节点接入链群时，共生多样性就进入了链群生态系统的正反馈通道，即多样性本身促进了进一步链群合约可能的多样性。链群的规模与功能取决于人单合一的要求。链群生态系统中的链群数量不断地增加能够突破系统性能限制，扩展其运行范围或处理异常状况。但是，如果新链群对旧链群的功能替换发生在圈层结构的基底附近，那么系统复杂性塌缩的概率就较大，即在一个共生进化系统中，多元化是扩展还是塌缩，很大程度上取决于链群的圈层结构。

　　"结构深化"是阿瑟给出的复杂性随进化增加的第二个机制，即复杂性可以通过结构复杂性的增加而增加。结构深化既可以是链群内结构越来越复杂，也可以是链群节点的策略越来越复杂。通过结构深化，链群具备更多功能、适应更广范围、服务运行更流畅且可靠性更高。在链群内部存在节点组织化过程，链群内部随时可能由新的"单"或创新要素增加催生一个或多个子链群。例如，海尔食联网"一键烤鸭"链群根据用户需求迭代出了减脂版烤鸭、风味烤鸭和片制烤鸭等。通过循环迭代推进，原来的链群就被更深层次的功能和子功能涵盖，从而扩大了链群的适应范围，对应链群结构也就变得更加复杂了。

　　"捕获软件"机制是阿瑟给出的复杂性随进化增加的第三个机制。它可以解释为链群不断接入新节点产生新连接，改进互动规则，拓展协作范围以实现人单合一，不同链群相互作用、共生进化使得链群以自展方式，在自我引导下从简单到复杂。H.马图拉纳（H.Maturana）和F.瓦雷拉（F.Varela）用自我建构表示自我维持的过程，即系统作为一个整体运转，不断产生出系统本身的构成组分。新链群是由创单链群和体验链群集聚而成的，新链群又会作为创单链群或体验链群生成更进一步的新链群，生成

[⊖]　生态位，即节点在连群中的结构位置及功能关系。

的新链群选择有效的协作形式满足新的需求，在这个过程中，链群是自组织、自学习和自适应的。

因此，链群合约数字平台建构从治理机制方面有如下考虑，一是在共生多样性过程中通过影响圈层结构形成发挥作用，如开辟新的生态位并规划局域圈层结构，布局诸如网器这类靠近圈层基底的资源节点，识别圈层稳态网络。周光召认为，开辟新的生态位是实现系统内协同进化的好策略。非线性相互作用，使得某些过程对环境条件非常敏感，自动反馈和调控的机制对增加系统的适应性和保持系统结构的相对稳定是非常关键的。R.M.梅（R.M.May）在《理论生态学：原理与应用》一书中指出，高度多样化的生态系统一定减少了复杂性。许多生物谱系在很长时期内复杂性没有明显增加，如蟑螂和马蹄蟹，而寄生虫谱系则在进化中明显出现形态复杂性的减少，即共生多样性机制是双向机制，节点数量相同的链群，节点相互作用的复杂性可能差别很大。各种类型的链群的底层网络有可能相似，但是状态不同。梅菲尔德认为，许多复杂网络都有大量的稳定状态，每种状态体现了网络的一种特定稳态，即稳态越多，底层的网络链群就越复杂。

二是结构深化机制。结构深化与链群自身结构复杂性和共生多样性机制相关，即链群结构深度与系统复杂性有关，并要满足链群共生多样性的增长要求。赫伯特·西蒙在《复杂性结构》一文中指出，复杂系统最重要的共性就是层次性和不可分解性。于景元认为，通过组织、改变、调整系统组成部分或组成部分之间、层次结构之间以及系统环境之间的关联关系，使它们相互协调与协同，也就是把整体和部分辩证统一起来，从而在系统整体上涌现出我们希望的和最好的功能，就是系统管理的基本科学问题。具体操作时，工业工程领域通过工具、流程、方法等强化正向设计（李乐飞），可以在"系统上涌现出我们希望的和最好的功能"。链群节点策略复杂性也影响了结构深化机制。在协同共生环境下，链群节点的成功策略将迅速被复制繁衍，不断进化的策略创造了新策略可以利用的生态位，策略多样性不断增加，策略的结构深度也随之增长。阿瑟认为，与第一个"共生多样性的增加"机制一样，链群结构深化也是双向机制。克里斯蒂安·林格伦（Christian Lindgren）设计了策略进化试验，通过重复囚徒困境博弈展现了策略共存、生成新策略、自发出现共生、系统崩塌、静止状态和不稳定状态交替等，说明了新的、结构更深的策略可以破坏旧的系统多样性，也可以在新的、更深的策略中引发新一轮的复杂性增长。乔纳森·科扎（Jonathan Koza）通过遗传编程算法表明算法表达式的结构深度与搜索代数之间存在间歇性反转。约翰·霍兰德（John Holland）和他的学生们通过实验说明进化算法可以被设计成既能增加复杂性也能减少复杂性的算法。

实际操作中，平台方大多是通过数字化工具实现预期的治理结果，如阿里巴巴和京东运用即时通信技术使得互补方能够及时获取顾客信息，并且能够及时回应顾客的请求；滴滴和Lyft运用加密技术从而限制互补方的不当行为；安卓（Android）部署了一个模块化结构，允许互补方自主进行价值创造活动，由链群圈层结构特征，应用Rendanheyi-OS实现链群合约数字平台治理。

四、数字平台泛在操作系统

张瑞敏认为，链群共赢进化生态是典型的数字经济时代企业组织形式，是人单合一模式下的新范式。而链群是小微组织及其合作方共同创造用户体验迭代的一种生态链。链群生态就是由创单链群和体验链群以及增值分享驱动机制构成的生态系统。创单链群与体验链群就像两个相互协同又相互制约的维度，它们的目的是打通一切中间流程，让创单与体验一体化。链群是自组织、自驱动、自增值和自进化的，现有链群节点通过增值分享提升用户体验，企业间按比例分享增值收益，实现自增值，即为链群合约。区别于现有平台，基于人单合一的链群合约数字化平台需求特征如下：①人单合一的"人"，要求数字化平台支持不确定复杂交互和随机动态按需定制；②人单合一的"单"，要求海量且轻量的各类计算、传感设备以及对应的复杂管理调度与知识整合。同时，物联网的多场景产生了低延迟、更可靠的刚需，而应用的多场景对链群合约数字化平台提出了新的实时共性需求。

具有场景特征的操作系统已经大量出现，这些系统多是从实时嵌入式系统（RTOS）发展而来的，通常内核小巧，多运行在资源受限的微控制单元（MCU）或单片机上，常见处理器为ARM Cortex-M系列。例如，阿里巴巴公司推出以驱动万物智能为目标的移动操作系统 AliOS，目前在智慧家庭、智能工业、智慧农业等行业有了广泛的应用，真正做到了"JS/Python也能轻松开发智能硬件"。Huawei LiteOS是华为公司推出的轻量级物联网操作系统，它目前已经适配了众多的通用MCU以及NB-IoT集成开发套件。Huawei LiteOS具备轻量级、低功耗、互联互通、组件丰富、快速开发等关键能力，基于物联网领域业务特征打造领域性技术栈，为开发者提供 "一站式"完整软件平台，有效降低了开发门槛、缩短了开发周期，可广泛应用于可穿戴设备、智能家居、车联网、LPWA等领域。还有物联网节点操作系统，如FreeRTOS是市场领先的微控制器和小型微处理器实时操作系统 （RTOS）。FreeRTOS的构建强调可靠性和易用性。FreeRTOS在2016年被亚马逊公司正式收购，亚马逊将自己的AWS服务内嵌到FreeRTOS系统中，并于2017年推出了集成无线连接、安全、OTA等功能的物联网操作系统。亚马逊FreeRTOS版本提供了与AWS相关的软件库，方便用户将物联网功能集成到设备中去。其提供的软件库还支持TLS V1.2协议，可以帮助设备安全地连接到云。此外，亚马逊FreeRTOS设备可以直接连接到AWS IoT Core等云服务，也可以连接到AWS Greengrass等本地边缘服务。RIOT是一个由草根社区开发的免费、开源的操作系统，聚集了公司、学术界和爱好者，分布在世界各地。RIOT旨在实施所有相关的开放标准，支持连接、安全、耐用和隐私友好的物联网。Zephyr是开源和中立治理的系统，支持多种硬件架构，占用空间小。μC/OS是功能齐全的嵌入式操作系统，包括网络、通信和文件系统，能够移植到50多种架构。RT-Thread通过在线的软件包管理工具，配合系统配置工具实现直观、快速的模块化裁剪，并且可以无缝地导入丰富的软件功能包，实现更加复杂的功能。Linux在服务器、桌面操作系统、嵌入式、云计算和大数据等领域占据了广阔的市场。RT Linux和uClinux是两个比较有代表性的基于Linux的物联网操作系统：RT Linux将Linux本身的任务以及Linux内核作为优先级很低的任务，而将负责物联网应用的实时任务作为优先级最高的任务来执行。uClinux（Micro Control Linux）是从Linux2.0/2.4内核派生而来的，是专门针对没有MMU（内存管理单元）的CPU，并且为嵌入式系统做了许多小型化的工作。它具有体积小、稳定、良好的移植性、优秀的网络功能、完备的对各种文件系统的支持以及丰富的API函数等优点。

我国梅宏院士领导开发的XiUOS矽璓工业物联操作系统，是面向工业物联网场景的泛在操作系统，支持工业物联网应用，帮助解决在车间内实施智能化生产面临的"全面感知、泛在互联、智能分析、精准调控"等问题，促进工业领域人、机、物的深度互联和融合计算，赋能智能制造。XiUOS是一种工业物联网操作系统，目标是通过工业物联网的部署和应用，促进工业领域人、机、物的深度互联，促进工厂的数字化转型升级，赋能智能化工业生产新体系。泛在操作系统（Ubiquitous Operating Systems，UOS）是面向人机融合泛在计算场景的一类新型操作系统。UOS支持新型泛在计算资源的管理和调度，以及泛在应用的开发运行。

Rendanheyi-OS是基于场景数据且具备知识整合能力和多维认知能力的，对应人单合一能够泛化计算场景，感知环境变化并实现多功能、多圈层链群协同。由此，Rendanheyi-OS要求能够无缝融入应用场景且具有泛在交互、持续集成、轻量计算、迭代认知、多路反馈等新特征、新形态。泛在计算操作系统在一定程度上满足了Rendanheyi-OS。韦泽（1991）提出，泛在计算是指计算无缝融入物理环境，无处不在、无迹可寻。泛在计算的环境多变、需求多样、场景复杂，要求硬件资源、数据资源、软件平台、应用软件具有柔性灵活的软件定义能力、动态适配能力、泛在互联能力和自然交互能力。梅宏等指出，泛在操作系统是对人机物融合场景与计算环境各种实现感知、运算、通信、执行、服务等能力的异构资源进行合理有效抽象，需要领域特定的程序设计模型，以更好地适应从硬件等有形资源虚拟化向数据、知识等无形资源虚拟化延伸；并且，通过软件定义途径满足跨组织域的资源管控与配置需求，支持泛在应用的构造。

　　区别于现有UOS，Rendanheyi-OS支持参与者共创共享场景的体验迭代，反映参与者的场景行为特征。由此，Rendanheyi-OS存在面向场景的行为感知预分析层，如图11-4所示，物联层包括节点层和网络层，系统层主要完成面向节点的系统管理功能，如内存管理、调度管理及设备管理等，其中的Rendanheyi-OS根据应用需求差异定制化其内核。行为感知层对应人单合一中的"人"，根据实时需求、应用场景和经验信息等，识别参与者可能的场景行为分布并进行参数估计，通过行为感知识别与应用场景配置，生成对应的链群结构。而不同的行为特征和应用场景配置可以生成具有圈层结构的一般链群组织形式。

五、数字平台与链群治理

　　数字经济时代，企业创新能力是发展生产力的重要基础和标志，是把握新一轮科技革命的战略选择，全新业态有可能从根本上改变现有的企业发展路径、产品形态、产业模式、业务类型，重塑各类资源要素泛在组合流动，各类资源节点融通逾渗，重构企业组织形式，网络化产业链条，畅

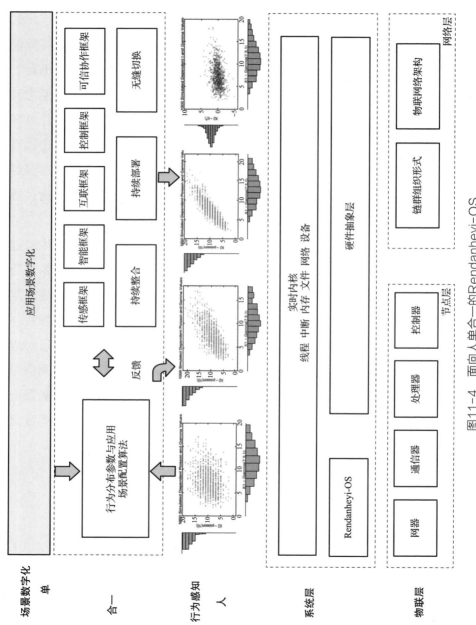

图11-4 面向人单合一的Rendanheyi-OS

通国内外经济循环。链群合约是典型的数字经济时代企业组织形式，海尔食联网、衣联网等众多场景应用展现了链群合约强大的态势感知、趋势把握和组织变革重构的能力，全面更新了企业业务流程、运营效率和用户体验，展现了数字赋能产业和生态的丰富实践场景。而链群合约数字平台的建构基于组织形式，支持了每个小微组织、每个资源节点甚至每个人都能泛在连接以产生更大价值。

链群合约作为人单合一组织形式具有基本的参与者共同治理模式。参与者共同治理模式泛指基于可聚、可散、可控的组织形式建构的具有"序的再生产"的生态模式，具有不同数字平台间可拉通、多模态支持平台可泛化、企业生态与特定平台黏性低等特点。参与者共同治理模式旨在改进价值共创，参与者之间通过互动/协作互为主观性参照，从而持续性重构资源配置、优化价值贡献，桥接增值共创行为并生态化多应用场景。张瑞敏（2021）提出的生态品牌就是把原来单打独斗的企业整合为一个生态的有机联合体，构建以增值分享为核心机制和共同进化的商业生态系统。链群建构的商业生态系统是共生的、互生的和重生的。其中，共生就是所有利益攸关方一起共创用户体验。参与者共同治理模式是数字经济时代企业组织形式创新的系统性变革，是数字技术支撑的企业开放性和过程性的结构泛化，是创新导致的内生重组可利用系统，使得企业组织形式分析可容纳基本不确定性和微扰动，治理方式不再限于经典的效率改进，凸显企业生态系统特征。

（一）数字平台中链群合约一般性过程分析

链群合约是海尔集团数字商业生态的典型应用，应用场景实践丰富，理论探索也已展开。其探索方式主要是通过对数字经济环境的参与者共同治理模式进行初步分析，主要目标在于通过过程性分析和开放性组织形式提炼链群参与者多样化协作行为和策略，发展系统性过程评价方法以支撑群体性价值共创行为正向演化。

　　围绕人单合一的链群节点可以抽象为功能节点，即为了满足需求实现不同功能的集聚。文中称链群构成单元为功能节点，不同功能节点后有对应的小微群体或团队支持其功能实现。一般来讲，链群合约一般性过程包括举单、抢单、链群契约和并联协同四步，在链群合约工作台中操作，所有链群的一般性功能支持来自三自平台，如图11-5所示。

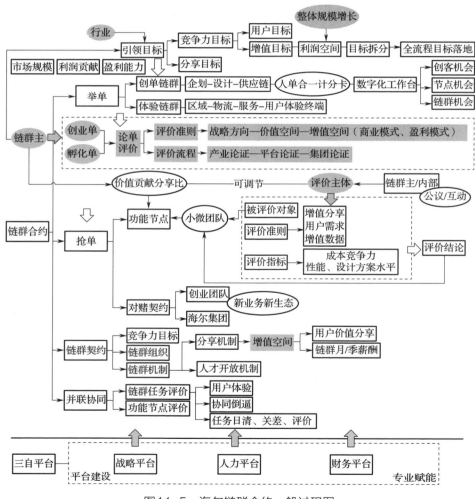

图11-5　海尔链群合约一般过程图

从链群合约实践看，链群主在整个过程中具有特殊重要性。从举单开始，谁愿意举更高的单，谁就可以抢成链群主的角色。随着功能节点抢入，链群主对内需要搭建基本组织——创单链群和体验链群，对外需要评估市场规模、盈利能力和利润贡献等，从而确定链群目标并拆分至各个功能节点。海尔链群的目标是抢出来的。如果抢单目标是底线目标，那么链群是没有增值分享空间的。没有增值分享，这个单对节点就没有吸引力，举单发布后也不会有节点抢入。当链群功能节点缺失时，三自平台的人力平台会发布需求以促成链群形成。在举单和抢单之间，存在论单评价。抢单环节，若出现多人抢单情况，链群主或链群内部会有评估。实践中，多以链群内部互动打分或公议方式进行。从理论看，多人抢单意味着出现了功能节点博弈化，在价值共创主旨下，未考虑功能节点参与动机、节点能力和触发策略条件，实践中的链群准入机制略显粗糙。面向新业务、新生态，抢单完成后会形成对赌契约，跟投的创业团队与海尔集团按比例共享利润共担风险。链群契约环节需要考虑竞争力目标、链群组织和链群机制，其中链群机制包括分享机制和人才开放机制，链群合约增值分享即通过分享机制实现。实践中，功能节点分享比例是链群主确定的。并联协同阶段主要包括链群任务评价和功能节点评价。

从链群合约一般性过程看，链群依托的小微组织及其合作方的关系是相互依赖的，响应人单合一的链群构建时，是由功能节点相互连接的可能性、可靠性和应用场景作为决策情境，在不同情境中采取不同的组织结构和流程的。那么，决策情境与链群组织结构是适配的，同时，即使是同一问题、同一应用场景，其链群组织形式也可能是不同的。以海尔智慧烹饪链群"一键烤鸭"场景为例，初始状态，该场景由智慧烹饪链群、大厨和养鸭场等共创，抽象该网络资源功能节点数27个，即抢入链群可能是单一节点，但该功能节点所承担的工作项目是由其后整个小微团队完成的。比如"一键烤鸭"中的智慧烤箱，在抢单环节是一功能节点，而在链群契

约—增值分享环节，需考虑智慧烤箱后面的技术、研发、维护等团队成员
共同参与分享。因此，链群组织形式是基于决策情境的适应性组织架构。
链群合约的参与者共同治理模式初具形态，主要在抢单环节，链群内部互
动打分或公议方式。相对而言，链群主的重要性已经超过了链群中其他的
功能节点。按照链群合约一般过程，参与者共同治理需互动协调的议题不
单单在抢单环节，而优化的共同治理机制有助于进一步拓展链群增值分享
空间，优化链群生态系统。

（二）数字平台中链群合约多主体共治模式

链群合约参与者共同治理模式是拉通多平台构建共同治理基础设施的，
与链群合约一般过程紧密耦合，分为共同治理互动机制和共同治理选择机
制两个主要部分。并且，共同治理互动议题经由链群主发布在互动环节部
署至功能节点，在选择机制环节反馈从而保证持续性优化治理，如图11-6
所示。

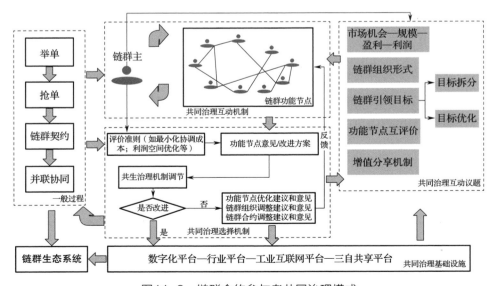

图11-6　链群合约参与者共同治理模式

在共同治理互动机制环节，链群主和功能节点的高效协同是核心环节。该环节改进措施除了已有促进功能整合，还可以通过新增随机连接、考虑链群结构信息、链群资源不同配置条件重组等测算功能节点的意见/建议是否改进，链群组织形式如何变化以及对链群契约的影响等。

在共同治理选择机制环节，通过比较测算分析上一环节的互动机制效用，对共生治理机制进行调节，有效改进机制可以通过共同治理基础设施生成"序"，其他意见和建议也可以进入共同治理基础设施辅助筛选"序"，从而多平台拉通的链群合约治理机制形成了具有"序的再生产"的生态模式。

目前，海尔集团链群合约参与者共同治理模式属于功能集结型，即以人单合一为中心，按项目任务工作要求的功能节点集聚。从举单开始，链群主综合分析市场规模和环境，根据链群任务要求确定什么样的人可以进入链群。链群主进行组织设计和初始利润空间评估，并根据功能要求设定初始的利润配置方案；当人招进链群后，该链群对如何增值分享比例进行互动协商，按照价值大小分配每个人的利益；链群及小微对于项目的进度以及目标拥有决策权。三自平台主要提供专业支持并进行平台建设，如发布人员需求信息、财务指标测算等。海尔链群联合体属于联邦型治理模式。海尔集团创业37周年纪念会暨链群合约研究中心成立仪式上，周云杰首次提出"链群联合体"的组织新格局。链群联合体（又称"链群联盟"），由链群发展而成，是各链群以用户为中心实现自驱动、自进化，链群间形成有机协同，共同为用户创造更好的体验。

数字平台支持多链群协同互动。随着多平台数据拉通，海量功能节点基于平台生态可以实现多模态、多维度协同，同时数字平台支持响应泛在需求且智能调度有效时，形成了基于泛在需求的随机关联型治理模式。当链群节点达到一定规模，随着时间的推移，链群节点开始提供生态位，且生态位使得新的节点接入链群时，共生多样性就进入了链群生态系统的正反馈通道，即多样性本身促进了进一步链群合约可能的多样性。链群的规模与功能取决于人单合一的要求。链群生态系统中的链群数量不断地增加，能够突破系统性能限制，扩展其运行范围或处理异常状况，此时形成了参与者多重关联型治理模式。具有复杂系统特征的生态型参与者共同治理模式是具有一般性的数字经济企业生态模式，在生态型参与者共同治理模式中，链群可以自由探索其组织形态，分析具有收益递增的经济行为，解析异质性功能节点间如何平滑资源配置以实现链群共创价值。链群参与者共同治理模式如表11-1所示。

表11-1　链群参与者共同治理模式

	功能集结型	联邦型（复合系统）	随机关联型	多重关联型	生态型（复杂系统）
决策权	链群/小微	链群主群	链群主群	节点协商	链群/小微
用人权	链群主	链群主群	链群主群	链群主群	链群/小微
薪酬权	功能节点群	链群/小微	功能节点群	链群协商一致	链群/小微
数字平台	业务支持机制	交易和竞争机制	平台竞争生态	平台共生生态	生态基础架构

纵观海尔集团创新历程可见，企业的创新系统边界随着创新活动、创新形式、创新资源与创新环境不断演化，系统涉及的要素越来越多，既包括结构化的工程技术要素，也包括半结构化的社会经济要素，还囊括了非结构化的文化传统和道德价值观等要素；系统内部子系统之间关联形态越来越多元化，系统开放性和动态性越来越强，环境变化即使仅仅影响了创新系统的局部，由于系统关联的紧密性，局部作用也会产生全局性影响；创新主体行为目的、方式、价值出现了多元异质性，创新行为是依时空顺序展开相对独立又同时具有连贯性和整体性的序贯行为；系统创新目标具有整体性、过程性、演化性与异质性，由此目标之间可能发生冲突，战略引领需要参与者共同治理模式落实。链群合约参与者共同治理模式框架，在管理理论上是商业生态系统机理及其参与者治理网络研究，在组织形式上是生态多边多向泛在

式共同体结构分析，是范围经济敏捷共生和商业生态治理体系的理论抽象，具有基础性的管理研究价值和意义。海尔集团是本土企业数字化的典型，海尔链群合约研究是面向我国数字经济与实体经济深度融合的发展战略需求，企业实践和国家战略需求，是中国情境的数字化转型与管理理论与方法体系研究，也是重构企业组织形式、价值创新机理与模式的系统性研究。

理论上，链群合约创新规划，注重战略引领，通过创新系统治理引导小微主体、规范创新行为、优化资源配置并激发创新模式。链群合约治理机制是由人单合一系统提炼目的有序性，有序的增加表现为目的性结构的创新系统维护创新体系的组织韧性。实践中，链群合约通过不断整合迭代人单合一识别创新价值递增状态，明确战略架构以保障创新规划在创新过程变化中的协同性，创新系统有组织的复杂性及战略目标导向性。人单合一作为创新系统是面向需求的创新模式迭代，关注能够引发创新系统组织力、自组织力并强化企业创新系统能动性；链群合约作为创新体系注重战略能力，是从目标开始多路径、多情境的体系驱动力分析，是适应创新环境下符合创新规律的系统建构。链群合约通过整合不同人单合一创新形成技术突破和产业升级路径，能够根据区域特征、产业间发展不平衡和创新技术等异构决策信息，与企业发展和产业转型升级需求融合，从而基于人单合一的创新系统不再仅仅是互联互通的网络组织，而是被整合了系统架构并嵌入经济社会的要素配置系统，是置于创新网络中的系统创新。由此，建议如下。

第一，贯彻整合式创新在企业数字化转型中的战略引导地位。企业数字化转型势在必行，全方位全链条赋能对企业内外部流程及其生存环境影响彻底，从根本上改变了社会经济系统的技术基础、运行效率、组织模式、生产和交易方式等。线上线下一体，大规模社群化制造的生产方式，平台经济已超过规模经济成为企业的优先战略，资源节点超过企业职能部门成为企业生态基本单元。数字经济的上述特征表明，创新是数字经济时代驱动经济发展的核心生产要素。整合式创新即"战略驱动下的开放创新、协同创新与全面创新"，强调通过战略引导下的开放、协同、全面创新，有效配置和利用创新活动所需的资源，以实现创新成果的产出。整合式创新过程关注了从创新小微主体的微观属性和创新动力到链群合约创新组织形式，再从链群合约到如何引导创新生态系统自组织，进而激发涌现创新规律。整合式创新理论提供了在一个呈指数级扩张世界中认识问题和分析问题的视角，能够从国家、产业和企业不同层面统筹分析非线性组织行为及其对应的规模缩放效应，从机理分析视角拓展了创新行为粒度，进而在整体层面消除了微观行为的噪声和可能相互抵消的局部作用并形成战略引领规划，通过粗粒化组织创新行为对应的超线性或亚线性规模效应实现创新筑基。

第二，构建可聚、可散、可控的企业组织形式。组织变革是企业适应经济社会发展的必然要求。数字经济特征（黄丽华等，2021）表明，创新是数字经济时代驱动经济发展的核心生产要素，且具有数字技术极速迭代、"三二一"产业逆向渗透、范围经济创新驱动、企业生态系统协同等特征。因此，数字经济时代企业组织形式创新是企业适应新经济的系统性要求，是匹配数字技术自驱动强逾渗的必然选择。可聚、可散、可控的组织形式是企业数字化转型的组织需求。链群合约是在人单合一多系统分散连续创新过程中涌现的，是人单合一以不同创新形式产生驱动力和吸收力，并产生内向和外向的自组织能力的过程，呈现了开放式、非线性、动态性和共享性的经济关系，按人单合一可聚，有新需求可散，多链群海量节点协作可控构建了圈层组织形式。按照圈层结构组织数字化资源节点，链群合约使其网络结构表征了节点间交互的可持续性和价值贡献方式，桥接了价值网络不同社群价值共创行为，驱动不同应用场景嵌入企业生态系统。

第三，明晰数字平台的作用路径与治理机制。经典机制设计理论是通过调整某些激励措施、强化控制反馈实现治理目标的。数字技术使得跨地域、跨层级的海量规模化协作成为可能，企业所处的社会经济环境不一定存在均衡状态，维系组织形式有效的"序"不再是机械的、先验的和静态的。张瑞敏指出，链群是自组织、自驱动、自增值和自进化的，"活而不乱，高度协同"的链群可以通过数字平台治理，以复杂系统正向设计支撑组织有效运行。从治理机制方面，链群合约数字平台建构可考虑：在共生多样性过程中，通过影响圈层结构形成发挥作用；结构深化机制，结构深化与链群自身结构复杂性和共生多样性机制相关，即链群结构深度与系统复杂性有关，并要满足链群共生多样性的增长要求。由链群圈层结构特征，应用基于整合知识与能力的泛在操作系统——Rendanheyi-OS来实现链群合约数字平台治理。

Haier

Haier
案例实践篇

基于人单合一的
链群合约应用案例

—

第十二章
智慧医疗驱动下
的海尔生物医疗

○ **本章导读**

✓ 海尔再次落锤，又砸出一个新标签！2005 年海尔开始跨界从医，由家电行业延伸到医疗行业。

✓ 一个家电企业如何进军到医疗行业？这背后是海尔由"制造产品"向"孵化创客"转型的成果。依托海尔生态产业资源及开放的社会资源，实现了创新与创业、线上与线下、孵化与投资的系统结合，为创业者提供资金、技术、品牌、供应链等一站式加速服务，不断孵化培育新物种并使之自我繁衍。

- ✓ 在"有根创业"的加速模式下，海尔生物医疗依托原有电冰箱的制冷技术，自主研发并攻关超低温制冷的关键"卡脖子"技术，打破国际市场的技术垄断，实现从 1 到 N 的飞跃，成功裂变出血液网、疫苗网、生物样本网、药品试剂网、智慧实验室等五个子链群，开辟出了一条创新引领的蝶变之路。

- ✓ 2019 年 10 月，海尔生物医疗在科创板成功挂牌上市，并在上市后的四年中持续稳定增长。2022 年，其营业总收入已达到 28.64 亿元，同比增长 34.72%。

一、海尔生物医疗概述

2005年，海尔生物医疗正式成立，其经营范围主要是生物医疗低温存储设备的研发、生产与销售，后续在这一基础上借助物联网技术不断改革，成为生命科学与医疗创新数字化场景方案服务商。海尔生物医疗始终坚持"以人为本，体验为上"的人单合一经营发展理念，从最初只有两人的小团队发展成为2000多名创客所组成的新秀企业。二十载砥砺前行，海尔生物医疗自主研发并攻关超低温制冷的关键"卡脖子"技术，是国内首家打破国际市场近30年的技术垄断并开辟出一条创新引领的蝶变之路的企业。海尔生物医疗作为世界仅有"覆盖–196~8℃全温域"的生物医疗超低温存储设备服务商，现已拓展至以智慧实验室、智慧合规制药、智慧用血、智慧医院、智慧公共卫生等为代表的数字场景综合解决方案。截至2023年底，海尔生物医疗牵头或参与起草国际、国家、行业、团体标准、技术规范累计40余项，并参与世界卫生组织（World Health Organization，WHO）国际标准的拟定，助力我国医疗行业尽早达到国际标准。

2019年，海尔生物医疗正式在上海证券交易所科创板上市，成为具有代表性的物联网生物安全科技生态品牌。在自主创新方面，海尔生物医疗始终坚持技术领先，推动科技创新，引领产业变革。自突破生物医疗低温技术并打破国外垄断以来，海尔生物医疗持续对新技术进行研发投入，目前已形成自动化、分离、耗材、试剂等八大技术平台，相继突破3D–AI视觉识别自学习技术、多机械手仿生控制技术、高速运动控制技术、实验室耗材制造技术等核心技术，布局微生物培养、环境模拟、离心、高分子材料等领域，并加快自身业务布局的强化、拓展和延伸。截至2023年9月30日，海尔生物医疗及子公司合计拥有1205项专利，累计获得省级以上科技奖励27项，32项技术成果被认定为国际领先水平，共27项、800余个产品获得国内二类、三类医疗器械注册证。CO_2培养箱、生物安全柜、离心机等200余个型号获得欧盟CE认证，一次性血浆分离器产品获得欧盟Ⅱb类高风险认证，50余个型号获得英国CA认证，60余个型号获得美国FDA认证，并有120余个产品型号获得美国UL认证。其中，"低温冰箱系列化产品关键技术及产业化"项目荣获"国家科学技术进步二等奖"，成为行业内斩获"国家科技进步奖"的首家企业。

此外，海尔生物医疗不断实现"卡脖子"技术攻关，在航空航天温控领域崭露头角。2011—2023年，海尔生物医疗航天冰箱13次进入太空，助力我国实现载人航天新征程，帮助我国成为继美国、俄罗斯之后世界上第三个独立掌握航天冰箱技术的国家。2022年2月，海尔生物医疗成为全国第一家荣获国际IATA代码的公司，2023年8月，取得全国首张CTSO-C90e主动式温控集装箱证书，打破了欧美国家长期垄断局面。

海尔生物医疗始终秉承"让生命更美好"的愿景，产品及解决方案已应用于全球140余个国家和地区。在国内市场，覆盖上万家医院、生物科技企业、高校科研机构、疾控、血浆站、检测机构等终端用户；在国际市场，网络布局不断完善，海外经销商突破850家，当地化布局加强，截至2023年第三季度，海尔生物医疗的用户已累计覆盖全球140余个国家和地区，并与世界卫生组织（WHO）、联合国儿童基金会（UNICEF）等40余个国际组织保持长期持续的合作关系。在生命科学与医疗创新方面，海尔生物医疗不断攀登科技创新高点，推动行业迈入绿色高质量发展新篇章。

二、人单合一模式的引入

在用户服务方面，海尔生物医疗坚持人单合一的双赢模式，一方面公司高度关注用户体验，聚焦用户生命安全，开创性地推出以智慧用血、智慧疫苗接种为代表的数字场景综合解决方案，并继续拓展至智慧实验室、院内用药自动化、公共体检等场景，携手利益攸关方不断打破方案应用边界，持续关注并解决痛点问题，引领生物医疗产业数智化变革；另一方面，公司坚持科技创新，从硬件的电器到综合的网器，再到人、机和物实现信息即时互联的场景，最后到相关方融合的大生态，形成"网器—场景—生态"的超级螺旋。螺旋式运转、迭代和创新的闭环实现与海尔一直倡导的人单合一模式息息相关，海尔生物医疗真正实现了经济与生命价值的合二为一。

（一）人单合一模式的实践

1. 数智血液

海尔生物医疗的员工在为医院提供血液制品存储设备方案时发现，医院在血液的申请取用和使用管理上存在调取时间久、易浪费、距离远等难题。海尔的员工并没有在卖出产品后便结束工作，而是秉承"以人为本，体验为上"的理念。海尔生物医疗把存储血液制品的冰箱这一电器变为血液存储可视化管理的网器，通过"从血管到血管"的数字化血液安全全流程解决方案的布局，真正落实血液精益管理，助力实现血液信息透明可追溯、血液零浪费和急救零等待，为患者抢到治疗的黄金时间。

海尔生物医疗围绕血液从采集到临床应用，联动多方采供血机构、用血机构共创智慧城市血液网，通过设备–大数据平台–服务的模式，打造城市血液管理新模式。借助智能化冰箱和恒温转运箱等关键设备，依托物联网和超低温核心技术，将储血用的冰箱前移到手术室、急诊部、ICU等科室，分布式用血模式缩短了取血时间，为急救病患输血赢取宝贵的急救时长。

从只给医院提供血液制品存储设备，到与医院和血站共同解决血液浪费与用血安全的问题，从销售单一生物医疗低温设备到打造医疗智能化场景解决方案，这便是在人单合一双赢模式指导下，顺应互联网时代"零距离""去中心化"和"去中介化"特征，在为用户带来利益的同时，也为企业与员工带来高价值。

海尔生物医疗致力于血液高质量管理方案，应用物联网场景、数字化平台、增值服务，贯穿血液管理数字化升级整体过程，为城市血液管理及应用保值提效；城市集成化数据平台结合城市血液信息辅助决策中心，构建智慧城市血液管理平台。通过强化科技创新，数智融合，构筑了新型城市公卫的治理平台，打造一网协同的智慧血液城市网，实现了城市稀缺资源更合理的管理与调配，更重要的是，创立了城市从应急到预判的科学治理模式，目前这个解决方案不仅仅是工信部大数据产业试点的示范项目，而且在很多的城市已经得到了推广。

2. 智慧疫苗

无独有偶，不仅是数智血液，海尔生物医疗智慧疫苗全场景解决方案的产生与自进化也来自人单合一模式的驱动与启发。因为问题疫苗事件，一名海尔技术员工发现疫苗接种门诊的冷链设备难以满足用户需求，存在很大的用苗安全隐患。在传统的疫苗接种模式中，围绕疫苗的多主体都格外关心疫苗来源、用苗安全、信息准确等问题，家长们对疫苗的信息几乎一无所知，疫苗的安全性也难以确定；基层疫苗接种门诊冷链系统普遍存在仪器落后、操作员劳动强度大易疲惫、疫苗出入库信息无法追踪等现实问题，医务人员每日疫苗接种完毕后需要对接种和库存数据等信息进行人工核对统计，不仅工作效率低、易出错，而且数据信息难以及时上传给疾控中心等；由于缺乏全流程的监督管理机制，当发生疫苗接种事故，监管部门无法精准追责。

如何解决这一现实痛点，在现实痛点中挖掘更广阔的市场需求，成为

这名海尔技术员工的主要攻关方向，于是他依托人单合一模式迅速在海尔
生物创业平台上"抢单"成立了"海乐苗"（最初的名字是"疫苗网"）
小微企业，这一小微企业以天津大王庄社区卫生服务中心为调研对象⊖，通
过不断与用户的沟通反馈，在短短三个月的时间内迭代出一套疫苗接种智
慧方案。此方案的出发点是以"智能疫苗接种冰箱"等智能网器作为相互
链接的基础设备，将疫苗接种出入口等关键流程场景相串联，实现接种全
流程监测与可追溯。海乐苗通过将传统的疫苗接种整体价值链区分为疫苗
存储场景和疫苗接种场景，实现了利用物联网技术重塑传统的疫苗产业，
打造了互联互通的疫苗网，不仅很好地解决了市场的需求与痛点，也从疫
苗安全角度完善了治理方式，承担了社会责任。

在移动接种方面，海尔生物医疗联合中国疾控中心等多方主体首创出
海乐苗移动接种车，移动接种车内配有接种门诊的全套设备，基于智慧疫
苗接种箱、接种管理系统、充足电力、第五代移动通信等设施，将接种规
范流程从医院门诊复制到移动接种车上，最大限度地满足了偏远地区、特
殊群体、集体团队的集中接种需求。在新冠疫情期间，海尔生物医疗研发
出移动疫苗接种车，以此"打通最后一公里"，为群众接种带来诸多便
利。目前，海乐苗预防接种车已服务全国29个省、4000余家机构以及超过
500万群众的接种新冠疫苗，促使"上门接种疫苗"实现常态化。同时，移
动接种减少了社区人员的流动，降低了疫情防控风险。新物种的不断涌现
不仅拉动业绩增长，也带来市值的不断攀升。

3. 数智样本库

生物样本资源是推动生命科学研究和解决人类健康问题的重要基础。
进行生物样本安全、有效的长期保藏，事关生物安全、健康中国、生物多

⊖ 曹仰锋. 竞争战略：从"产品价值"到"场景价值"——海尔生物疫苗网的竞争战略与
价值创造模式 [J]. 清华管理评论，2020（Z1）：105-111.

样性等国家战略的践行。

近年来，随着人们健康需求的变化及生命科学的高速发展，生物样本呈现爆发式增长，迫切需要对海量样本进行高效、安全的管理，自动化低温生物样本库则是满足这一需求的最佳方案。然而在2019年前，这一技术已被国外垄断了30年。

面对现状，海尔生物医疗生物样本库链群意识到，必须攻克这项技术，将中国的生物安全牢牢掌握在自己手里。为此，团队先后设计了超3600张图纸，使用零部件上万个，终于在2019年研发成功中国首个自动化低温生物样本库。

通过该方案，海量生物样本从预处理、转运到入库、出库全流程均实现了自动化、无人化、智能化管理。存取样本时，通过搭载基于5G的样本信息智慧管理系统，配合图像、射频样本精准定位技术，可以实时锁定样本位置，只需一键操作，就可通过机械手，最快在60秒内从100万份样本中精确挑选和存取任一样本，做到无关样本零暴露，避免回温冲击。样本出入库时，智能转运机器人可根据样本位置信息进行全程转运。这种"无人化"操作，不仅提高了工作效率，还让人员无需接触低温环境，免于低温伤害。日常管理时，针对海量样本信息庞杂问题，通过智慧信息管理平台，所有样本存取时间、位置、数量、温度等信息可实时追溯，方便查看、修改、筛选及余量预警，实现了更高效精准的智慧管理。

此外，为满足生物样本存储规模、管理方式的不同需求，海尔生物医疗基于生命科学EPS模式，持续进行场景创新。其中，-80℃单体自动化工作站可以为生物样本提供分布式自动化存储及管理服务，实现全流程无人化，确保样本安全、质量可控与信息安全；-196℃智能化液氮生物样本存储系统能实现单支、整盒样本全自动存取，批量样本出入库预约，大大提升工作效率的同时，也更加便捷省心。

此外，海尔生物医疗还突破无线射频技术在超低温环境下的应用，创新升级极刻CRYO-RFID超低温保存箱，可以精准定位样本到单个冻存管，实现10S即速存取、5S轻松盘点，样本不错不丢0冻融等，为用户带来安全、高效的样本管理体验。

4. 数智实验室

作为科技创新的前沿阵地，实验室的建设管理涉及人员、环境、样本、仪器设备、制度等诸多环节，任一环节出现疏忽都可能会影响到科研的安全、效率及质量。近年来，随着现代生命科学快速发展，以及生物技术与信息、材料、能源等技术加速融合，生物经济时代加速到来，对实验室建设管理提出了更高要求。

立足用户科研需求，海尔生物医疗创新运用物联网、大数据、人工智能、5G等数字技术，打造出魁斗HaiLab智慧实验室平台，实现了实验室管理的自动化、智能化、物联化、共享化升级，在全方位保障实验室的行为、管理、环境、数据等全景安全的同时，也将科研人员从繁琐重复的工作中解放出来，让科研更安全高效。

同时，围绕"设计一个实验室""建设一个实验室""服务一个实验室"，海尔生物医疗聚焦从前期设计到施工再到设备布局、数字化管理等全生命周期安全管控。

在日常管理中，智慧管控平台汇聚视频监控、报警信息、能耗监控、数据查询等模块，保障实验室安全。其中，环境监测方案可对实验室内温湿度、各种气体浓度进行实时监控；预约管理则支持预约申请及审批，严格控制人员进出；借助AI智能视觉技术，可智能识别人员行为，规范实验室操作安全合规。与此同时，通过搭载物联网技术，智慧实验室可对仪器设备进行全方位监控服务。不仅设备的运行状态、温湿度、开关门等信息实时显示，方便查看；还能帮助用户快速判断设备使用寿命，及时进行利用率分析，防止出现利用率不高及过度使用情况。

打造的"魁斗"HaiLab智慧实验室已衍生出微生物实验室、生物制药实验室、智慧生物样本库、高等级生物安全实验室等7大数字场景生态，已累计服务1.3万多个实验室。

5. 智慧院内用药

海尔生物医疗最初为医院、药房提供药品试剂的存储设备，如冷藏箱等，借助智能物联网技术对药品试剂信息进行全过程追踪，试剂药品实现24小时无人值守、全自动智能化监管，用户可实时掌控试剂库存状况，对存储药品试剂信息进行全时追踪。基于医院等医疗机构用户更多元的需求，海尔生物的员工依托为用户创造价值、增值分享的人单合一模式，开始从单一的药品储存管理向智慧医院场景解决方案拓展转型，根据医院、药房的业务场景提供差异化的解决方案，又裂变出了药品柜链群、院内用药链群、智慧手术室链群、危化品安全链群4个子链群。以院内用药链群为例，依托3D-AI视觉识别自学习、多机械手仿生控制逻辑、高速运动控制三大自主研发技术，通过医院智慧用药全场景数智方案升级打造智能一体化静配中心、智慧门诊药房、智慧住院药房、24小时无人药房等数智场景，打通了不同科室、设备、人员之间的信息壁垒，实现院内用药"存转配发用"全流程数智化闭环管理，在提高发药效率、促进用药合理性，保障患者用药安全的同时，推动药学服务转型升级，助力医疗服务提质增效。

（二）人单合一模式要素的体现

人单合一模式的核心三要素分别是链群合约、自驱体系和增值分享。首先，链群合约主要体现的是自组织，自组织在哲学上应满足引进负熵和正反馈循环两个要求，其中引进新生力量就是引进负熵，正反馈循环即自增强，就是持续不断向上走，价值分享与前期付出正相关，干得越好，得到更多，得到越多，干得更好。自组织追求高目标，事前通过对赌协议将责任与利益分配提前划定，履行过程中不可随意更改，承诺了便不能推托因外界环境发生变化而无法完成。事后增值分享时，事前承诺与事后兑现必须保持一致。基于此，海尔员工演变为创客，创客成为企业小微，小微变为链群，链群最后发展成为上市公司。海尔生物医疗小微的创始团队不是给谁打工，而是自己创造价值、分享价值，跟投对赌。

在自驱体系方面，海尔人单合一模式为涌现更多企业家精神提供了一个良好的平台，平台上每位员工可以自主领导、选择创单和抢单的方向，这一方向始终以用户最佳体验为导向，根据为用户提供的价值决定自己获取的价值。随着发展壮大引入风投，进而团队跟投上市，与海尔生物医疗的发展过程类似。在这一自驱体系中，上市只是海尔生物医疗打造物联网医疗生态的开端，也是团队创新创业之路的新起点，这充分体现了自驱体系下的自涌现过程和新物种的自进化过程。公司上市后，海尔生物医疗创始人刘占杰和团队将目标锁定为成为生命科学与医疗创新数字场景生态领域"龙头企业"，以期创造和实现更大的价值。这价值不仅代表物质收益，更是精神上可以体现个人价值的非创业收益，即他们对创新的愿望和能力。

在增值分享方面，人单合一模式下采用的人单合一计分卡由三部分构成：一是引领目标，不需要领导下达，而是员工自己在市场上寻找目标实现引领；二是链群合约，小微演变为生态链上的小微群，组合起来之后实现引领目标；三是增值结果，增值之后便可以分享。因此，纵轴是自组织，横轴代表生态成果，二者之间的相交轴能够衡量成果实现的程度，优异成果可以达成增值分享，而薪酬通过用户付薪实现，基于此将自主性和同一性相结合，实现创造价值和分享价值的合一。

以智慧生物样本库为例，海尔生物医疗通过链接专家、医院、科研院所、生物医药企业、政府等生态资源方，通过物联网共享的生物样本大数据，并联样本采集处理、网器触点、共创资源、信息化等整个圈层，向产业上下游应用不断延伸，为生态利益攸关方创造出超越价值的用户体验增值，并持续迭代升级，完成整个生态圈用户体验的进化，最终达成生态超值。

从智慧血液城市网看，对患者而言，血液网不仅最大限度地保障了患者手术用血安全，及时获取血液满足病患用血，同时也减少了术中不合理用血，降低患者的经济负担与输血相关的不良反应。从医院角度看，血液可以在院区间自由调配、实现血液可回收，血液报废率降至最低值，理论上实现血液资源零浪费；此外，血液网通过电子配血技术主动推荐适配血液，做到信息零距离。临床用血时间由原来的40分钟到1小时缩短到如今的5分钟内，做到急救零等待，及时挽救患者的生命。送回的血液还可以循环使用，降低血液资源浪费，创造更大的经济价值。从血站角度而言，血液网能够最大限度地节约血液资源，实现血尽其用，由人工盘点升级为智能盘点，实现人、血、信息自动匹配与共享。与此同时，血液网还根据医院临床用血需求，针对性地采血调血，提高采供血管理水平。对政府来说，这样做既可以保障国家血液安全，节约国家血液资源，又能够大幅提升城市物联网+数字化信息管理程度。打造智慧血液城市网，成为智慧城市的重要一环。对生态利益攸关方而言，血液网为各方创造出超越价值的用户体验增值，从临床用血主动管理到精准用血应用延伸，并实现从医院到健康人群的产业升级，最终链接全民大健康产业，实现生态增值超值。

以智慧疫苗网为例，通过网器和场景形成体验，通过体验链接生态，构建疫苗网生态体系，疫苗网不仅提供疫苗存储的专业设备及软件系统，更通过并联软件、家电、家装资源，以及海尔兄弟等深受儿童喜爱的文创类资源，不断迭代出疫苗接种全场景方案，为儿童疫苗接种营造安全、健康、放心、舒心的接种环境，实现了多方共赢。比如，乡镇接种点分散，路途崎岖遥远，针对这一问题，海尔生物医疗以"为用户创造价值"为宗旨，迭代了移动接种场景方案；疾控中心疫苗海量存取烦琐，容易出错，海尔生物医疗进一步迭代出疫苗自动化管理场景方案等，基于物联网+AI视觉识别定位技术，实现了疫苗的入库、存储、出库、盘点的自动化、无人化、智能化。

三、基于人单合一的链群合约模式

海尔生物医疗基于人单合一的链群合约模式不断推出体验为上的创新产品，助力海尔生物医疗实现高分享高增值，使得用户与海尔员工实现共创共赢。海尔一直倡导"要做热带雨林"，海尔生物医疗正努力打造基于物联网的共享共创的医疗健康平台，衍生出枝繁叶茂的医疗生态，而基于人单合一双赢模式下的链群合约，助力物联网医疗生态繁衍不息、向上螺旋式迭代。用户是海尔生态实现增值的土壤，坚持以用户需求为核心，用户体验为上，不断描绘出海尔医疗需求图谱。在链群合约的指导下，海尔生物医疗员工与用户不断相互耦合，建立起螺旋式上升的稳固关系，用户触点与小微节点在应用场景生态中交互时迸发火花，促使用户体验价值与员工创单价值相一致，携手共进推动价值不断增加（见图12-1）。

海尔生物医疗聚焦生命科学与医疗创新数字场景，基于人单合一的链群合约模式，在低温工业自动化技术和生命科学^{EPS}（自动化+数字化+生态化的一体化解决方案）模式的助力下，开拓了数智实验室、数智生物制药、数智医疗、数智血液、数智公共五个生命科学与医疗创新场景，实现人、机、物和信息的即时互联，最终形成多方融合的大生态，为用户提供多场景生命科学^{EPS}解决方案。

（一）链群合约的形成

通过回顾海尔生物医疗的演进历程，我们可以一窥基于人单合一的链

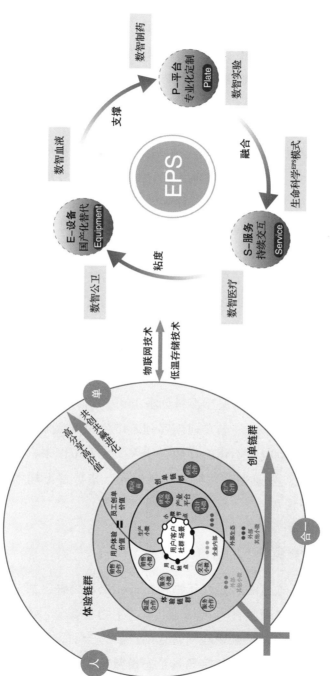

图12-1　链群合约模式下的生命科学EPS

群合约模式所拥有的自组织与自涌现魅力。作为海尔生物医疗的创始人，刘占杰在2005年抢单成了生物医疗小微的小微主，并注册独立法人公司。在用户付薪增值分享的机制驱动下，刘占杰团队以"体验为上，满足用户需求"为核心，在海尔平台技术、资金、人才和创业机制的支持下持续创新。

2006年，刘占杰和团队研发出了中国第一台−86℃超低温冰箱，打破了该领域国际品牌30多年的垄断局面。2011—2023年，海尔生物医疗航天冰箱搭载神舟系列等飞船十三次进入外太空，使得我国荣列独立掌握航天冰箱技术的前三名国家。2014年，海尔生物医疗团队成员果断放弃海尔智家的股权激励方式，从上市公司独立出来。

2018年，海尔生物医疗开放引进资源，67名核心管理团队及技术团队创客跟投对赌，加速推进物联网转型。海尔生物医疗围绕医院采血难、用血浪费等痛点，以低温存储冷柜为基础，通过网器互联，打造血联网场景解决方案，并复制裂变出疫苗网、样本网等场景生态；同年，海尔生物医疗凭借生命科学生态平台成功转型，成为"瞪羚"企业。

2019年10月，海尔生物医疗在科创板上市，成为青岛市首家登陆科创板企业。刘占杰实现了从一名普通创客到上市公司负责人的蜕变，事前参与对赌的67名创客也成了生物医疗的合伙人。自上市以来，海尔生物医疗市值增长超300%，公司先后被纳入"科创50"指数首批样本公司、上证380指数等重磅级指数。

（二）多场景驱动下的链群生态

生态的重要标志是能够涌现新物种，进化出新物种。海尔生物医疗就是海尔生态上涌现的新物种，与其他上市的生物科技公司不同，海尔生物医疗是物联网科技生态，是物联网时代的产物。当前，海尔生物医疗物联网下的生命科学与医疗创新数字场景生态由数智实验室、数智生物制药、数智医疗、数智公卫、数智血液五大生态场景组成，场景之间彼此独立，又因小微节点和群链产生关联。海尔生物医疗以用户的场景生态为入口，先后设计出智慧血液城市网、智慧疫苗城市网、生物样本库、细胞治疗、智慧院内用药、社区康养、公共卫生服务等多个物联网解决方案，将用户、设备和产品互联互通，实现了"端、云、网一体化"的价值创造新模式，形成跨界整合、柔性协同的价值共创联盟。价值网络以满足用户最佳体验为中心，快速、灵活地配置资源，为用户创造价值。价值网络的核心是"网"，链接了生态中的多个利益攸关方，并在不断地将各主体纳入这一价值网络。

　　链群合约形成的生态使海尔生物医疗在外部环境高度不确定的条件下仍可以不断挖掘用户需求，创造出更高价值，为用户创造价值的同时实现员工价值分享。早在疫情初期，结合了物联网技术已经在业内成为领先品牌的海尔生物医疗超低温冰箱，就在欧洲、中东和东南亚等地区新冠病毒科研领域得到广泛应用。随着新冠疫苗的研发成功，海尔生物医疗在2020年就迅速研发出用于辉瑞新冠疫苗的超低温运输和保存的冷冻箱，迅速量产上市在美国率先使用；同时根据疫苗长途运输中存在的现实问题研发出快速迭代专用转运方案，研发出超低温疫苗转运箱。通过采用独特的绝热技术，在不插电的情况下，超低温疫苗转运箱可以依靠干冰等制冷剂将−70℃稳定温度延长到25天，打破了行业最长18天的纪录，树立了新的行业标杆。海尔生物医疗创造出低温冷链技术与物联网融合、加之双制冷系统独立交替运行等新模式，解决了疫苗在冷链运输时温度控制不到位、信息追溯不及时等难题；并通过搭载不同温区蓄冷剂，实现多种温区调节，满足市面上所有存储温度需求的疫苗运输要求。海尔相继为美国、捷克、越南、菲律宾、哥斯达黎加等国提供新冠病毒疫苗−70℃智控超低温转运最新方案，并获得极大认可。不仅如此，海尔的硬件设备也助力国家重大科研项目，海尔生物医疗航天冰箱搭载神舟飞船十三次进入太空，医用冷储箱搭载神舟飞船，航天冷冻箱搭载天舟飞船，食品冷藏箱进入天和空间站，助力太空科研；超低温保存箱搭载"彩虹鱼"号载人深潜器，深入万米深渊海沟探秘；搭载"雪龙号"科考船远赴8000海里○之外的南极助力科考。

四、案例总结

人单合一模式下的链群合约自组织形式、自驱动体系、自涌现动力和增值分享生态强链接是海尔生物医疗发展过程中，成功实现创新创业、业务转型、场景物联与生态构建的核心基础。在这一过程中，员工个体的自主性与驱动力是基础，而用户的诉求与真实体验是成功的评判标准，海尔员工通过为用户创造价值实现自身价值，充分体现出链群合约的以人为本、体验为上、协同共创、利他共益特征。

首先，海尔生物医疗通过识别用户的角色与价值诉求点，成功将场景下的所有生态用户进行链接，形成满足用户群的价值组合。其次，在这一基础上，通过从用户使用立场出发，充分考虑用户参与的全过程细节，针对性地定制个性化模式。例如对于智慧疫苗网的打造设计，疫苗网通过取号、登记、接种、留观四个环节的信息化、数据化、系统化，保障疫苗接种各个环节无失误。接种前，接种点的取号叫号系统会提醒及显示待接种疫苗的名称、厂家信息、接种位置等信息。来到接种台后，护士会通过海乐苗接种箱扫描儿童"预防接种手册"，接种箱小屏幕会显示注射疫苗的名称等详细信息，随后注射针剂自动弹出。如果疫苗已过期或不匹配，注射针剂则即刻冻结，无法弹出。为确保接种信息精准无差错，护士会手持针剂在冰箱上再一次扫码，二次核对信息，并确认接种方式、部位，然后给予接种。疫苗接种完毕后，在30分钟留观期间，家长可以在屏幕上查看

○　1 海里 =1.852 千米。

留观"剩余时间"。留观时间结束后，家长再次拿着"预防接种手册"成功扫描二维码后，便可以离开门诊，同时，家长还可以通过手机端实现提前预约和事后跟踪。在此过程中，疫苗网充分考虑用户带孩办理接种业务的现实困难，努力降低流程手续办理的复杂性。正是事无巨细考虑用户在使用全过程中的真实需求，才能使物联网作为工具真正实现"人联网"，打造出一种有温度的感知交互体验。

　　海尔生物医疗通过构建价值生态网络、链接已有生态网络，为用户持续创造高价值。用户群在每个场景中的价值需求存在多元化，任何一个企业都难以独立满足用户群的价值诉求。海尔生物医疗利用小微链群来满足用户群的价值，而小微链群的背后连接更多的是生态伙伴，从而形成了基于用户群价值的生态网络。基于此，合理地设计价值分享机制与价值生态伙伴之间合情的契约机制也是"链群共赢进化生态"得以形成并不断迭代进化的重要保障。

第十三章
场景驱动下的三翼鸟

○ **本章导读**

✓ 2020 年，海尔发布全球场景品牌——三翼鸟，围绕定制智慧家生活，通过构建智家大脑、场景方案、门店运营、三翼鸟筑巢设计工具、数字化工具五大核心能力，为用户提供"设计一个家、建设一个家、服务一个家"的全流程、全生命周期的服务。

✓ 产品会被场景替代，行业将被生态覆盖。如今，单一产品已经无法满足用户的需求迭代，而转向场景体验需求，跨行业、跨领域生态方的融入让三翼鸟场景品牌再次引领行业发展。

✓ 目前，三翼鸟平台已汇集 2 万 + 设计师、3 万 + 家电客户、1000+
家装公司、1000+ 家居生态和 1.4 万 + 成套服务管家，带来送装、设计、
局改全周期的一站式场景服务。

一、三翼鸟：海尔智家首个场景品牌

为了改变人们对公司形象固有的认知，公司于2019年7月1日正式变更名称为海尔智家，努力将自己从传统家电制造型企业转变为世界领先的美好生活解决方案服务商。在新的时代背景下，海尔智家宣传的口号变成了"你的生活智慧，我的智慧生活"，其主要业务为各类生活家用电器、U-home 个性化智能家居产品等的研发、定制、生产和销售。

但是，随着社会由互联网时代向万物互联的物联网时代转变，仅仅产品本身已经难以满足消费者全方位的需求。在2020世界工业互联网产业大会暨第四届人单合一模式国际论坛上，张瑞敏发表题为《于VUCA时代创造引领商业模式——人单合一》的主旨演讲。阐述了企业如何在物联网时代的商业特征下，即易变性（Volatility）、不确定性（Uncertainty）、复杂性（Complexity）、模糊性（Ambiguity），面对市场未知变化，把握用户需求，贯彻基于人单合一的链群合约理念，深化改革创新和可持续发展。张瑞敏表示，仅仅发明新产品并不能实现增长，"产品会被场景替代，行业会被生态覆盖"。

在这样的背景下，三翼鸟作为海尔智家首个场景品牌应运而生。海尔智家在人单合一模式的指导下，落地智家体验云战略，2020年9月11日发布全球首个场景品牌"三翼鸟"，从家电品牌转型成场景品牌，开辟了从卖产品到卖场景的新赛道。三翼鸟以基于人单合一的链群合约模式为底层逻辑架构，以智家大脑为中枢神经系统，建立智慧家电家居家装一体化的行业生态，为用户提供智慧阳台、智慧厨房、智慧浴室、全屋空气、全屋用水、全屋视听等智慧家庭全场景解决方案。自品牌创立以来，三翼鸟始终以智慧为核心，紧跟用户在数字经济新时代社会高速发展背景下千变万化的需求，提出了特有的"一站到位、一次就好"商业理念。三翼鸟希望"把麻烦留给三翼鸟，把便利留给消费者，让消费者免去凡事的纷扰"，这也体现了人单合一理念中"单"的核心地位。与此同时，三翼鸟基于数字化的线上高效服务平台，整合多家行业龙头企业资源，形成其独特的场景化商业生态系统。在不到两年的时间里，三翼鸟便被广大中国消费者认可，推动了智慧家庭物联网走进千家万户。

2022年7月，三翼鸟联合17家知名家电家具家装公司、建材企业、室内装修协会和住宅产业研发中心等共同成立了中国大家居TOP生态联盟，直面用户需求，想用户之所想，为用户带来了快捷高效的一站式家庭建设个性化定制服务。海尔智家副总裁、中国区总经理徐萌表示："我们希望撕掉家电制造业的标签，真正基于全场景给用户一个完美的生活解决方案。"

作为中国大家居TOP生态联盟的倡导者，三翼鸟明确了其全新商业模式与传统模式的三个差异化：一是实力强，其联盟品牌全部由红星美凯龙、索菲亚、卡萨帝、诺贝尔瓷砖、顾家家居等多家行业头部品牌组成；二是标准高，生态联盟成立了联合研发创新中心，加速科技从产品向场景的研发升级；三是体验好，生态联盟致力于一站式解决用户关切的所有痛点，为用户打造一个简单高效的消费体验。而联盟的每个品牌都是链群合约理念中一个独立的链群，每个链群通过这个联盟达到资源共享、和而不同、协作共赢的效果。联盟以用户实际需求为支点，以智能家电的硬科技创新为杠杆，以独特的智慧家电家居家装一体化商业模式为平台，打破传统行业壁垒，从而撬动整个行业的创新发展。这个联盟不仅是中国大家居领域第一联盟，更成了整个行业未来创新发展的领军者和推动者（见图13-1）。

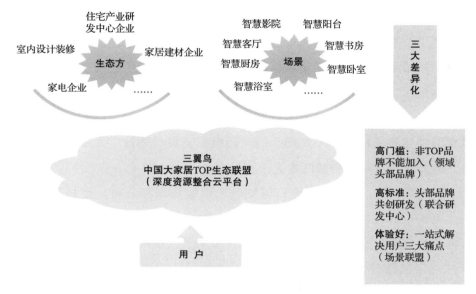

图13-1　三翼鸟大家居TOP生态联盟示意图

　　三翼鸟作为一个深度资源整合平台，囊括了2万多位设计师、1万多个用户管家、2000多个生态方，可以一站式完成家的设计、建设、服务，提供衣食住娱全场景解决方案，轻松复制"一整个家"，创造因需而变的N种场景方案。与此同时，三翼鸟依托智家体验云平台，连接用户、企业、生态方，创造因需而变的个性化方案。以"1+3+5+N"能力保障落地，即1个智家大脑，3大全屋专业系统解决方案，5大智慧空间解决方案，再加上N个场景化体验，为用户定制覆盖衣、食、住、娱需求的美好生活，以品牌引领性、唯一性推动智慧家庭行业革新，真正做到新技术、新产品、新模式的跨界融合创新，如图13-2所示。

　　"三翼鸟"概念来自混沌理论中的奇异吸引子，内部模块不断组合变化，外部稳定并拥有强大的吸引力。正如充满了不确定性的物联网时代，场景是混沌的、动态变化的。海尔选用三翼鸟作为海尔场景品牌的名称，意思就是用户的需求痛点可能不大，但是海尔会根据用户需求不断地迭代

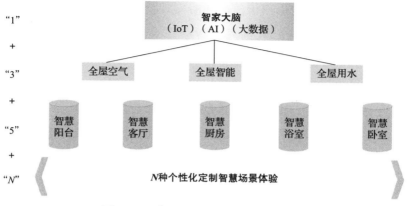

图13-2　"1+3+5+N"方案示意图

解决方案，并且吸引到内外生态方蜂拥而至，共同形成合力从而创造出巨大的蝴蝶效应。而这一寓意也为海尔智家和三翼鸟品牌未来的创新发展指明了前进的方向。今天的"三翼鸟"在基于人单合一链群合约理念的指导下扇动了"产品让位于场景，产业让位于生态"的商业模式革新之翼，也许在未来的某一天就成了一场推动中国家电企业数字化转型的"龙卷风"。

二、人单合一模式的引入

作为海尔智家旗下的场景品牌，三翼鸟人单合一模式的引入是海尔智家长期发展和理念变革的结果。人单合一的发展核心是"以人为本，体验为上"。因此，三翼鸟将提升用户体验感，把握时代的发展趋势，以及"人的价值第一"视为企业发展主线。本文首先回顾了海尔智家在不同发展阶段的人单合一模式。

2005年底，海尔智家为了应对全新的市场环境，对自身进行了全新的定位，同时宣告自己迈入全球化品牌战略发展阶段，明确了新的发展方向。海尔智家的发展理念认为，人才是企业最宝贵的资源，企业应当重点关注能否使员工在创造用户价值的同时实现员工自我价值，也就是在这一发展阶段，满足互联网时代的海尔智家"人单合一"业务模式被企业提出。2012年底，海尔智家推出属于自己的网络化战略。2012—2019年，互联网的高速发展改变了以往的经济发展模式，面对这种情况，海尔智家选择转型为平台化企业。也就是在这期间，海尔智家将人单合一业务模式进行调整与改良，将2005年提出的人单合一1.0模式升级为人单合一2.0模式，以进一步适应网络化发展战略。人单合一2.0模式实践后，利益攸关方更能够共赢增值，同时也将原先的自主经营体模式变换为小微企业模式。

在人单合一1.0模式中，强调自主经营体与倒三角形组织结构，企业被划分为三个层级的自主经营体，其中，一级自主经营体是指企业的一线员工（销售员工、研发人员等），这些一线员工决定着企业应该开发那些产品或者提供那些服务；二级自主经营体给一级自主经营体提供相关资源上的支持；三级自主经营体（企业高层管理者）则是给一二级自主经营体服务，保证三个层级的自主经营体高效有序运行。

三翼鸟采用的是人单合一2.0模式。在2019年底，海尔智家进行战略方向调整并步入生态品牌战略，基于新的发展阶段海尔智家提出了不同于以往的海尔精神及海尔作风。新的海尔精神强调诚信生态，共赢进化；新的海尔作风则强调人单合一，链群合约。生态品牌战略发展阶段的提出意味着海尔智家开始挑战传统的商业模式，开始朝着物联网生态的目标极力奋进。在人单合一2.0模式中，强调创客、小微、平台主，海尔智家将自主经营体的范围扩大，不再仅仅是企业内部成员，还包括外部小微、用户等利益攸关方。企业转变为高效的资源配置平台，利益攸关方在平台上分享创新成果，用户在平台上参与创新。海尔智家依靠人单合一模式不断地进行战略路径的创新，如今已经从传统家电制造型企业蜕变为信息化平台企业。人单合一模式驱动员工、创客以用户需求为发展中心，搭建共创共赢生态体系。

　　三翼鸟内部具有倒三角形组织结构，其从"订单"出发，将用户的家电场景需求作为价值链的起点。正三角形组织结构以最高层管理者为行动中心，而不是用户，因此，人单合一模式采用倒三角形组织结构，强调扁平化的网状组织模式，用户放在企业顶端，三翼鸟的一切决策基础与出发点都是依据用户的需求。在用户的下面一层是一级经营体，一级经营体后面则是给予一线员工各种资源帮助的平台经营体，底层为战略经营体，给予以上两级各种资源帮助。人单合一模式采用这种组织结构能够实现组织扁平化，大幅度消减管理层级和中间管理层的领导职位，最终驱使原先管理层建立自主经营体来创造更大的价值。

　　人单合一模式的本质是企业目标管理，目的是让员工自己成为经营者。人单合一模式下，所有员工自主经营，在市场一线面对市场变化，把市场中用户的个性化需求作为风向标，充分发挥自身潜力，最终完成平台化企业的总体战略目标。人单合一代表的是将人（认同三翼鸟企业文化的员工，即自主经营体）和单（用户资源，即企业市场）绑定在一起，二者相互匹配，三翼鸟的每张"单"均有专门的"人"负责，各个"人"又与市场相互融合。总的来说，人单合一模式的出现改变了企业过往的经营理念和工作中心。

　　2015年，张瑞敏表示经过十年的调整与完善，人单合一模式步入2.0阶段。人单合一模式的深入实践，变革了以往的业务模式，企业的工作中心不再是以交易产品为重点的市场链，而是建立共赢共创生态圈，自主经营体依托人单合一模式，自主决策。当前，三翼鸟也借助海尔智家特有的账户管理工具——战略利润表、日清表、人单酬、共赢增值表，实时展现获利状况，发现差距，分析原因进而消除差距，通过管理现实绩效与预期绩效实现共赢目标。

　　除了以用户体验为核心的经营理念和业务模式，人单合一的核心理念也深深扎根于三翼鸟的企业内部组织管理。当前一些互联网公司实行的末位淘汰制，导致员工精神高度紧张，内部竞争严重，人人都盯着自己的同事而忽视了用户的真正需求。三翼鸟则不同，三翼鸟是集体所有制企业，提倡"人人都是CEO"的理念。三翼鸟深知个人力量或单个组织力量的渺小，鼓励内部团结一心、互帮互助，让员工可以全心全意地聚焦和服务于消费者的需求。同时三翼鸟也开放友好，乐于与外部的企业、组织甚至个人合作共创。在此基础上，三翼鸟十分鼓励创新，给每个创客最大的自由度和资源平台的支持，允许创客搭建自己的团队，让每个人都充分发挥自身价值，让工作变得有意义、有追求、有价值。这也彻底贯彻了其"开放、创新、专业、落地"的管理理念，真正做到了"机制配套，视人为人"。也正因如此，三翼鸟吸引了各行各业优秀人才的加入，其中有海尔的资深员工，IBM、微软、360等互联网公司人才，海归人员，家电家装行业人员等，充分体现了其组织多样性和多元性文化。

三、基于人单合一的链群合约模式

　　当前，三翼鸟正在采用基于人单合一的链群合约模式，在样板链群积累了初级的量变和质变，下一步要将样板复制到全行业乃至各个跨行业领域，需要不同的链群实现相关的量变和质变升级的目标。在传统的人单合一模式基础上，链群合约不再只是由各个小微组成的链群内的协同合作，而是实现了链群之间的相互协作，相互约束，优化资源配置和成果共享。链群合约通过其核心团队的目标统一明确"单"的职责，形成跨部门、跨产业共创共赢。这个核心团队目标则作为链群组织的永动机，保证整个链群联合体的有序边缘竞争。这也凸显了链群合约模式在三翼鸟应用过程中"开放整合，协同共创，利他公益，永续发展"的核心理念。

　　在家电场景创新模式中，资源方能够快速对接就充分得益于三翼鸟人单一模式下的"链群合约"。不同于传统的合约，链群合约不需要烦琐的流程，只要资源方拿着具有竞争力的改造方案、认同食联网厨房改造的目标，双方定好目标和分享比例，就可以签订合约，共创共赢，增值看得见，分享摸得着。

在链群合约模式下，海尔去掉中层管理者这一"隔热层"，鼓励内部和外部的人员在海尔平台上创业。海尔被分解为数千个"小微"（包括虚拟小微、孵化小微、转型小微和生态小微等），变成一个网络型组织。海尔经过多年组织变革，目前只有三类人：平台主、小微主、创客。到2019年，海尔进一步探索"生态链小微群"（简称"链群"）的组织体系，"链群"改变了以往小微间的各自为政，通过创建与社群对应的生态圈，彼此独立的小微因为满足用户特定需求被并联起来了，三翼鸟也是在这样的背景下诞生的。

三翼鸟内部有一张"链群合约生态图"，链群合约实质上是一种契约，目的是约定不同利益主体的小微及利益攸关方的权责关系。每个链群合约都包含了创造价值和传递价值的全流程，海尔将其称为体验链群和创单链群。体验链群与用户直接交互，收集用户需求；创单链群在获取体验链群提供的用户需求后，调动各方资源，以不断迭代的场景解决方案满足用户需求。因此，三翼鸟目前采用的链群合约模式是海尔多年组织变革的结果，而组织变革是为了人单合一的达成，永远围绕用户需求的变化而变化。

接下来，本文以三翼鸟下的智慧烹饪链群（食联网）为例，阐述其探索智慧烹饪链群的解决方案。2020年8月1日，张瑜正式在链群合约工作台发起举单，建立智慧烹饪链群。系统根据市场容量、消费习惯、行业规模和团队整合能力四个维度，生成了2万用户数目标和1000万元生态收入目标。抢出该目标也意味着张瑜有了60万元的增值分享空间。巨大的增值分享空间吸引了众多小微节点抢入链群，他们纷纷在链群合约工作台上抢单，并给出符合节点目标的预案，如人力节点给出如何吸引预制品行业人才的预案，市场节点给出如何整合3万海尔门店资源的预案，蒸烤箱小微给出台式烤箱、嵌入式烤箱不同产品类型的预案……接着，张瑜在平台上对不同节点的预案进行考评，让符合的节点抢入链群。考评后，蒸烤箱小微、厨电智慧小微、食材小微、物联网支付场景交互小微、物联网支付场景落地小微、财务、人力、用户交互小微等11个创单节点，杭州、北京、上海等多个区域营销中心作为体验节点抢入链群。

　　各个节点抢单成功后，链群各节点根据自己所承担的目标和贡献价值大小，分别确定了自己目标完成后可达成的分享比例。从创单链群和体验链群看，在智慧烹饪链群成立初期，链群更侧重智慧烤箱研发和生产，因此链群中创单链群和体验链群的分享比例各占60%和40%。在烤箱研发技术成熟后，链群更侧重对这种模式进行市场营销推广，因此链群中创单链群和体验链群的分享比例又动态调整为各占50%。而从链群中具体的小微节点看，以体验链群中区域市场小微节点为例，这些市场小微根据各自推广门店数量在体验链群中门店推广总数量的占比，提前确定各自的分享金额。链群合约也自动生成。链群合约生成后，链群合约工作台会自动生成交互群，群内可随时显示各个节点关差，平台还会根据各个节点的进度进行提醒。

　　智慧烹饪链群通过搭建美食共享平台，让厨师通过物联网技术将厨艺数字化。在相继探索麻辣小龙虾、剁椒鱼头等菜品取得成功后，张瑜在2020年9月参加北京全聚德大店开业活动时，萌生了"一键烤鸭"的想法。该想法得到中国烹饪大师张伟利先生和预制品公司惠发集团以及养鸭场的支持。于是，他们在10月23日签订合作，协议制定了链群卖出10000只烤鸭，获得200万元收入的目标。自签订协议之日起，张伟利、惠发集团、养鸭场等正式抢入智慧烹饪链群，成为其中的创单节点。经过6个月的时间上千次实验，张伟利等人终于在2020年9月10日利用焖炉烤的模式做出第一批烤鸭，并发动海尔智家用户开展了一个200人的需求调研。调研发现，用户无法准确把握烤鸭胚化冻状态，且过程中有较多不确定因素影响烤制效果。之后，张瑜又再次联系张伟利大师与鸭胚制作公司研究"冷冻烤"的工艺，通过一个多月的不断尝试，最终在10月15日实现鸭子"一键烤制"的技术目标。

链群根据平台、厨师、食品加工企业和养鸭场价值贡献的不同，事前约定好了分享比例。每卖出一只烤鸭，海尔智家平台、厨师张伟利、惠发集团、养鸭场分别可拿到2%~6%的利润分享，剩下约15%的利润归智慧烹饪链群。在这15%的利润中，有约6%作为增值分享空间，分给链群各节点创客，约9%的利润，留作链群后续发展。因为分享比例都是事前约定好的，所以每个节点都可以在事前清楚地认识到自己达成目标后可以获得的分享。很快，食联网智慧烤鸭和鸭胚在海尔智家app上线，并出样3000余家海尔专营店销售。商品上线后，烤鸭在一个月内卖出20000只，实现400万元的生态收入，收益翻倍，张伟利大师也成功获得57906元的增值分享，链群中也有包含杭州制冷小微等7个节点获得相应的增值分享。2020年11月5日，整个链群18人共出资210万元，成立了独立法人公司。

完成目标后，智慧烹饪链群仍在不断进行用户迭代，但这次的目标不再局限于一只烤鸭，而是开发更多的美食菜品。2020年12月16日，食联网在青岛召开第一届美食开发者大会，大会结束后，智慧烹饪链群决定联合9个厨师，整合23个生态方，开发具有北京、山东、福建、广东、四川等不同区域特色16道新菜，组成将近10个组合的"年夜饭套餐"。2021年元旦，年夜饭套餐开始预售，仅用一个月的时间，年夜饭套餐便售出1.5万份，创下新的行业纪录。如果是三口之家，就有接近5万人吃到了食联网的年夜饭。智慧烹饪链群已经吸引包含惠发集团、欣和食品、涵睿食品、新希望六和等上百位生态方和上百位大厨进行美食共创。链群良好的发展表现也赢得了众多风投的关注。

智慧烹饪链群是三翼鸟厨房下的一个典型场景，在这样的运营模式下，三翼鸟创造了三翼鸟厨房、三翼鸟阳台、三翼鸟客厅、三翼鸟浴室、三翼鸟全屋空气等多个子链群。在三翼鸟这个典型链群下，每一个子链群的发展过程和模式却各有特点，在面向对象、应用场景、想法产生的背景等方面都不一样，但是也都具备物联网、数字化、场景化等特点。

除了智慧烹饪链群，三翼鸟旗下还有多个规模较大的跨产业链群，如网器全流程链群、整装生态链群、消服两分链群等。每个链群都是一个完整的业务模块，它们既能独立运转，提供专业到位的服务；又能紧密协作、共创共赢，为用户营造一站式生态体验和前所未有的一站式服务。

以消服两分链群为例，三翼鸟致力于为用户提供一站式终身服务，将用户发展成其终身用户。在过去，消费者在某个平台购买产品后，如需要任何售后服务（包括维修、更换、保养、安装、维护等）都需要联系产品制造商，平台服务在销售过程结束后便已停止。而三翼鸟作为一个场景品牌，在其平台购买的任何产品和定制场景都将享有三翼鸟直接提供的一站式终身服务。更有甚者，三翼鸟依托高速发展的智慧物联网技术，通过智家大脑平台，能够实时感知用户需求，为用户主动提供服务。

未来三翼鸟将通过人工智能技术，以分布式大脑屏为载体，实现跨空间交互、全屋分布式感知、多屏互动和无感服务。当辛苦工作了一天的用户回家到，大脑屏能主动调整全屋的灯光、温度等要素，为其营造一个温馨舒适的休息环境。智家大脑还能感知用户情绪并主动安抚，提供管家般的贴心服务。通过后台大数据平台，智家大脑能实时检测一些智慧家庭网器的使用情况，主动提醒用户可能需要检修的设备和需要更换的滤芯，主动根据用户的身体状况智能推荐菜谱，提供健康饮食建议等。与此同时，三翼鸟也高度重视用户的个人隐私，获取数据都有严格的权限划分和安全措施，用户也可以随时关闭数据记录来确保家庭私密性。

毫无疑问的是，这一系列的服务都不可能依靠某个单独的链群得以实现，因此基于人单合一的链群合约模式对三翼鸟品牌的可持续发展、共创共赢既具有非常核心的指导意义，又具有颠覆当前传统商业模式的战略价值，是三翼鸟赖以生存和发展的根基。三翼鸟践行链群合约模式也充分展现了其理念的关键特征：以人为本，体验为上；开放整合，协同共创。

四、案例总结

作为一个年轻的场景品牌，三翼鸟品牌价值的增长和社会影响力的扩大不可小觑。早在2021年，三翼鸟上海001体验中心的营销额就高达2.28亿元，而家居、生态及工程合计收益超过1.1亿元，远远高于其家电销售占比。目前，三翼鸟的营业额在10亿元左右，其链群人数从开始的300~400人发展成如今的超2000人，其中研发人员超过1500人，占比75%以上。三翼鸟还拥有超过3万个线上线下网络触点，并实现了全流程数字化。其店面坪效超过传统家电卖场的5倍，最高客单价可高达22万元。

截至2022年底，三翼鸟在全国共建成1605家001号实体体验店，覆盖全国238个城市。在此基础上，三翼鸟还将与红星美凯龙新增触点360家、与居然之家新增345家、与苏宁易购共建300家三翼鸟全场景体验厅，合计超过千家综合体验店且均要完成100%进驻，大有如"毛竹"般生长之势。而其用户数量也呈现出稳步的加速增长趋势。2022年以来，仅在两个月内就有超过1500户家庭选择三翼鸟品牌为其提供场景定制服务，从2021年9月的约5000户到2022年6月突破25000户，其终身用户数量在其交付用户数量的一半以上，并预计在七年内突破100万户（如图13-3所示）。三翼鸟线上app平台从月活跃度1000到如今的百万级别，最高时达到675万。

在2022年7月26日召开的第十九届世界品牌大会暨中国500最具价值品牌发布会上，三翼鸟成为唯一上榜的场景品牌，位列第209名，较去年提高了21位。这次上榜不仅是对三翼鸟这个品牌价值的肯定，更透露出未来由场景体验打造品牌价值之路的巨大潜力与无限机遇。由此可见，三翼鸟从

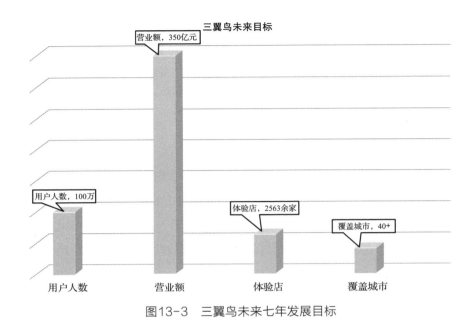

图13-3　三翼鸟未来七年发展目标

用户核心需求出发，以用户视角为指导，以场景体验为载体，聚焦品牌经营、技术创新与可持续发展的长期主义，真正得到了市场和消费者发自内心的认同，打造出其特有的社会品牌价值。

作为海尔智家旗下的场景品牌，三翼鸟的成功是基于人单合一的链群合约模式的引入和海尔智家长期发展与理念变革的必然结果，其发展的核心是提升用户体验感，找准时代的发展趋势，把"人的价值第一"视为企业的发展主线。三翼鸟采用的是基于人单合一的链群合约模式，并依靠这种业务模式不断进行着战略路径的创新。基于人单合一的链群合约模式驱动三翼鸟员工、创客以用户需求为发展中心，不断创新全场景全屋智慧解决方案。不同于其他智能家电品牌，三翼鸟以海尔智能家电技术为基础，从一个超脱寻常的切入点为用户提供智能化、成套化、一站式家装服务。同时，三翼鸟实现了硬件软件结合的软件服务，以线上线下一体化的售卖方式，数据迭代并终身服务用户。

在此基础上，三翼鸟积极探索将其家居生态体系能否兼容第三方电器，充分并联起其他品牌的智能家居电器、家具等，而使三翼鸟更多的是提供平台服务。这种开放创新的可能性也源自三翼鸟基于人单合一的链群合约理念中对外部链群的开放包容，资源共享。三翼鸟计划从2025年开始反向定制，将其平台开放给所有品牌，以其特有的智家大脑技术实现万物互联、深度交互、可视化管理和场景直达。与此同时，三翼鸟也要探索其组合智慧家居解决方案能否转向为模块化安装模式，即用户可能只选择单一的或几部分的家居单元，例如只需要智慧洗浴模块或智能感应床，依然能够达到较好的用户体验。

不仅如此，人单合一模式高度重视用户的实际需求，这也使得三翼鸟充分站在用户的角度思考，"想用户之所想，急用户之所急"。考虑到目前用户购买新房自带的精装修无法真正满足用户的使用需求，三翼鸟正在积极尝试与家电家装上游的房地产企业合作，在用户购房初期便为用户提供N种个性化场景定制方案。这样做不仅能从源头上避免二次装修造成时间和金钱的浪费，后期家电、家具、家装不匹配，设计突兀而破坏整体美观，甚至家电无法正常安装使用的问题；还能避免用户需要奔走多家市场，而导致额外的时间成本和交通成本的损失，以及由于产品与环境的格格不入从而拉低对产品本身的使用体验。由此也体现出三翼鸟基于人单合一的链群合约模式一切从用户需求出发，"以人为本，体验为上"的核心理念。

三翼鸟正在得到中国消费者的高度认可，主要来源于三个方面：①智慧场景方案，由多品类集成经营所创造的N种智慧场景全方位满足用户需求；②平台能力，平台赋能于用户、门店和生态方，使得平台拥有了多元化、立体化的服务能力；③触点网络，其线上线下一体化，交互、交易、交付全流程数字化的触点网络为三翼鸟未来的高效发展奠定了基础。

未来，三翼鸟也将继续深化基于人单合一的链群合约模式，依托数字化资源整合平台和智家大脑提供的万物互联智能化服务，贯彻"一站到位、一次就好"的商业理念；高度聚焦用户在场景体验下的核心需求，以场景体验驱动创新，引领中国智能家电家居家装行业智能化、成套化、一站式的全面发展；实现"让用户免于生活凡事的纷扰""让智慧家庭走进千家万户"的战略目标；形成三翼鸟智能家电家居家装一体化的热带雨林生态，在其基于人单合一的链群合约模式的滋润下，在高度智能的智家大脑的引领下，迸发出万物齐生的智慧家庭行业生态体系。

Haier

第十四章
持续赋能赋新的
卡奥斯

✓ 以"大企业共建、中小企业共享"赋能生态为目标，以"企业数字化、行业数字化、城市数字化"的赋能路径，卡奥斯把"一米宽"的工业互联网做到了"百米深"，深度推进数字化转型，引领"0→1→无穷"的数字经济新生态。

✓ 目前，卡奥斯已赋能化工、模具、服装等 15 个行业生态，覆盖 29 个行业大类，链接企业近 80 万家。2023 年，卡奥斯 COSMOPlat 以品牌价值 868.26 亿入选中国 500 最具价值品牌。

一、卡奥斯平台：产业级新型基础设施的标杆

工业互联网是各行业推动质量变革、效率变革、动力变革的重要引擎，是融入数字经济浪潮的重要抓手。数据表明，通过工业互联网和数字化改造，企业可以提升8%~13%的利润率。同时，工业互联网也是当前工业企业发展的重要新型基础设施。国际上，美国的代表性工业互联网平台是GE Predix，它侧重于资产与管理；德国的则是侧重于工厂管理与服务的西门子Mind Sphere。

中国的代表性平台是由海尔基于近40年的制造经验和数字化转型实践沉淀打造出的卡奥斯（COSMOPlat）。它是具有中国自主知识产权、引入用户全流程参与体验的工业互联网平台，侧重于大规模定制的全流程管理，推动从用户端一直到整个流程的互联互通。"卡奥斯"的名字来源于古希腊神话中的"元始之神"，寓意在混沌中创造新生。卡奥斯工业互联网生态肇始于海尔的互联网转型与探索。从2000年提出"不触网，就死亡"以来，海尔自身的制造体系经历了数字化升级→互联工厂→灯塔工厂的演变，海尔承接国家战略，踏准时代节拍，主动创新，到2017年4月，卡奥斯物联科技股份有限公司成立，标志着海尔的智能制造探索进入建设工业互联网生态的新阶段。

经过多年探索创新，卡奥斯已经成为工业互联网探索发展的领军者。2018年，卡奥斯主导定制ISO大规模定制国际标准，推动中国模式从跟随变为引领，成为当年唯一一家入选世界经济论坛"灯塔工厂"[⊖]的中国企

⊖　"灯塔工厂"项目由达沃斯世界经济论坛与管理咨询公司麦肯锡合作开展遴选，被誉为"世界上最先进的工厂"，具有榜样意义的"数字化制造"和"全球化4.0"示范者，代表当今全球制造业领域智能制造和数字化的最高水平。

业，荣获国家级企业管理现代化创新成果一等奖。近年，卡奥斯斩落世界物联网博览会新技术新产品新应用成果"三新"金奖，并通过A轮融资成为工业互联网领域独角兽企业，连续蝉联《最值得关注工业互联网平台》榜首，同时还是欧盟以外受邀参与共建欧洲联邦云GAIA-X项目的企业。目前，卡奥斯专利突破765项，主导参与制定ISO、IEC、IEEE、UL等4大国际标准组织的7项国际标准，位居弗雷斯特研究机构（Forrester）工业互联网象限"领导者"的位置，同时也被APEC评价为中国数字经济示范样本，在国际上得到了全球广泛认可，代表中国工业互联网抢占全球话语权。在国内，卡奥斯也是连续五年位居国家级双跨平台的首位，成为中国工业互联网的领航者。

通过持续的自主创新和迭代演进，卡奥斯屡次实现突破，先后在模式、标准、生态方面以及国内乃至全球范围均实现了引领。秉承人单合一理念，数字化催生出的链群合约模式使得大规模定制模式以及基于"增值共享"理念的互联网生态得以实现。卡奥斯聚焦"一体两翼"平台能力，依托大规模定制模式和赋能企业数字化升级的六化新模式两大差异化优势，积极发挥"头雁"效应，全面推广工业互联网解决方案，开拓平台对外赋能的新高度，持续引领行业的发展。卡奥斯平台先后帮助海尔完成了自身的两化融合，打造了全球引领的互联工厂和411座灯塔工厂，并通过对外赋能，逐步构建起覆盖15个行业并在20多个国家推广复制的工业互联网生态。一个以卡奥斯为母平台的工业互联网生态正在向不同行业、领域快速延伸、赋能，体现出强大的生态引力。双跨平台积极发挥赋能作用，不断拓展工业互联网在各行业的应用，推动各行业转型升级，助力经济高质量发展。

二、基石与动力：从人单合一到大规模定制

自2005年以来，海尔不断探索并完善人单合一模式赋予了卡奥斯数字

化平台独特的内涵，尤其自2020年以来，新冠疫情在全球持续蔓延，世界经济下行风险进一步加大，不稳定不确定因素显著增多，全球各个产业运转受到极大损害，对全球产业链、供应链的稳定性和竞争力形成重大挑战。在上述背景下，卡奥斯平台通过独特的数字化赋能产业发展方式，与合作方一起实现逆势成长已经成为工业互联网领域的传奇。

（一）数字化赋能"大规模定制"生产模式

秉承人单合一模式的核心理念，卡奥斯平台的管理思想始终聚焦在三个方面——员工、用户价值、员工和用户价值合一，这使得员工由被动的执行者变成创业者。这一理念在赋能探索企业从"大规模制造"向"大规模定制"的生产模式转变中发挥了重要作用。通过进一步部署大规模定制模式后，卡奥斯平台可以在生产方式和商业模式两个层面实现对产业格局的颠覆。一是生产方式的颠覆，即从原本传统的大规模制造转为大规模定制的方式。共同进化，让用户参与设计，生产出的产品可以直接触达用户是其鲜明的特征。众所周知，如果产品成为库存，就会极大地伤害企业的创新能力，而大规模定制大大减少了库存，解决了企业发展的潜力问题；二是商业模式的颠覆，关键在于增值分享。卡奥斯平台不断创造分享价值，从而实现生态各方的价值最大化，形成"方案—优化—体验—订单—分享"的良性循环，生生不息。大规模定制模式使得卡奥斯平台可以帮助企业实现产品不入库率超过85%的突破，极大地提升被服务企业的供应链效率。可见，大规模定制模式正在成为卡奥斯平台未来继续突破市场、快速发展的动力。

以大规模定制模式在汽车行业的率先落地为例。一条融合卡奥斯COSMOPlat人工智能、数字孪生、柔性制造、磁悬浮等先进技术的汽车大规模定制示范线便诞生在安徽芜湖的海行云汽车行业大规模定制工业互联网体验中心。参观者只需花大概5分钟，就可以获得专属定制的汽车模型，由此见证大规模定制给汽车生产带来的颠覆性变革。依托海行云平台，奇瑞正在建设的超级智联工厂将实现从智能推荐、定制下单到柔性组装、直连用户交付，这一全新的数字化制造模式。工厂落地后，除了赋能柔性化和智能化的汽车生产模式，海行云也将使得奇瑞在汽车行业消费模式上进一步突破，助力奇瑞更快、更好地适应消费需求的变化，加快打造"用户型企业"的步伐。海行云将磁悬浮技术应用于物流仓储业务和自动化立体仓库，不仅实现了物料运输速度提升高达500%的运动提速，更可在0.3秒内实现10微米的精准定位，为汽车行业物流场景的数字化、智能化提供了创新解决方案，这也将解决物料调度过程中的速度低、精度低、行程与运动维度受限等技术弱点。可以预见在不久的将来，模型将被实车取代。

卡奥斯工业互联网平台的差异化优势，正是以用户需求为核心的大规模定制。青岛啤酒定制款啤酒饮料的背后，蕴藏着卡奥斯助力青岛啤酒，重塑个性化定制的柔性生产线，并升级智能化供应链体系，所打造的一体化定制新模式。大规模制造向大规模定制的转型，虽只有一字之差，却体现了"以产品为核心"到"以用户为核心"的制造业逻辑颠覆。卡奥斯在助力青岛啤酒拓宽销售渠道时，推进青岛啤酒进行柔性智能生产，从让用户去购买企业生产的产品，到让用户定制自己需要的产品，激活了用户差异化需求的潜在动能。卡奥斯围绕中国制造业企业，在工业互联网场景中智能升级的需求，将新一代信息技术与深厚的工业基础深度融合，提出了以数字化、智能化激活工业动能的解决方案，以共创共享的生态圈实现用户、企业和各方资源的深度链接，形成了差异化的赋能路径和优势，如图14-1所示。

（二）跨行业跨领域赋能产业发展：数字化转型的"灯塔工厂"

在工业互联网的大潮下，数字化升级早已成为制造企业的发展主题。世界经济论坛从全球上千家工厂中评选出来的"灯塔工厂"，被视为第四次工业革命的领路者，成为创新变革的工业表率。在中国，海尔是拥有"灯塔工厂"最多的企业之一。全球灯塔网络是一个生产工厂和其他设施

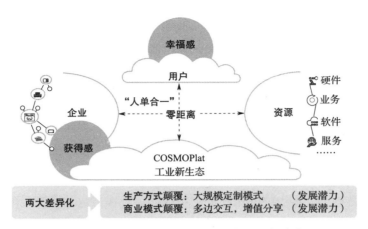

图14-1　基于人单合一的卡奥斯工业新生态

的社区组织，在采用和整合第四次工业革命（4IR）的尖端技术方面处于世界领先地位。"灯塔工厂"是指在第四次工业革命尖端技术应用整合工作方面卓有成效，堪为全球表率的领先企业。它是构成灯塔网络的个体，作为行业典范的"灯塔工厂"，其成就远不止一家企业生产效率的提升，所带来的技术、战略和模式创新也并不会局限于某一行业。全球所有企业在数字化和可持续的转型中，都可以从"灯塔经验"中获得有益借鉴。全球灯塔网络的目标是分享和学习最佳实践，以帮助更多的企业部署技术，采用可持续解决方案。

海尔通过全球首创的人单合一管理体系的创新，从组织颠覆、流程升级、机制创新等方面进行转型实践，让用户能够参与到产品的设计、制造甚至营销。海尔也成功地把互联网思维的基因注入"互联工厂"，始终坚持以"创造用户体验"为中心，走出一条引领行业数字化转型升级、高质量发展的崭新之路，最终打造出全球行业引领的20家互联工厂示范标杆，其中4家分别获得行业首个"灯塔工厂"。

郑州海尔热水器灯塔工厂自2019年开工建设，总投资10亿元，建筑面积达到10万平方米，规划年产能550万台，其中50万台新能源产品、300万台燃热产品已相继投产，200万台电热水器即将投产，成为全球规模最大的热水器智能制造基地。在工业物联网、大数据、5G云计算、人工智能等先进技术应用方面，郑州海尔热水器灯塔工厂首创行业技术融合应用63项，其中工业4.0技术20项、先进制造技术43项。郑州海尔热水器灯塔工厂具备以下三大亮点：一是基于物联网设备物联数字化平台对关键设备100%互联可视，可实现故障诊断、异常预警；二是通过5G+MEC⊖的高速运算，支持装配效率提升；三是智能通信测试平台，满足用户多样化需求下的热水器智能测试模式。郑州海尔热水器灯塔工厂智能制造的水平实现行业引领。2018年至今，海尔已经摘得全球空调、冰箱、洗衣机、热水器行业"灯塔工厂"的四个第一：2018年，海尔青岛中央空调互联工厂成为中国首批，也是空调行业第一座"灯塔工厂"；2020年，海尔沈阳冰箱互联工厂成为冰箱行业第一座"灯塔工厂"；2021年，海尔天津洗衣机互联工厂成为洗衣机行业第一座"灯塔工厂"；2022年，海尔郑州热水器互联工厂成为热水器行业第一座"灯塔工厂"。

2021年青岛啤酒旗下的青岛啤酒厂入选新一批世界"灯塔工厂"，完成了由制造到"智"造的蝶变，交出了一份数字化转型的亮眼成绩单。而在青岛啤酒厂成为智能化标杆的"灯塔工厂"背后，离不开卡奥斯工业互联网平台的支撑。卡奥斯凭借人单合一模式赋能下的组织基础，以大规模定制模式及互联工厂应用案例经验，为青岛啤酒打造全球首个啤酒饮料行业"灯塔工厂"提供了有益借鉴，助力青岛啤酒成为智能化升级的领先企业。

卡奥斯与青岛啤酒的战略合作，既是跨行业的强强联合，也是大生态的共进共赢。2020年5月，卡奥斯与青岛啤酒达成战略合作，共建啤酒饮料行业工业互联网平台，提升企业供应链效率。卡奥斯依托平台底层技术，

⊖　移动边缘计算（Mobile Edge Computing，MEC）可利用无线接入网络就近提供电信用户IT所需服务和云端计算功能，而创造出一个具备高性能、低延迟和高带宽的电信级服务环境、加速网络中各项内容、服务及应用的快速下载，让消费者享有不间断的高质量网络体验。

通过交互定制、迭代研发、数字营销、模块采购、柔性生产、智慧物流、智能服务等节点，将为青岛啤酒构建啤酒饮料行业工业app及平台级解决方案，汇聚上下游企业及资源，共享共建"啤酒"产业生态。青岛啤酒此番入选，诠释了工业互联网生态下头部企业相互成就的全新关系。不仅是两家青岛企业通过工业互联网在探索企业转型升级之路的同城耦合，更是中国"灯塔工厂"领路人与国内行业头部企业之间在垂直行业工业互联网子平台共建上的增值共赢。鉴于消费者日益需要个性化、差异化和多样化的啤酒产品，拥有118年历史的青岛啤酒在价值链上重新部署了智能化数字技术，以此满足消费者需求，将用户订单的交付时间和新产品开发时间降低了50%。定制化啤酒的份额和营收分别增加了33%和14%。卡奥斯以互联互通、深度交互的物联网逻辑，助力一家拥有118年历史的工厂，通过优化资源要素配置，使其重新焕发了工业活力。而青岛啤酒在数字化制造的新赛道上，也激活了啤酒产业新产品、新模式、新业态的迭代，带动上下游企业数字化转型。双方以智能化的行业互联工厂为交互点，实现了跨界的共赢。

用户需求驱动使生产的核心由产品端传导到用户端，但在分散的工业场景下，如何打通从供给到需求的全链条，使工业互联网真正成为疏通工业的智能脉络，仍是制造业在实现数字化转型升级中面临的难题。在此情境下，卡奥斯基于打造"灯塔工厂"和"国家智能制造标杆"的经验和现有的丰厚资源，通过对青岛啤酒的企业基础能力以及产线规划、数字化工厂、智能管理等需求的把握，为其量身定做了大规模定制的解决方案，以贯通的全链条实现生产端、物流端、销售端、用户端等的全面升级，卡奥斯也成为灯塔工厂的领航者。

三、探索未来：链群合约构建用户增值共享新生态

合约是商业合作的信用基础。当今社会，执行合约需要耗费大量的社

会资源。智能合约的出现，一方面为订立合约的双方提供了诸多便利，另一方面也带来了诸多安全隐患。如何充分释放智能合约所具有的价值、提升使用智能合约的安全性，已经成了业内人士必须面对的问题。近几年，在业界人士的共同推动下，基于云计算、区块链、物联网等前沿技术的创新型应用相继出现，给人们的生活带来了诸多改变。智能合约作为区块链技术的一大应用，正在推动合同订立、合约履行等环节加快向着高效化、现代化方向转变。

　　智能合约，即智能化的自动执行的契约。相较于传统合约，智能合约手续简单、快速、便捷，能节约大量的人力和物力。基于区块链技术的智能合约执行的步骤和流程都可以在没有第三方中介参与的情况下运行，这就提高了合约订立的效率，为订立合约的双方节省了大量的时间。与此同时，智能合约中的数据信息都保存和记录在区块链上，极大地降低了传统合约中数据被篡改的可能性。此外，由于区块链分布式的存储使得各种合约的自动永久执行成为可能，还能避免重复传统合同履行过程中一整套烦琐的流程。由于智能合约在高效、智能方面具有一定的优势，目前一些业内人士已经开始积极探索智能合约的应用新途径。

　　在实际的应用过程中，智能合约既有其独特的优势，也存在潜藏的安全问题，目前，业界常采用更严格的代码审计和形式化验证以提升智能合约使用的安全性并降低其潜在的安全威胁。尽管目前智能合约还存在一些安全漏洞需要完善，但许多业内人士对于智能合约的应用前景依然满怀信心，认为应该加强对订立智能合约各项技术的研发、加快完善智能合约配套服务体系，从不同程度上推动智能合约在多个领域的商业化应用。随着海尔集团数字化转型的不断深化，公司将线下的契约转换到线上，探索出了"链群合约"应用程序。卡奥斯作为我国工业互联网的引领者，成为率先在经营管理和产品创新过程中融合智能合约的企业，并围绕产业生态演化的典型特征，进一步迭代出链群合约的新范式。链群合约是基于人单合一理念，通过数字技术赋能的，动态寻优的内部创新、创业、创造机制。

（一）用户增值共享新生态：数字化赋能企业转型

2022年3月底，世界经济论坛公布第8批全球"灯塔工厂"名单，共13家工厂入选，中国占6家。至此，全球"灯塔工厂"数量上升到107家，中国"灯塔工厂"增至37家，占比超过1/3。在四大产业领域实现"灯塔工厂"全覆盖的背后，是一个神秘的"操盘手"——海尔卡奥斯。它为不同行业和规模的企业提供数字化转型方案，推动智能化发展、个性化定制、网络化延伸、数字化管理新模式的普及。以天津海尔洗衣机互联工厂为例，增强现实（Augmented Reality，AR）在生产制造中大显神通，5G和AR眼镜结合使得质检过程中可以最大限度地减少人的主观判断造成的波动，数据更加直观、更加科学，可以快速、高效地完成检测。卡奥斯构建起行业独有的一体两翼业务模式，一体是指人工智能互联网与数字化创新相结合的软硬一体化解决方案，两翼则是指采购端和销售端的资源配置解决方案。在全场景的数字化转型中，卡奥斯搭建的是一个深度交互、增值共享的生态平台，把全要素、全产业链、全价值链联通起来，实现了生产资源的最优化配置。卡奥斯认为，割裂的设备升级并非真正的数字化转型，要把工业互联网基因融入制造业生产的各个环节，依靠生态的力量，实现全链条的改头换面。

作为"生态赋能者"，卡奥斯打破了传统的生产流程和组织体系，以先进的物联网技术为载体，与大企业共建，与小企业共享，驱动企业、用户、资源的深度交互，从而共创了开放包容、产业协同、共赢共享的产业生态"热带雨林"。由于链群合约在生态级协作中发挥的重要作用，卡奥斯平台致力于构建"大企业共建、小企业共享"的创新生态系统得以实现。目前围绕集团共建、卡奥斯自建、链主企业共建、区域共建四方面已覆盖15大行业，实现场景化应用，生态化发展。通过卡奥斯平台，不同行业、企业实现数字化转型。卡奥斯的赋能实践是先简后繁、由点到线到面再到系统的过程，如图14-2所示。

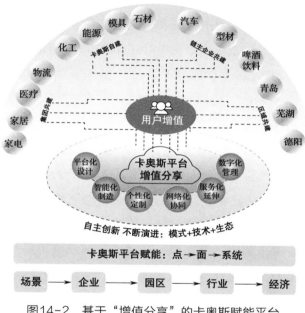

图14-2 基于"增值分享"的卡奥斯赋能平台

基于"增值分享"的卡奥斯赋能平台，首先从场景数字化切入，解决企业痛点和难点，再到企业数字化，帮助企业塑造工业互联网基因，再到园区数字化，帮助打造数字产业园区；然后实现行业数字化，实现行业提档升级；最后实现经济数字化，帮助构建城市产业大脑。

在场景数字化方面，需从特定的场景入手。以海尔冰箱的外观检测场景为例，通过手眼协同就可以解决原本人工检测效率低、出错率高的问题，数字化后质量水平提升了50%，检测效率提高60%。目前，整个海尔集团所有工厂全部采用这种方式，在外观检测场景上全部进行了复制，同时又把家电的上下游中所有的场景打通并进行复制。

在企业数字化方面，卡奥斯将不同场景串联做成企业，如通过整体解决方案对平度征和进行数字化转型。卡奥斯平台为平度征和提供了三个方面的数字化转型解决方案：一是系统的咨询诊断，数字化转型首先需要做顶层设计；二是生产车间的精益化升级；三是整体系统化以实现大规模定制。数字化转型解决方案为平度征和带来了显而易见的效果，企业收入增长了50%，人工成本和能源成本均下降了10%。卡奥斯平台就"企业到底怎么做数字化转型""转型的步骤是什么"提炼了"12345"。"1"是"一把手"工程，使企业数字化转型不再是一个CIO工程，而是一个CEO工程。"2"是指两个"端"，即供应端和需求端的贯通。"3"是三个"统一"，即战略统一、技术统一、数据统一。"4"是四个"在线"，包括管理在线、业务在线、产品在线和用户在线，通过建平台或者上平台、用平台，逐步实现管理、业务、产品、用户的数字化。"5"则是五步实施法。第一步，要找出影响企业转型的关键问题；第二步，要么搭平台自己解决，要么上平台整合资源来解决；第三步，通过平台加载应用系统，推动关键问题落地实施；第四步，检查、总结实施效果，并进行方案迭代和优化；第五步，坚定企业战略不动摇，推进核心竞争力持续提升。

园区数字化方面，需要实现将产业集成到一个园区并推动整个园区的工业互联网化，即"平台+园区"模式，如青岛中德园区的家电工业园数字化转型。在这个工业园里有4家家电工厂，冰箱、空调、洗衣机、热水器工厂和30多家供应商，以及其他的物流商和服务商。园区即生态，通过数字化平台去实现生态的共享和共赢。园区里30多家供应商得到了实惠，整体的库存下降了75%，设备利用率提高了12%，运营的成本降低了8%。由于园区内订单、能源、物流等资源和能力可以共享，共享模式大大提升了效率，从而也大大降低了成本。

经济数字化方面，卡奥斯"打造工业互联网赋能"模式，成为城市数字经济的"新引擎"和"加速器"。城市有三个数字化：经济数字化、治理数字化和生活数字化。卡奥斯平台主要是从经济数字化入手来构建这个城市大脑。具体而言就是"1+N+X"，由于为青岛赋能的优异效果，目前多个地市纷纷上门找卡奥斯为之赋能。例如，四川德阳、安徽芜湖都已经开始复制"工赋青岛"的模式。"工赋青岛"模式与德阳、芜湖等城市相互融合、相互促进的同时，这三个平台也可以不断地共享通用的产品、能力等资源。在全球化复制方面，卡奥斯已在全球20个国家复制推广，卡奥斯海外策略是先做透海尔自身样板，有效果以后再复制到当地企业。

（二）工业互联网纾困：基于链群合约打造企业复工生态链群

在疫情防控的新形势下，卡奥斯积极响应国家号召，携手华住会、中国工业设计协会等16家生态合作伙伴共建"企业复工生态链群"，针对企业疫情防控和复工复产需求，定制人员返程安心住、全员防疫智能管理、复工实操指南等10大全场景解决方案，充分展现生态链群的责任担当与能力支撑，全流程保障企业安全复工、产能提升，最大化发挥智能合约的作用。

疫情防控期间，企业普遍面临工人返岗难、防疫物资不够、物流运输不畅、资金流断裂等问题，特别是自身规模小、抗风险能力差的中小企业，复工复产更是面临巨大挑战。在这场全民"战疫"中，工业互联网平台发挥了重要的支撑作用。据了解，为保障企业顺利复工复产，以卡奥斯为代表的工业互联网企业在积极行动。基于卡奥斯大规模定制模式打造的"企业复工生态链群"，充分发挥工业互联网和智能合约优势，有效帮助企业实现远程办公。"企业复工生态链群"可跨行业、跨领域打通全产业链，从原材料的供应到解决生产控制、细分部件质量等各类问题，同时能涉及企业的整个运转生态，包含衣、食、住、行、康、养、衣、教及金融保险、招聘培训等各环节的全流程协同，快速高效赋能，为企业疫情防控管理和复工复产提供保障。

可见，智能合约在生态级协作过程中发挥着重要作用，已经成为企业加速开拓市场、抵御突发市场动荡的利器之一。基于区块链技术的智能合约极大地降低了合约成本，提高了合约效率，使得大规模定制以及基于用户的增值共享得以实现。2020年在全球疫情蔓延情况下，卡奥斯的产品成为全球工业领域的"抢手货"。例如，美国通用家电通过卡奥斯平台为其赋能，在有效防疫的前提下快速复工复产，逆行业整体下滑之势，实现了营收和利润的双增长，创造了美国制造业的新奇迹。究其原因，与泰勒制、福特制和丰田制等生产组织形式存在本质上不同的人单合一模式发挥了重要作用，其不但是打造海尔内部柔性组织，有效帮助卡奥斯抵抗疫情风险的重要因素，更是成为卡奥斯突破市场、快速发展的基石。

　　未来，卡奥斯将会不断优化基于链群合约的灯塔网络，实现全球互联，结合产业经验与前沿思想以及数字化赋能，不断探索适合国情的企业运营管理与产品创新理念，打造工业互联网生态。

四、案例总结

　　卡奥斯是海尔集团基于人单合一理念，采用链群合约管理模式实现大规模定制生产的工业互联网平台，它同时致力于为不同行业和规模的企业提供基于场景生态的数字化转型解决方案，从而推动智能化生产、个性化定制、网络化协同、服务化延伸、平台化研发、数字化管理等新模式的普及，构建"大企业共建、小企业共享"的产业新生态。卡奥斯基于开放的平台对开发者的吸引与平台生态合作，已沉淀出涵盖安全生产、节能减排、质量管控、供应链管理、生产制造、运营管理、仓储物流、运维服务等领域的服务能力，并与青岛啤酒、奇瑞汽车、天原化工等行业头部企业共建垂直领域的工业互联网平台，推动企业数字化转型。卡奥斯平台真正实现了用户和企业的零距离，让上平台、用平台的企业有获得感，赋能企业卖得多一点、卖得快一点的同时让使用产品的用户有幸福感。产业插上了互联网的翅膀，从而推动高质量发展，创造高品质生活。通过大规模定制的模式创新、信息技术与制造技术相融合的技术创新，以及跨行业、跨领域的小微创业机制创新，卡奥斯平台成为一个多边交互、增值分享的赋能平台，新物种不断涌现的孵化平台，以及各类创客创业创新的双创平台。展望未来，卡奥斯平台希冀将大规模定制模式打造成世界级、全球引领的模式，同时将自身打造成全球引领的世界级工业互联网平台，成为中国的国家名片，也助力企业完成数字化、智能化转型升级，成为企业高质量发展的助推器。

第十五章

与日本三洋的融合：对
企业的忠诚转为对用户
的忠诚

○ **本章导读**

✓ 如何做一盘全世界都认可的菜？海尔给出了答案——沙拉式文化融
   合。沙拉里有各种蔬菜，保持各自的形态，都可以存在，但是，沙拉
   酱是统一的。各国的文化好比各式的蔬菜，而人单合一就是统一的沙
   拉酱。

✓ 从"惟尊是从"改为"惟用户是从"，在人单合一落地日本的过程中，
   海尔以"破"（破除年功序列，论资排辈）、"立"（立"人单合一"
   机制）、"融"（将"人单合一"与日本的优秀传统、优秀员工、团

队精神、敬业精神充分融合）三字为思路，逐渐将人单合一理论在日本落实、深化。

✓ 2022财年，海尔在日本的收入已经实现10年翻8倍、达800亿日元，近三年，海尔在日本更是实现了逆势增长、成为日本市场唯一份额持续提升的家电企业，其中，冰箱从第五到第一、冷柜以50%份额占据半壁江山、洗衣机5倍行业增速、智能社区洗保持70%份额绝对引领。海尔在日本走出了一条从输出品牌到输出模式的成功路径。

一、海尔与三洋的整合

日本三洋电机株式会社（以下简称"三洋电机"）创建于1947年，由松下创始人松下幸之助的内弟井植岁男创立，第二代、第三代的社长是由井植岁男的两个弟弟继任，直到第四代才由井植岁男的长子井植敏接班。长期以来，三洋电机都是典型的日本家族企业。该公司的名字于日语中意思为"三个海洋"，体现了其将产品销售到世界各地，横跨大西洋、太平洋与印度洋的宏大抱负。

海尔集团自1998年开始进行国际化战略，先后进入印度尼西亚、南斯拉夫、新西兰、美国等市场。而进入日本这个"家电王国"，海尔集团则有着非常慎重的考虑，毕竟LG、伊莱克斯、通用电气、三星等家电巨头都在这个市场付出了惨重的代价。先后担任青岛电冰箱总厂技术处长、海尔集团售后服务中心总经理，海尔集团销售公司总经理的杜镜国先生带着海尔国际化的使命远赴日本，拉开了海尔在日本市场的帷幕。

2001年9月，张瑞敏与三洋电机的井植敏社长会面，彼时三洋电机在中国市场的发展并没有达到预期，海尔欲开拓"渠道为王"的日本家电市场，在此基础上，双方迅速达成共识。

自2002年1月开始，海尔正式进入日本市场。进入的契机是与三洋电机进行竞合关系的协同，当时的三洋电机希望开拓中国市场，海尔也希望在日本市场有所开拓，于是双方达成了资源共享的合作关系。2002年的1月8日，海尔总共6个集装箱的50升的冰箱和4.5千克的洗衣机首次落地日本。当时，中央电视台新闻联播报道说："中国自有品牌的产品打入日本市场。"十分地振奋人心，令人难忘！这是中国的家电品牌在国外从0到1的发展过程，在当时这样的期待和评价下，海尔集团开始深入日本市场。

当天下午3:30，海尔集团与日本三洋电机株式会社联合在日本大阪新大谷酒店举行新闻发布会，海尔集团与三洋电机合资成立一个新公司——三洋海尔株式会社。该公司以中、日两国市场为基础，互换市场资源，在网络竞争的时代，建立一种新型的竞合关系，以创造更大的市场。中国驻日本大阪总领事馆总领事王泰平出席了新闻发布会并对这次合作给予了高度评价，他认为这对促进中日经济发展有着重要意义。

2002年4月23日，海尔三洋电机合作项目签约奠基。海尔三洋电机合作项目签约及奠基典礼在海尔开发区工业园举行，三洋电机压缩机事业部部长须永矩行、青岛经济技术开发区工委书记迟华东以及海尔集团杨绵绵总裁等领导出席了项目签约及奠基典礼。

2003年，在世界三大繁华中心之一的日本银座，一块崭新亮丽的广告牌被隆重地树立（见图15-1）。这是一块意义非凡的广告牌，这是中国企业在日本树立的第一款巨幅广告牌，也是"中国的海尔"蜕变为"世界的海尔"的坐标点。

图15-1　海尔在日本银座的巨幅广告牌

　　2007年，海尔以合资的方式整合了三洋电机的冰箱事业，成立海尔三洋电器株式会社。海尔把三洋电机的生产线移到了中国，在日本，由海尔和三洋电机共同成立了一个兼顾研发、技术和质量管理的合资公司。同时海尔通过整合，在日本建立了高端产品的研发团队，海尔得到了三洋电机在节能、技术方面的一些行业引领的突破部分。整合前，三洋电机冰箱事业部已经连续10年营收赤字，而仅在整合之后的第二年就实现盈利。

　　由于种种原因，三洋电机的业绩在2005年开始日渐下滑。2008年11月，松下宣布收购三洋电机，到2010年8月，松下通过股票公开买卖，获得三洋电机80.77%的股份，之后决定将三洋电机完全"子公司化"。2011年3月29日，拥有57年上市历史的三洋电机从东京证券交易所退市。但对松下而言，三洋电机最有价值的部分是电池业务。为抓住这一战略时机，海尔日本公司由杜镜国先生带队，与松下展开了全面谈判，最终说服松下，以整理重复业务为由，将三洋电机原有的家电业务逐个出售。2011年10月18日，双方正式签署协议。三洋电机的招牌业务——洗衣机与冰箱的核心技术及相关业务被松下完全转让给海尔。

　　海尔集团副总裁杜镜国先生表示："海尔的此次收购不是一个简单的资源获取和叠加，而是在技术研发和市场机制上，创造性构筑海尔和原三洋资源的协同效果。以此为契机，海尔将打造在日本乃至东南亚地区引领行业的研发能力、竞争力一流的制造基地，以及东南亚地域的本土化市场营销架构，实施海尔在东南亚市场（Haier及SANYO）以及在日本的（Haier及AQUA）双品牌运作机制，实现全流程的以创新为导向的市场瞬间扩充。"

　　"任何兼并成功的关键不是资金投入，也不是单纯的资源获取，最终的成功取决于文化和经营理念的融合，最宝贵的财富将是人才。此次并购将使海尔获得近3100名宝贵的三洋员工资源。"杜镜国先生说，"对于员工，在尊重当地文化以及保证员工待遇不低于并购前的待遇的基础上，通过导入海尔的创新理念和机制平台，把继承了三洋60年历史的优秀团队，打造成一流的世界家电技术和市场的引领者和规则制定者，我想，这种机制的导入，是员工对海尔最大、最迫切和永远的期待。"

2012年，海尔并购三洋电机白电业务，兼并的范围包括日本以及东南亚的4个工厂、6个国家的市场，以及三洋电机的洗衣机品牌"AQUA"。此外，交易转让的专利1280项，商标超过50个，涉及员工7000人。整个兼并的结果就形成了以东南亚、亚洲区域为中心的246市场结构。"2"代表2个研发中心，"4"代表4个制造基地，"6"代表6个国家的市场，从此之后，海尔在日本市场进入自我发展阶段。

"整个兼并花了1亿美元，获得了大量资产及1280项专利，以及背后三洋花了30年培养的东南亚的制造基地、市场渠道"。杜镜国先生回忆时表示："张瑞敏给予肯定的评价，对海尔而言，从交易对价与所得资产看，这笔交易完全超出了交易金额的意义；从海尔的国际化进程而言，对三洋的兼并，是海尔全球化的重要一步，海尔真正走出国门、走进了日本这个家电王国、走上了全球家电的制高点。"

海尔兼并三洋后，不断加大日本市场的投入。2015年3月19日，海尔亚洲研发中心落地日本埼玉县熊谷市。这里建有全球最先进的保鲜实验室、化学实验室等。能识别衣物的洗衣机、全空间保鲜技术等服务全球用户的创新技术都出自该研发中心。

二、人单合一模式的引入

日本企业的终身雇佣制、年功序列、平均主义曾被认为是日本在第二次世界大战后迅速成为制造业强国的主要因素，被誉为创造20世纪日本经济奇迹的"三大法宝"。这一模式的创立者——松下幸之助，更是被称为日本的经营之神。但"三大法宝"只是日本特殊历史时期形成的企业文化和管理模式，在21世纪，这种传统科层制组织弊病凸显，逐渐成为阻碍企业在物联网时代持续进化的"三座大山"。

和日本大多数企业一样，三洋电机在公司内部实行的是一套以年功序列、终身雇佣为代表的制度，员工对企业的忠诚度高。与终身雇佣制配合的升迁制度和薪酬制度为年功序列制和平均主义，就是工资和职位高低仅取决于工龄长短和部门整体业绩，不与员工的个人业绩好坏挂钩。这其实就是"人"和"单"不联动，干多干少都一样，导致员工没有工作积极性，也失去了对市场的敏感度和创新精神。要说提倡个人创新激发个体能动性，可能没有比海尔"人单合一"更为合适的理论了。

在人单合一落地日本的过程中，海尔智家以"破""立""融"三字为思路，逐渐将人单合一理论在日本落实、深化。"破"是指在人单合一模式的指导下，破除年功序列，论资排辈。这打破了此前日本企业中，年轻人没有上升空间的弊病，能者上，不能则下。2019年，仅入职两年的销售人员喜多抢单成了销售部长，而常年担任销售副部长的乾抢单成了小微主。还有一位经验丰富的女员工早川，抢单成为物流部长。这些日本员工表示："如此年轻就担任要职，在传统日本企业里，想都不敢想。""立"就是立人单合一机制，创立引领市场的目标意识和全新的目标体系，也创立了全新的报酬分配机制——多劳多得，收入上不封顶。全新的薪酬体系包括"月度即时激励机制""1 on 1"月度关差机制，把日本16个月的工资薪酬体系改变为"月度可变动工资"，上不封顶。"融"其实就是企业新文化的建立，将人单合一与日本的优秀传统、优秀员工、团队精神、敬业精神充分融合在一起。通过实行经理人、正式工、合同工、派遣工四种用工形态，海尔智家改变了单一的终身雇佣制带来的弊端。只要承接的"单"不变，即使是退休返聘人员也可以享受到与正式员工同样的工资体系。三洋最重要的一个精神就是团队精神。人单合一没有改变它的团队精神，只是改变团队精神的方向。过去的团队精神是听领导的，领导让你干这件事，今天晚上不睡觉也要干出来。但是这件事是不是市场需要的不知道。现在不行，你的团队精神必须和用户连在一起。你干的这件事是用户要的才行。

海尔在不违反日本法律的前提下改革企业机制：改革原工资体系和职能式的评价标准，建立了以市场目标为导向的评价体系；改革日本公司里能升不能降的人事升迁制度，建立以目标和绩效为导向的机制。人单合一模式是多元文化的融合剂，海尔智家将其在日本三洋进行跨文化复制，帮助企业转型升级。

三、基于人单合一的链群合约模式

人单合一模式也在不断的自我进化中。在2013年下半年，海尔提出"小微"概念，打造创客平台，让员工成为真正的"创业者"。员工可以在海尔大平台上寻找创业机会，同时配合内部风投机制或者寻找社会上其他的组织力量，成立小微公司，实现人人创客化。随着物联网时代的到来，在个性化、多触点、交互式、动态变化的需求下，需要小微群体加强协作，动态调整。2019年1月初，海尔提出建立适应物联网时代的生态链小微群的组织体系，以链群作为满足用户需求和体验迭代的基本单元。这是物联网时代，人单合一模式下的新范式。

自2019年以来，日本三洋成立了三个链群，包括AQUA链群、智能社区洗链群和海尔日本销售链群。链群致力于改变以往小微间的各自为政，通过创建与社群对应的生态圈，形成支持用户体验迭代升级，实现利益攸关方之间的利益增值共享。链群立足于用户的个性化需求，创造用户终身价值。与传统企业的线性组织不同，链群是非线性组织，根据用户体验，随时自我组合。链群组织是对传统管理组织的一次创造性破坏。破坏之后，还需要对机制进行重组。

以AQUA链群为例，数年前，AQUA社区洗小微明确了一项重要的市场需求，即日本社区洗衣的市场存在巨大的发展潜力，用户需要洗窗帘、被褥这些对于家用洗衣机来说大且重的纺织品。因此，团队在商用洗衣机与烘干机的研发上共投入了3亿日元。经过多年的努力，AQUA小微不断引入新的科技技术，持续创新与产品革新，提升社区洗衣的用户体验。例如社区洗用户如今可在线查找附近的AQUA洗衣店，查看店中洗衣机的使用情况并在线预定洗衣。

事实上，现在的AQUA并不仅仅生产与销售洗衣机，而是通过物联网时代的云系统与众多跨行业合作伙伴建立洗衣场景生态体系。其中，最知名的零售合作伙伴包括全家零售、Hurxley、Eneos、无印良品及Hokkahokka Tei等。这些合作不仅仅为合作伙伴带来了流量，同时也为消费者提供了包括洗衣、生活服务、购物的一站式便捷服务体验。目前，AQUA在全日本的3500家零售门店中共部署了超过4.3万台物联网烘洗设备。

这套体系不仅使AQUA可以为消费者提供硬件商品，同时也可以作为社区平台为商家提供量身定制的服务。例如：在AQUA系统中有一个拥有200多家连锁零售店的生态合作伙伴，原本需要雇用200名员工来运营管理这200多家门店，但是通过AQUA系统，合作伙伴总部员工可远程监测洗衣机的运营情况，现在只需30人可运营600家店铺，极大地压缩了运营成本。同时，管理员可以实时监测水电用量及洗衣机使用时间，有效提升企业整体毛利。另外，所有的洗衣店利用了海尔的软件去解决用户比较头疼的问题，比如，家庭主妇在手机上可以看到哪台洗衣机是空闲的，就可以去洗。

对于参与此项目的海尔日本员工来说，经济收益的优势也非同小可。现在在全公司层面大家都接受了由当月的业绩而非年资来计算奖金的方式方法。

四、案例总结

人单合一在日本落地的过程自然遇到了很多阻力，杜镜国回忆，2009年，人单合一落地日本的第三年，海尔日本销售公司要和7名销售员工签一份"人单合一契约书"，约定员工实现公司多少目标，就会得到相应的奖励，但也有奖罚制度。结果在第一轮签署的时候，仅有4人和公司签约，其他3人不签，因为有"罚"的制度，这对于他们来说不可接受。半年之后，公司业绩大涨，签约员工收入也大增，这3人便追加申请说要签约。

类似的故事还有很多，2010年，34岁的员工阿部巧，因为业务能力突出，被提拔为部长。2020年，早川三智子在现任部长还在任的情况自己站出来抢单当部长。2020年疫情期间，一名名叫小岛克彦的员工，主动发现市场机会，助推海尔冷柜在重要客户渠道200%以上增长，小岛本人年度目标实现超过130%，拿到的超利分享比别人多1倍。

正是靠着一件件具体的案例为突破点，人单合一在海尔智家日本公司内逐渐形成制度、形成文化，让海尔智家日本公司焕然新生，加速奔跑。

海尔智家兼并日本的三洋白电后，仅用8个月就让持续亏损多年的日本企业三洋电机实现止亏，海尔也导入了全球当时行业非常领先的六门五温区风冷技术，填补了一项产品的空白，并率先推出了售价过万元的高端冰箱，供不应求的同时也一举推进了海尔的产品技术实力。海尔日本区域的销售收入也从2002年的12亿日元增长至2023年的730亿日元。海尔在日本这样的家电王国里超越日本本土品牌，成功整合了日本三洋电机并推出了AQUA。AQUA社区洗以超过70%的市场份额稳居日本商用社区洗衣市场第一。除此以外，2022年，海尔智家在日本实现综合白电（冰冷洗）销量第一，冰箱销量第一，冷柜连续3年销量第一，日本销售旺季新生活季连续8年销量第一。这些成绩的取得靠的就是人单合一模式对日本年功序列制度的破除，并建立了一套全新的薪酬体系、企业文化。

第十六章
与美国通用家电的融合：将股东第一转为创客第一

本章导读

✓ 一轮明月可以映照万川，照亮世界；一种文化可以突破疆界，直抵人心！一个原本被放弃的市场，在人单合一助力下走向引领，"激活休克鱼"的故事再次上演。

✓ 2016 年，海尔兼并了 GE 旗下一个严重亏损的业务部门 GE Appliances。海尔并未派驻任何管理人员，人还是原来的人，皆因导入人单合一模式，激发员工的自主性，GE Appliances 的技术引领优势和创新力被充分释放。

✓ 五年过去了，GE Appliances 整体业务实现了双位数的复合增长率，成为过去五年美国增长最快的家电公司。特别是滚筒洗衣机的业务，自从 2019 年推出抗菌大滚筒洗衣机以来，三年内滚筒洗衣机的市场份额翻了三番。在 2022 年美国家电市场全面下滑的情况下，GE Appliances 是唯一一家实现逆势增长的企业，成为全美第一的家电品牌。它的成功也再次证明了海尔人单合一模式的全球普适性。

一、并购美国百年家电品牌

通用家电是美国一家家电制造商，成立于1905年。该企业恒久秉承创新、信任及可靠的宗旨，将"以美好，致生活"定为标语，以提升用户生活品质为产品研发目标，主营业务涵盖种类繁多。通用家电产品线包含冰箱、厨房电器、洗碗机、洗衣机、烘干机、空调、水质净化系统和热水器。其中，厨电是通用家电的核心且最具有竞争性的产品。从自清洁烤箱灶到冰水分配器，再到极速烤箱和可制作咖啡的冰箱，118年来，GE Appliances始终秉承发明创新精神，为人们实现日常生活的电气化与现代化，其中95%的业务在美国本土，拥有很高的市场份额和很大的用户群体。

在海尔收购之前的100多年里，通用家电一直受到其原始母公司通用电气文化的塑造和影响。通用电气以技术领先和著名发明家托马斯·爱迪生（Thomas Edison）而闻名，他的工作促成了通用电气的成立。多年来，该公司的投资范围涵盖发电设备、电力机车和喷气发动机等领域，主要提供企业（B2B）产品和服务。B2C公司通用家电是通用电气投资组合中的一个异类。作为一家B2C公司，通用家电是通用电气在大众市场上的公众"面孔"，这就意味着它要关注与B2B部门的类似因素，保持通用电气高品质、可靠的形象。

通用家电的员工曾是世界上最具创新性的公司之一的骄傲成员，当时面临着母公司多次试图剥离其家电业务的局面（第一次是在2008年）。这些时断时续的阶段影响了他们的自信心，也迫使他们只看到短期成果。2014年9月8日，通用电气同意以33亿美元现金将公司出售给瑞典家电制造商伊莱克斯。该交易于2015年12月终止，此前美国司法部提起诉讼阻止该交易。

通用家电一直专注于短期盈利能力和成本效益。即使在通用家电没有被出售的时候，创新投资也必须证明它们能够产生良好的短期投资回报率，而不是推动长期的指数型增长。尽管通用电气公司和通用家电一直以创新企业著称，但通用家电的增长率在2016年停滞不前，其市场份额降至家电市场的第四名或第五名。

　　进入21世纪后，全球的家电行业都已经渐渐成熟起来，此时具有代表意义的通用家电业务无论是相对市场占有率还是市场增长率都在不断地下滑。2008年爆发了全球金融危机，全球经济萎靡，美国经济受到重创，全球的家电行业越来越不景气。此时通用家电是增长最缓慢、价值最低的部门，通用电气年增长高于 10%的目标被通用家电所连累，按照"数一数二"原则，通用电气经过谨慎地权衡宣布，通用家电将被出售。2014年，为了剥离非核心业务，聚焦主营业务，全球最大的技术和服务商通用电气表示将出售家电业务。2016年，海尔采用了最令人瞩目的"国际化"举措，收购美国通用电气家电业务（见图16-1）。

图16-1　2016年，海尔并购美国百年家电品牌通用电气家电

　　2016年1月15日，海尔与通用电气（GE）签署了《股权与资产购买协议》，还签署合作体谅备忘录，双方将在工业互联网、医疗、先进制造领

域进行合作。2016年6月7日，海尔同通用家电正式签署所需交易的文件，海尔以自有资金（40%）和贷款（60%），现金支付的方式完成交易，支付总额约为55.8亿美元。通用家电被海尔集团正式收购，这标志着海尔与通用家电开始了新的篇章。

二、人单合一模式的引入

在海尔兼并通用家电之前的10年，它的销售收入是下降的，而且下降幅度比较大，利润也基本没有大的增长。跨国并购有一条著名的"七七定律"，这个定理是说，有70%的企业会在并购活动中失败，从失败企业中得出的经验显示，70%的失败原因是文化差异导致的。基于并购后企业的战略需求依赖性和组织自主性，以及海尔智家和通用家电在国别、地区、文化上的差异，通用家电被海尔集团正式收购后，采用了共生式的整合模式，海尔称之为"沙拉式文化融合企业文化"。通用家电总部仍将保持在美国肯塔基州路易斯维尔，并在保留通用家电的品牌、管理层、产品战略以及美国的生产基地的基础上，由通用家电和海尔的高管团队及两位独立董事组成的公司董事会指导公司的战略方向和业务运营。海尔智家在完成并购后，将人单合一模式复制到了美国。很快，美国员工开始聚焦市场、聚焦用户，创造力被充分释放了出来。通用家电复制人单合一模式之后，仅仅一年的时间，通用家电达到过去10年最好的业绩，收入增幅远超同行，利润实现两位数增长。海尔的人单合一模式为通用家电打开了新的发展空间。

"人单合一"，"人"就是员工，"单"就是用户，"合一"就是把员工的价值和用户的价值合一，员工通过与用户的不断交互，为其持续创造价值。人单合一的本质是通过不断了解用户需求，制造出满足用户需求的产品，将一次性消费顾客转变为企业终身用户。通用家电通过从目标、文化、组织、激励等方面入手实施人单合一模式，再次焕发了活力。

（一）目标

根据左哈尔（2022）的说法，通用家电不再拥有传统的战略部门，未来将日常运营留给了小微和平台。如今，战略方向主要来自公司设定的"领先目标"。而小微和平台上的人在面临挑战时，需要拓展他们的思维，扩张或者改进他们的工作，以帮助公司实现这些雄心勃勃的目标。例如，一个领先目标是将通用家电从其最近在北美家用电器市场的第四位或第五位提升到领先供应商的位置。这需要巨幅的增长，因此不仅在产品上，而且在流程、营销和组织上都需要创新。

此前，通用家电曾使用方针管理方法规划系统和部署目标，并控制人员和任务。现在，通用家电进一步将方针管理发展为一种更具协作性、自组织性、自下而上的方法，以实现领先目标。

（二）文化

尽管两家企业的文化存在中西方的差异，但人单合一模式较大地扭转了通用家电固化的经营局面，与其转型思路和方向天然契合。基于美国的文化崇尚个人英雄主义，不论是产品线总经理还是其下属员工，都希望企业能够为自己提供一个可以"自由飞翔"的平台，支持其进行自我创新，增强对产品业务的归属感，并且能有所收获。这种美国文化正好与海尔智家的人单合一模式高度吻合，即海尔智家一直鼓励员工努力创新，争做自己的CEO，创造一片属于自己的天地。

（三）组织

人单合一模式有一个原则是使组织与用户及其需求保持一致，并在业务中建立真正的"最终"责任制，以满足用户的需求，从而创造终身用户。通用家电完全采用了这种方式，目前采用了平台支持小微的模式。这里的"微"不是指"小"，而是指灵活和对用户需求非常敏感。为了让小微内部的人员与端对端的流程和用户体验保持一致并对其负责，决策权必须下放给组织内部，使之更接近市场。因此，基于海尔授予其在中国的小微的"三权"，小微拥有高度的自治权：决策权，向小微相关人员分配报酬的权力，以及雇用员工的权力。

此外，正如通用家电的一位员工所描述的："项目在小微层面进行审查，我们必须确保我们开发的决策和产品满足销售和品牌团队的要求。只有双A项目和最大的项目仍然需要执行委员会的审查。"

当谈到整个组织的一致性时，这包括在某种程度上与某个特定组织合作的所有人。这些人可以直接向小微主汇报，就像产品经理、商业总监或商品经理（这些角色通常在小微中少于10名）的典型情况一样，或者他们可能与小微主有关，例如制造、采购或者为其他"平台"工作的人。

有了小微结构，通用家电已经成功地启动了几项新业务，成了他们自己的小微，这些小微的领导者来自通用家电内部或外部。例如，2019年，该公司资助了一家名为Chibo的新企业，这是一家互动烹饪平台。虽然通用家电目前没有正式的孵化器项目，但这个例子表明，通用家电实际上正在孵化新的企业，作为其小微结构的一部分。该结构允许组建和支持不符合传统财务指标的企业。新中小企业的融资要么通过正常的业务规划周期进行，要么通过中小企业领导者重新分配资金，他们有权支持此类计划。这方面的一个例子是休闲车（RV）倡议，该倡议来自Zoneline的一群员工，他们热爱户外生活。这是由Zoneline直接资助的。

小微结构还允许通用家电已经拥有知识产权和能力的新业务，例如热水器业务，该业务获得了6000万美元，用于将一个旧设施改造成一个新的热水器工厂。如果小微无法从通用家电的服务平台获得所需的支持，他们可以让第三方提供服务。

　　另外一个第三方融资机会是向投资委员会提交新小微的商业计划书，该委员会有权获得"机会基金"。总之，组建和资助小微的安排使通用家电更加灵活、反应迅速，成为市场的挑战者。一位受访者谈到了与旧系统的不同之处，旧系统中的新产品理念是在FirstBuild的单元中构思出来的，然后必须"越过墙"进入运营单元才能推向市场："潜在的创新总是有一条从First Build到通用家电的路径，但它必须通过传统的度量和工厂优化实现商业意义。小微创造了一种自然的能力来进入我们未曾涉足的业务。通用家电有多种融资机制，传统的是通过业务规划流程，我们可能更愿意延长投资回收期。我们还有一个机会基金，可以用于新的商业宣传，或用于我们有能力的增量机会。我可以打电话给投资委员会，介绍一个全新的小微。"

　　关于为新的商业机会创造创意，通用家电内的一些小微已经采用了"鲨鱼坦克计划"。这是一个由小微主资助的项目，员工在该项目中提出想法，以增强、扩大或改进该小微当前和未来开发的产品和服务。

　　对于已成立的小微来说，保持动态性及与用户的相关性也很重要，年度规划周期不足以实现上述目标。但将决策和资源分配授权给小微主确实创造了一个动态、响应性强的环境。给小微的第一个授权是资源分配的灵活性。在过去两年中，通用家电取得了惊人的业绩，但为获得预算而展示的产品并不是通用家电完成时最终交付的产品。

　　人单合一模式则避免了GE的错误，成功地将通用家电塑造为引领性的工业互联网标杆。伴随物联网时代用户体验需求多元化、个性化趋势，落地人单合一模式的通用家电颠覆创新决策均需上层拍板才可执行的传统线性科层制组织，而将创新决策权交到员工手中，形成非线性小微组织，一线员工紧随用户需求变化不断迭代创新，用户需求响应、组织内部资源对接时长明显缩短。此机制下多类爆款产品的推出，有效提振了通用家电的市场份额。

（四）激励

通用家电以前的经营奉行"股东价值第一"，全体员工中能得到股权激励的不过十几人，大部分人的工作及创新热情被抑制，而自2016年落地人单合一模式后，"人的价值第一"成为经营宗旨，员工可以在满足用户需求的同时与企业共享增值，实现创造价值与分享价值合一。目前，通用家电中获得超额激励的员工已超过3000人，大家自然干劲十足。

在张瑞敏看来，管理的精髓在于最大限度地激活人的主观能动性，颠覆科层制的同时变革薪酬激励体系才可事半功倍。在海尔的领导下，通用家电改变了其薪酬模式，根据人们为用户创造的价值向他们分配价值，作为个人奖金的一部分进行分配。除此之外，通用家电的员工也有固定的工资。这种"用户付薪"的概念是人单合一原则之一，通用家电改造后的薪酬模式也符合这一原则。

三、基于人单合一的链群合约模式

在收购之前，通用家电的高管关注的重点是成本效率、盈利能力和快速跟进。2016年通用家电被海尔收购后，经过系统性地运用海尔人单合一模式指导公司管理和业务转型后，取得的效果可以用"颠覆性"来形容。2021年，通用家电的目标是成为并被公认为美国领先的电器公司。为了实现这一点，通用家电整个组织把重点放在增长而不是成本效率上，在人单合一模式下，经由链群合约等机制，每一位创客（员工）对创新增值的贡献均会被记录并参与增值共享，实现创造价值与分享价值的合一，所以通用家电出现只能在生产线上找到高管们的情景，基于人单合一的链群合约模式，让百年通用家电重焕新生。

张瑞敏认为："物联网时代，企业一定要变成共创共赢的生态圈。传统时代是名牌的竞争，谁是名牌谁就赢，移动互联网时代是平台的竞争，像电商，谁的平台大谁就赢，但还没有形成生态系统；物联网时代一定是生态系统的竞争，只有利益攸关各方都得利才能持续发展。"制度创新是经济增长和品牌扩展的核心动力。人单合一其实是一种共赢的模式，在后来HAIRE&通用家电经过董事会和委员会的讨论，提出了人单合一模式的2.0升级版，2.0升级版提倡创建人单合一的共创共赢生态圈。回顾通用家电的转型历程，通用家电始终坚持人单合一的核心原则，即提供卓越的用户体验、信赖人们的创客能量和分享所创造的价值。这三个目标在整个通用家电中得到积极推广，其实施是为了实现通用家电的主导目标——成为北美家用电器市场的领导者，并且它们与通用家电为自己宣布的新身份相一致，即成为"物联网时代的增长平台"。通用家电先后成立了洗衣机链群等14个链群，实施链群合约机制后，为了满足市场需求，抢占市场的先机，许多产品从研发到上市的时间由原来的三年变为一年。

通用家电希望成为家用电器的安卓系统。通用家电开发和建成了智能平台，拥有多个互联智能设备的用户可以使用smart HQ手机软件远程监控设备。该平台还可以让分销商和服务承包商等合作公司与通用家电和用户协调工作。为了采取更多措施，通用家电一直在讨论生态系统未来对他们意味着什么，以及他们如何像海尔那样创建链群。该公司认为，许多不同的参与者需要以某种方式进行协调。

通用家电已经以Smart HQ的形式向公司以外的人开放了一个平台。目前，公司内部正在讨论生态系统的概念，以了解它对公司意味着什么，因为它将从硬件转向物联网场景，并为用户提供解决方案，而不是单一的设备。因此，向解决方案和场景转型也在未来变化的计划中。这一行动包括进一步的流程数字化，以及与将成为通用家电未来生态系统一部分的外部合作伙伴建立网络。

为了支持生态系统战略，通用家电理解了链群对公司意味着什么，以及如何最好地应用这个概念。目前，通用家电将其视为平台和小微之间以及小微与小微之间的内部协议，以改善用户体验。为了避免不必要的官僚主义和程序，目前通用家电在内部不使用正式的合同，而是保持内部各方之间的"协议"。通用家电还将与外部方合作开发任何链群，如通过区块链技术。未来变化清单上的最后一项是使组织更加"有机"，从而更加动态地响应用户未来的需求。

截至2021年初，通用家电已经实施并运营着多个小微，其中一些是大型企业，一些是小型的新企业。每个小微都有三项权力——决策权、用人权和分配权。通用家电在组织内建立了服务和支持小微的"平台"。市场营销、销售和法务等职能现在是"业务平台"，而制造、采购和供应链管理等职能单元则是运营平台。这种变化不仅仅是标签或结构的变化，而且涉及员工思维的转变：从"职能为王"转变为"职能服务于小微"——后者反过来又服务于用户。新的安排有助于确保组织与用户的需求和增长保持一致，同时也有利于小微和平台之间更多的横向沟通和协调，使企业更加灵活，能够快速变化。

在人员和任务的协调机制方面，通用家电不再使用详细的指令和标准化流程，而是采用引领目标，在组织的各个层面进行部署，并在小微主和平台主之间实施"轻"合同。曾经，通用家电对通过创新创造新价值的关注主要是由内部驱动，并以技术为中心；现在，这种关注已经更多地由外部驱动，且以用户为中心。成为美国第一的家电供应商这一引领目标再次驱使通用家电在企业外部寻找新机遇。员工的创新参与度整体上有所提升。高管对组织创新的关注也呈指数级增长，因为他们需要新的工作方式来实现引领目标，并在数字时代保持领先。

2019年1月8日，在第52届国际消费类电子产品展览会上，海尔与通用家电在CES同台落地"北美版"智慧家庭，海尔将整个展区分为两大部分。一部分是以海尔"smarter life"为主题的全球引领的智慧家庭成套解决方案，现场展示了智慧客厅、智慧厨房、智慧衣帽间三大物理空间以及独有的食联网、鞋联网、衣联网等智慧生态解决方案。另一部分占据展馆三分之二的空间，则展示了海尔与旗下高端品牌GE Appliances同台落地的"北美版"智慧家庭（见图16-2）。在这里，GE Appliances的CAFÉ、MONOGRAM、PROFILE三大系列及海尔NA Kitchen共计六大智慧厨电套系共同为北美用户带来美好生活方式。通用家电展示了将切实改变北美人生活的厨房解决方案。此次，通用家电整合旗下CAFÉ、MONOGRAM、PROFILE系列协同海尔NA Kitchen系列，带来了专为北美人打造的六大智慧厨电套系产品，基于北美版U+操作系统的互联互通、语音控制等功能改善用户烹饪体验。比如PROFILE套系中的微波炉，可语音控制设置，用户能从任何支持与谷歌Assistant语音助手交互的设备直接与谷歌Assistant对话，彻底解放双手。又如，GE Appliances的厨房中心，由智能触屏及油烟机组合，内置安卓操作系统和谷歌助理，可以掌控家中所有智能设备，如通过连接Nest调节室温、在线视频聊天、访问谷歌应用程序查询电子邮件等，帮助北美万千家庭节省时间，提高生活品质。

图16-2　通用家电的"北美版"智慧家庭体验区

通用家电还在盈利短板的洗衣机业务领域，除了助其降本增效，更利用物联网技术大大扩展了通用家电洗衣机产品的服务边界，可同时满足用户对衣物洗、护、穿、搭、购全维需求的衣联网平台助力颇多。

以上案例都是通用家电基于人单合一的链群合约模式的最佳实践。

四、案例总结

物联网本质上是人联网，用户个性化需求从孤立的信息变成变化的"需求图谱"，把产品生命周期转变为用户体验周期，把用户终身体验作为服务的起点，是区别于传统企业生产售卖产品、树立品牌的重要标志。链群立足于用户的个性化需求，创造用户终身价值。基于人单合一的链群合约模式，通用家电通过链群立足于用户的个性化需求，创造用户终身价值，创建与社群对应的生态圈，形成支持用户体验迭代升级，实现利益攸关方的利益增值共享。

通用家电实行基于人单合一的链群合约模式发生了深刻的变化。在GE旗下时，通用家电曾被视为一家厨房家电公司，而不是生产洗衣机的企业，刚被海尔并购时，服装护理业务的负责人曾表示不赚钱，想将业务卖掉。而海尔智家在完成并购后，将人单合一模式复制到了美国。很快，美国员工开始聚焦市场、聚焦用户，创造力被充分释放了出来，如今，服装护理业务反而成了通用家电业务板块中增长最快、盈利仅次于厨电的小微。2016年海尔兼并美国通用电气家电（通用家电）起，5年间收入从不到60亿美元到现在收入翻番，利润增长超过收入增长，是美国增长最快的家电企业，并连续四年被评选为年度智能家电公司，在智慧领域领先竞争对手。同时，通用家电大幅缩减了产品上市的时间。此外，通用家电还被认证为美国最佳工作场所之一。如今，随着海尔进入生态品牌战略阶段，通用家电宣布了全新的引领目标，即成为美国第一的住居生态。

　　通用家电从2016年6月6日正式交割直到2021年底，5年多的时间，其中包括刚开始试点的1年时间，也就是说，人单合一在通用家电真正发挥作用只有4年多的时间，但通用家电的业绩发生了很大的变化。以2021年的数据和并购前的2015年相比，营收是期初的1.8倍多，利润增幅更大，是期初的3倍多。利润率的大幅上升体现了人单合一的效果，即每个人都在创造用户的价值。通用家电的成功得益于人单合一，现在，通用家电通过链群合约获得剩余收益的员工增加到4000多名。人单合一模式相信每一个人都可以创造更大的价值，人单合一的本质就是让每个人的价值体现在为用户创造的价值之中。

　　通用家电的关键成功因素包括恰当的领导、文化变革、组织变革以及员工与公司目标和价值观的一致。在通用家电采用人单合一模式进行变革时，第一，能够做到遵循基本原则，不期待单一的"配方"，能够以海尔的沙拉式文化融合企业文化，意即沙拉里有各种各样的生菜，不是说只有一种生菜，但沙拉酱是统一的。也就是说，文化是多元的，而沙拉酱就是人单合一，如此一来，美国的个人主义都能够在人单合一模式下转化为用户第一。第二，将高层领导的承诺与员工的透明度和参与相结合，重视人力资源整合，以人的价值最大化，给人以尊严，激发人的创造。第三，致力于人单合一的方法，将其作为通往未来的持续发展之路，关注"引领目标"，以创造最好的用户体验为目标，随着用户需求不断变化。

第十七章
链群合约应用案例
对比分析与总结

⊙ **本章导读**

✓ 从企业到行业、到多边机构，人单合一的普遍适用性得到了验证，在实践探索的过程中，链群合约持续迭代演变，自我进化，不断赋能内外部企业的发展，推动中国管理模式走向世界舞台中央。

✓ 人单合一、链群合约之所以能够普遍适用，并不是因为教人如何做，而是拨云见日，让人发现本就具有的良知，实现自我价值的跃升。

✓ 无论是海尔集团下的场景品牌、生态品牌还是海外的业务单元，组织
的管理模式都指向了构建大生态体系，以提升时代下的组织应对既有
优势的脆弱性、大企业病、非线性发展与更难琢磨理解的变化，在此
基础上，通过构建共创共赢的生态体系实现组织的永续发展。

一、链群合约进化之路：从人单合一到链群合约

物联网时代，无论海尔集团下的场景品牌还是集团外的业务单元，组织的管理模式都指向了构建大生态体系，提升巴尼（BANI）[⊖]时代的组织应对能力，实现组织的永续发展。而实现组织生态化、永续化发展的前置基础是对于组织内驱力、员工活力的充分释放，这是物联网时代组织不断裂变、场景无限衍生、生态不断延拓的根本动力。在海尔，组织内驱力与员工活力的激发是通过人单合一模式实现的，而生态化发展后的组织管理模式也进化为基于人单合一的链群合约，简称"链群合约"。

纵观前述五个案例，我们可以发现链群合约并不是割裂地应用于组织管理范式，而是由人单合一模式进化而来的。人单合一持续为链群合约治理下的组织提供驱动力，而在组织不断裂变、场景不断丰富后形成指数级增长的小微链群需要新的组织管理模式。物联网时代为组织治理小微组织间的无序发展提供了技术条件，链群合约应运而生，在链群不断裂变发展过程中提供了组织管理新范式。同样地，我们也注意到人单合一与链群合约并不能清晰地切割，虽然链群合约的概念是在2019年1月被提出的，但通过对前述案例企业的深度剖析，我们也发现不同场景品牌和业务单元其实在这之前已经显现链群合约管理模式的雏形。因此，从人单合一到链群合约是从互联网时代到物联网时代，组织管理模式的自我进化，也是海尔集团内部既有场景品牌组织管理范式的一般演进之路。但是对于那些成立较晚或者引入人单合一模式较晚的外部业务单元来讲，人单合一与链群合约是整体融合式嵌入组织的。

⊖　BANI 是脆弱性（Brittleness）、焦虑感（Anxiety）、非线性（Non-Linear）和不可理解（Incomprehensibility）的英文单词首字母组合。这个词被用来描述当今世界复杂的变化。

（一）从人单合一到链群合约的演进路径

　　海尔集团经历了人单合一1.0、2.0阶段的发展，组织的内驱力持续强劲，组织给予了员工充分的决策自主权、人事权与薪酬权，员工通过创造用户价值增值空间实现个人薪酬绩效，高人举高单、高增值高分享，在人单合一模式不断成熟发展的过程中，海尔集团逐渐走向平台化，员工走向创客化，海尔平台中的各个链群也不断裂变，衍生了大量新的增值空间。也正如海尔一直倡导的"要做热带雨林"，不断做大平台，海尔的各项业务也正努力打造着各自平台，围绕各类场景正不断衍生出枝繁叶茂的各类生态体系。但是各类小微指数级增长，小微间的竞合问题、链群间的协同问题也相应出现；同时，物联网时代各业务间的交互融合关系更加错综复杂，以往的点对点直接对接模式已经不能适应海量关联交易、交互关系，这使得物联网时代呼唤新的组织管理模式，在充分保障人单合一释放员工活力的同时，又能高效协同各小微、各链群活动。

　　基于人单合一的链群合约组织管理新范式，为组织从平台视角协调各小微、各链群，有效处理海量交互关系提供了新的组织管理变革方向，同时数字技术的成熟发展与应用为链群合约在组织中的有效运行提供了技术与网络基础。尤其是2019年张瑞敏首次提出"链群合约"的概念后，为物联网时代海尔集团组织管理范式变革明确了方向，海尔各业务单元、模块的组织管理迅速向链群合约管理新范式变革，也加速了海尔集团由人单合一到链群合约的进化速度。正如海尔生物医疗努力打造基于物联网共享共创的医疗健康平台，衍生出枝繁叶茂的医疗生态，而基于人单合一的链群合约，在不断助力物联网医疗生态繁衍不息、螺旋式上升迭代中，实现了小微链群的活而有序、协同高效。

　　从人单合一到链群合约也是卡奥斯、海尔三洋与通用家电的组织管理模式进化之路，从2016年人单合一模式引入通用家电，到链群合约机制在组织中的应用，通过数字技术使每一位创客（员工）对创新增值的贡献均会被记录并参与增值共享，实现了创造价值与分享价值的合一，基于人单合一的链群合约模式，让百年通用家电重焕新生。人单合一彻底破除了日本三洋身上的文化、等级枷锁，充分释放员工活力，重新激活了企业的创新创业能力。而在物联网时代，海尔三洋成立了三个链群，包括AQUA链群、智能社区洗链群和海尔日本销售链群。在链群合约的组织管理新范式下，海尔三洋通过打造与治理链群生态，改变了以往小微间的各自为政，并通过创建与社群对应的生态圈，形成了支持用户体验的迭代升级，实现利益攸关方之间的利益增值共享。

（二）基于人单合一的链群合约嵌入组织之路

链群合约成为组织管理模式的另一条路是与人单合一融合后直接嵌入组织，通过组织结构、文化、制度等变革形成基于人单合一的链群合约的组织管理新模式，这类嵌入组织的路径主要发生在那些新生场景业务中，如集团新收购、兼并的企业组织，或者其他组织意图引入海尔组织管理模式等情境下。对组织来讲，引入链群合约路径的风险与挑战更大，尤其对于传统管理模式的组织而言，风险与挑战更甚，因为在这类情境下，需要对组织的文化认识、规章制度、组织结构等进行破而后立，属于颠覆性变革，面临的阻力和不确定因素更多。而对于新创场景品牌来说，引入链群合约相对顺畅一些，组织从开始形成架构、制定制度时便引入链群合约，相对阻力要小，更易固化。而且一般新的场景品牌是由集团业务裂变而来的，人员和组织模式沿袭自集团，组织更易展开基于人单合一的链群合约管理模式。

三翼鸟便是直接嵌入基于人单合一的链群合约模式的典型案例。2020年9月11日，海尔发布全球首个场景品牌"三翼鸟"，从家电品牌转型成场景品牌，开辟了从卖产品到卖场景的新赛道。从开始便定位于场景生态，三翼鸟以基于人单合一的链群合约模式也适配了场景生态下的组织管理。

二、链群合约治理基础：打通员工与用户价值激活组织活力

海尔组织管理新模式下的五个案例，清晰地将实现用户需求与员工价值创造有效统一视作充分激活员工积极性和创造力的基础，这也是组织走向生态化发展后链群合约的治理基础。尽管五个案例中的组织处于不同的行业情境、生态环境与组织发展阶段、管理模式下，它们各自切入基于人单合一的链群合约的时机与发力点也存在差异，但是纵观五个案例中的组织，它们最后都将激发组织持续内驱力和员工创造力的有效路径，聚集在打通员工创单价值与用户体验价值彻底激活组织活力上。

（一）千帆奋楫：激活组织内驱力与员工活力的成功做法

综合比较五个案例中的组织激活内驱力的做法，可以发现它们的切入点与发力点主要集中在战略导向变革、组织结构改革、组织文化重塑三个方面，如表17-1所示。其中海尔生物医疗对于"以人为本、体验至上"理念的践行是通过主动创造用户需求、开拓用户价值增值新空间实现的，这也是三翼鸟场景品牌的内驱力激活方式。卡奥斯作为工业互联网赋能平台型组织，其主要是通过持续满足用户既有需求和增量新需求以实现自身价值，这也是其持续激活组织内驱力的发力点。在海外，海尔对激活通用家电组织内驱力采取的方式是以颠覆组织结构为主、文化融合为辅，促使员工聚焦市场、聚焦用户，充分释放创造力。海尔对激活日本三洋内驱力采取的方式是以重塑组织文化为主、调整组织结构为辅，通过"破""立""融"环节，逐渐将人单合一理论精髓在日本三洋落地生根。

表17-1　各案例激活组织内驱力的模式与做法比较

模式	着力点	成功做法	案例
平台赋能下用户导向释放动能型	积极满足用户需求导向下的价值获取	打造共性支撑平台；以用户需求为核心打造"用户型企业"；以用户体验为核心的经营理念和业务模式	卡奥斯
	主动寻找用户体验价值增量新空间	不断打破应用边界，持续关注并解决痛点问题，以高效、及时地挖掘更广阔的市场需求；通过"去中介化"为用户、企业与员工带来高价值；跟投对赌式全员参与、全员创客化	三翼鸟/海尔生物医疗
组织变革释放动能型	颠覆组织结构为主、文化融合为辅	开放组织边界；文化共生式整合模式；颠覆科层制为"最终"责任制下小微结构；变革传统财务指标	通用家电
	重塑组织文化为主、调整组织结构为辅	破除等级观念；创立引领市场的目标意识和全新的目标体系；推行即时激励机制；人单合一与本地化文化融合	三洋

作为工业互联网平台型企业，卡奥斯的业务内容为大规模定制的全流程管理和赋能企业数字化升级，因此其当前的业务内容相对单一，以满足用户的定制化数字转型和平台建设需求为主，属于"来料加工"式的被动用户导向型服务。这种业务模式决定了激活组织内驱力的目的主要是满足用户既定需求的同时实现组织价值，进而在良好前期合作的基础上开拓新的合作，或者是利用既有工业互联网平台对其数字化转型的进一步升级，或者是共建行业共性支撑平台。因此，卡奥斯激活组织内驱力的模式是平台赋能下用户导向释放动能型，着力点是积极满足用户需求导向下的价值获取。

作为新成立的创业型组织，三翼鸟自成立便明确了用户需求导向、扁平化网络结构与开放包容按劳取酬的组织文化，因此三翼鸟激活组织内驱力的持续发力点是通过不断践行以人为本、体验为上的用户导向，这也是海尔生物医疗激活内驱力的模式。三翼鸟和海尔生物医疗分别围绕"衣食住娱"和"生命科学和医疗创新"在不断满足用户既有需求的同时，不断打破应用边界、发掘打造新的用户潜在需求、提升用户体验中创造组织和员工价值增值新空间，并且通过"去中介化"链接用户与员工，通过跟投对赌、全员创客化等方式彻底激活了员工的创造力和积极性。因此，三翼鸟与海尔生物医疗激活组织内驱力的模式是平台赋能下用户导向释放动能型，着力点是通过主动发掘用户体验价值增量新空间创造组织与员工增值分享空间。

在海尔的海外业务组织单元中，作为美国老牌家电品牌，通用家电的组织结构与海尔倡导的人单合一倒金字塔结构迥然不同，这就需要首先从颠覆科层结构为起点，给予"最终"责任的员工赋予更大程度的三权，才能释放活力；其次，将人单合一的理念与美国个人英雄主义式自由飞翔精神相融合，进而固化人单合一理念。日本三洋深受日本终身雇佣制、年功序列、平均主义等思想裹挟，这与人单合一对人的全面解放理念相悖，因此海尔激活三洋的组织内驱力的重点应该从组织文化重塑开始，通过"破""立""融"方式，破除年功序列、论资排辈，树立人单合一机制，并与日本的优秀传统、优秀员工、团队精神、敬业精神充分融合在一起等，并通过按月即时激励等制度改革逐渐将人单合一理论在日本落实、深化。因此，通用家电和三洋激活组织内驱力的模式是组织变革释放动能型，通用家电和三洋激活员工活力的着力点分别是颠覆组织结构为主、文化融合为辅和重塑组织文化为主、调整组织结构为辅。

（二）殊途同归：以人为本打通内外价值释放组织活力

对比分析前述五个案例，虽然组织激活内驱力的切入点不尽相同，但是无论平台赋能下用户导向释放动能型，还是组织变革释放动能型，实际上着力点都是激发员工活力。对比之下，平台赋能下用户导向释放动能型多是海尔集团平台之下的组织单元，这类组织是由海尔传统业务转型而来（三翼鸟），或者海尔平台上培育的新机会、新事业组织单元（卡奥斯），或者是以海尔平台下组织单元为中心对周边资源带动的组织业态

（海尔生物医疗）。无论哪种类型组织都是在海尔集团平台的支撑下发展的，都是用户导向下组织动能的释放，而打通员工创单价值和用户体验价值是彻底释放员工持久活力的根本基础。海外业务单元的通用家电和三洋都属于组织变革释放动能型，它们针对各自特点分别从组织结构变革和组织文化重塑为驱动组织活力的切入点，它们的目的都是将人单合一的价值理念厚植于组织，为将员工创单价值与用户体验价值统一打下了组织基础。

平台赋能下用户导向释放动能型与组织变革释放动能型的组织内驱力释放模式，也可以理解为后者是前者的基础，或者是其前一个阶段，实际上二者都是在将组织关注的焦点由关注股东价值转向关注人的价值，也都是从以企业为中心转向以用户为中心。通过组织人人创客模式，颠覆雇佣制下的执行者为创业小微的CEO，由传统组织的被动等待命令执行转变为竞单上岗、按单聚散，因此在这种组织结构、文化和价值理念下，员工都将会自主地将自身创单价值与用户体验价值画等号，在满足用户的同时实现自身价值，即以人为本打通员工创单价值与用户体验价值。

三、链群合约治理目标：打造共赢场景生态实现组织永续发展

物联网时代交织着各种错综复杂的变化，巴尼时代特征越发突显，纵观前述五个案例，无论海尔集团下的场景品牌还是海外的业务单元，组织的管理模式都指向了构建大生态体系，以提升组织应对既有优势的脆弱性、组织焦虑、非线性发展与更难琢磨理解的变化，在此基础上通过构建共生共益的生态体系实现组织的永续发展。尽管打造生态体系的方法方式不一，甚至对于生态体系的理解也存在偏差，但是生态型企业发展方向通过打造共生共益的组织共同体，实现场景生态化，有力地提升了组织韧

性，这是当前企业在物联网时代的发展方向，实现组织永续发展的不二方式。

（一）千帆奋楫：实现生态型组织永续发展的成功做法

物联网时代，海尔集团坚定了转型生态化企业的步伐，实际上这也是物联网时代大企业转型的普遍方向，尤其是在当前生态战略发展趋势的引导下，像海尔、华为、腾讯、苹果、亚马逊、谷歌、丰田等世界级企业都在积极探索组织管理模式的转型、尝试打造丰盈活力的生态型组织。而如何实现从产品到场景、从行业到生态之路，前述五个案例中的组织分别从延拓场景跨度（海尔生物医疗、三翼鸟）、丰富场景内容（通用家电、三洋）和转型生态平台（卡奥斯）等不同切入点着手实现生态型组织的永续发展之路，如表17-2所示。

表17-2　实现生态型组织永续发展的做法比较

模式	着力点	成功做法	案例
延拓场景跨度型	围绕场景驱动衍生与整合以形成大生态体系	转向"产品+服务"模式；借用物联网技术最大限度地整合内外异质资源；驱动万物互联中裂变出新场景；打造多场景全领域融合的大生态；有序边缘竞争；形成跨界整合、柔性协同的价值共创联盟	三翼鸟、海尔生物医疗
丰富场景内容型	围绕场景与用户需求不断向纵深丰富内容	转向"产品+服务"模式；借用物联网技术最大限地整合内外资源；整合既有链群资源，提升资源关联度；创建社群生态圈，支撑用户体验深度升级，以实现各方共赢	通用家电、三洋
转型生态平台型	转型为平台赋能所在生态发展	构建通过数字技术赋能并动态寻优的内部创新、创业、创造机制；打造开放包容、产业协同、共赢共享的产业生态；以智能合约约束生态内主体协作过程	卡奥斯

海尔生物医疗聚焦生命科学与医疗创新数字场景，通过打造基于物联网的共享共创的医疗健康平台，衍生出百花齐放的多场景医疗生态。三翼

鸟也是在依托海尔平台与充分释放组织活力的人单合一模式下，不断拓展业务边界中逐渐延展了自身场景跨度，打造了一张包含智慧厨房、智慧阳台、智慧客厅、智慧浴室等多场景跨度的生态图，并且通过链群合约对跨链群甚至跨产业链群等进行治理，目的是约定不同利益主体的小微及利益攸关方的权责关系，使其紧密协作、共创共赢。

日本三洋顺应物联网时代的发展趋势，以丰富场景内容为目标成立了三个链群，包括AQUA链群、智能社区洗链群、海尔日本销售链群。以链群方式解决以往小微间各自为政的问题，通过创建与社群对应的生态圈，形成支持用户体验迭代升级，并以此实现利益攸关方之间的利益增值共享。通用家电也将自身定义成为"物联网时代的增长平台"。通用家电先后成立了洗衣机链群等14个链群，实施链群合约机制，抢占市场先机。为了支持生态系统战略，通用家电将链群视为平台和小微之间以及小微与小微之间的内部协议，在内部不使用正式的合同，而是保持内部各方之间的"协议"。通用家电还在推进通过区块链技术与外部方合作开发生态链群。

作为数字化转型与互联网平台全过程管理提供方，卡奥斯对于物联网时代组织永续发展的着力点是将工业互联网基因融入制造业生产的各个环节，依靠生态的力量，实现全链条的改头换面。因此，卡奥斯努力将自身打造为"生态平台赋能者"，通过打破传统的生产流程和组织体系，以先进的物联网技术为载体，与大企业共建，与小企业共享，驱动在其构筑的生态平台中实现企业、用户、资源的深度交互，从而共创开放包容、产业协同、共赢共享的产业生态"热带雨林"。

（二）殊途同归：活而有序实现场景生态共赢下的组织永续发展

物联网时代，万物互联场景驱动下没有企业能够独力构筑自闭的生态系统，必须纳入更多的第三方、生态补位者、平台互补者等外部角色，通过构筑生态层面的规模效应、网络效应与竞争优势，抵御巴尼时代新变化的冲击。无论海尔生物医疗、三翼鸟这类场景驱动发展的组织，还是卡奥斯这类以用户需求为导向的平台型组织，抑或是国外传统业务发展而来的通用家电、三洋等家电业务组织，无一例外在面对物联网时代冲击时都选择了构筑大生态型组织，并通过链群合约机制实现生态的活而有序、边缘竞争与协同共创，进而提升组织韧性与竞争力，实现组织永续发展。

物联网时代，用户群在每个场景中的价值需求是多元化的，任何单一企业都很难独立满足用户群的价值诉求。海尔生物医疗与三翼鸟都是通过延拓场景，形成了跨场景、跨产业的开放合作生态链，以此提升组织永续发展能力。通用家电和三洋结合自身实力和产业文化背景，通过尽可能地丰富既有产业场景内容，开放链接更多的外部主体和资源，以提升自身竞争力。卡奥斯是通过将自身塑造为生态平台赋能者，以吸引更多的"流量"，并以不完全契约形式促使各方形成利益共同体，以实现自身的发展。总体来看，无论哪种形式都是在通过打造更大规模生态，并以链群合约机制实现生态活而有序、各方利益共赢，最终实现组织的永续发展。

Haier

Haier
总结展望篇

基于人单合一的
链群合约
——
组织变革先驱

第十八章
链群合约的本质
特征

◎ **本章导读**

✓ 物联网时代需要新引擎，群龙无首是物联网时代生存的状态，"群龙
无首"出自《易经》第一卦"乾卦"，"群龙无首"是最高境界。链
群合约是让每个人能够成才、成龙，龙可以创造价值，能够自驱动、
自进化，达到自组织的最高境界。

✓ "链群合约"的最大魅力在于实现用户节点能力的激活、重组与整合优化，这种机制使得小微兼顾了个体创新能力优势、动态匹配和链群之间的协同配合与资源共享，实现"活而不乱、高度协同"。

✓ 链群合约具备以"以人为本、体验为上、开放整合、协同共创、混序交融、边缘竞争、数技赋能、动态寻优、利他共益、永续发展"的特征。

　　"大多数企业的负累不是笨拙的运营模式，不是失效的商业模式，而是僵硬的管理模式。管理模式的层级化、专门化、形式化和程式化损害了组织的适应性、创新性和员工的积极性。"⊖当社会由互联网时代向万物互联的物联网时代转变，组织需要更强的韧性去激发工作中每个人的创造力，赋权并培育每位员工，激活每个人的梦想和价值。海尔集团作为组织变革的先驱，通过链群合约的组织模式向世界交出了大变局下中国管理的思考和实践——"以人为本、数字赋能、动态寻优的内部创业机制"，在每位员工都在创造用户价值中实现增值价值分享的人单合一模式基础上，实现了跨场景、跨行业、跨地区、跨生态的深度交融与联合发展。

　　作为以人为本、数字赋能、动态寻优的内部创业机制，链群合约是生态链和小微群基于员工契约精神进行的融合企业家精神和厂商理论的管理机制新探索。其最大魅力在于实现用户节点能力的激活、重组与整合优化，这种机制使得小微兼顾了个体创新能力优势、动态匹配与链群之间的协同配合和资源共享，实现"活而不乱，高度协同"，具备以"以人为本、体验为上、开放整合、协同共创、混序交融、边缘竞争、数技赋能、动态寻优、利他共益、永续发展"的特征。

一、以人为本，链群合约的精髓要义

　　中华文化历来有丰富的民本思想，孟子"民为贵，社稷次之，君为轻"对中国后续的政治思想、经济思想产生了重大影响。在政治领域，民本思想的核心理念是"以民为本""立君为民"；在经济领域，民本经济的核心理念是"民有、民营、民享"。在现代企业管理中，让员工成为自

　　⊖　哈默，贾尼尼.组织的未来[M].陈劲，姜智勇译.北京：中信出版社，2021.

主人的创客，使企业转型为自组织，树立"以人为中心的新的价值观"是以人为本的精髓。物联网时代，管理的宗旨只有一个，那就是人的价值最大化。加里·哈默在《人本共治》中所倡导的宗旨，实现了人类精神的极致释放，海尔首创的动态平衡的链群合约，则解决了自主性与一致性的统一，开启了物联网时代以人为中心的无限游戏。

二、体验为上，人单合一零距离

体验为上强调员工与用户零距离。海尔通过人单合一模式，把员工和用户连接起来，围绕用户价值持续、深度交互，实现共创共赢。在链群合约中，创单链群与体验链群相互协同打通一切中间流程，让创单与体验一体化。每个小微、节点、利益攸关方都可以突破时空限制互联互通，共同创造用户的最佳体验，实现用户体验升级。物联网时代，海尔充分构建各类场景，以用户需求并联各类主体组成生态圈，通过将各类电器智慧化、网络化，更加精准地刻画出用户画像，为用户提供需求组合的整体解决方案，将单次产品消费转变为终身用户需求的持续满足过程。企业最大的边，就是员工的边和用户的边直接、紧密、零距离接触，每一个员工想得到最大的利益，必须为用户创造最大的利益。

三、开放整合，组织内外的知识交互

开放式创新是基于经济学的"溢出效应"讨论知识在特定项目外产生的溢出。它强调通过开放式创新的理论实现内外部链群的动态协同，即时有效的动态交互，进而实现外部知识的有效流入和内部知识的有效流出。社会创新发展的同时，会驱使社会参与和协作朝着共同的目标努力，因此，开放、集体的创新将成为重要的创新范式，因为它能使企业持续成长——在所有领域中，企业都将采取更健康的方式，采取经济调适而不是竞争手段。借鉴宝洁"联系与发展"，最大限度地利用外部资源重新建立企业内部的平衡，海尔通过HOPE平台打破组织边界，引入外部高质量资源与内部链群有效链接，探索出一套崭新的开放式创新模式。

四、协同共创，万物互联的组织生态

协同共创，即利用物联网、区块链、大数据等技术架构精准识别、辨析、转化用户的定制化需求，并在用户的体验场景中实现定制化需求的创造与适配，完成供应链和用户需求的价值传递与价值共创。互联网的发展极大地促进了维基经济学的发展，维基百科利用互联网可以聚集集体智慧，将其用于任何激发灵感的项目，将个体融入生态，在集体协同中放大个人努力的成就感。基于人单合一的链群合约不仅实现了员工的价值实现与所创造的用户价值合一，更实现了所有子链群各个节点的协同共创、共享共赢，即以用户价值为中心，"我的用户我创造，我的增值我分享"。

五、混序交融，意义导向的结构化混沌

《山海经》云"有鸟焉，其状如鸡而三首六目、六足三翼，其名曰𪄀，食之无卧。"作为"三翼鸟"品牌的溯源，它充分体现了海尔文化中"从混沌到清晰""从有序到无序"的哲学理念。量子力学的诞生改变了人们认识世界的方式，其核心在于抛弃牛顿式的集权管理方式，将每个员工视作一种能量球，让员工自由发挥创意；强调量子物理中的"动态""不确定"。量子物理学家戴维·玻姆（David Bohm）将现实描述为两个层次：隐秩序和显秩序。隐秩序到显秩序就是不断结构化的过程，即条理化、纲领化，纲举目张的过程。混沌是"无形""空虚""无秩序""无意义"的状态，而人

类是把某种意义当作人生的动力来源，链群合约正是意义导向下的混沌的结构化过程。在人单合一模式引导下，小微之间的自由竞争和合作共赢就是从"从混沌到清晰""从有序到无序"的过程。

六、边缘竞争，变革中谋求竞争优势

组织在变，变革也在变。边缘竞争是一种不确定和不可控的战略，其核心是利用变革的动态本质来构建一系列竞争优势。边缘竞争力图捕捉到组织从无序到平衡的边缘状态，是公司在有序和无序之间保持微妙的平衡状态。边缘竞争是一种开创性的、空前的战略观，帮助管理者及时抓住变革的契机，设定竞争的变革节拍，夺取市场中的竞争优势和最有实用价值的经验，也是链群组织从零和博弈到共创共荣的战略指引。在边缘战争战略下，公司将主动迎合高速变革和高度不确定性的市场，不断地对自身进行创新和变革，以取得联系的竞争优势。很多优秀的公司正是应用了边缘竞争的战略，对公司进行不断的、有节奏的、定期的变革，熟练地掌握了边缘竞争的平衡方法后，管理人员不再单纯地对市场变革进行反应，而是设定自己的节拍，迫使竞争对手跟随自己的战略方向，进而领导市场的竞争格局，掌握自己的命运。链群合约就是强调了边缘竞争的节奏和动态性。

七、数技赋能，维基管理中的精准匹配

永不掉线的互联网对大多数社会进程产生了重大影响，正在重塑整个世界。《维基经济学》中素有"数字经济之父"美誉的新经济学家唐·泰普斯科特（Don Tapscott）向我们展示了个体力量的上升是如何改变商业社会的传统规则的。这种利用大规模协作生产产品和提供服务的新方式，正颠覆我们对于传统知识创造模式的认识。数字技术的精准性和即时性不仅

加强了企业与外部资源的链接，也极大地提升了企业内部劳动力、资金、信息流等的精准匹配和动态调整。数字技术在增加用户连接可达性的同时，也让基于链群合约的价值网络构成和创新系统建设发生深刻的变革。当数字化使得万物资源链接时，随时可以调动和获取资源就成为链群合约资源动态寻优配置的前提。

八、动态寻优，组织的非结构化均衡

链群合约是海尔不断适应时代和企业发展所进行的自进化式理念革新，创单链群基于用户需求发生"单"，体验链群经过与用户交互完成自组织的"方向校准"，在创单进程中发生递增收益。在实现小微自然价值最大化的前提下，链群合约实现了相同目标下小微链群的资源高效整合利用。知识经济时代，随着组织结构演进为更加开放的结构，要实现组织的有序动态管理，首要任务就是要通过管理创新建设性地打破原有壁垒，联合外部的力量，通过动态的、有建设性的结构重组，依靠内外部个体能量的聚集实现更高层次的有序——非结构化均衡。当生产资料的产权和使用权可清晰分离，基于共享平台的员工参与管理的体制机制为动态寻优提供了可能。在动态寻优的过程中，组织在增值分享机制下进行非结构化的动态调整，所有利益攸关方共创共享，整个生态持续优化，并极大促进企业的非线性迭代和指数增长。

九、利他共益，整体观下的共同富裕

王阳明曾说做人的最高境界，就是"利他"二字，"自利则生，利他则久"，如果人在利己的基础上，同时具备利他之心，就能获得真正的幸福。真正的利他，反而是最大的利己。美国思想家爱默生认为，"人生最美丽的补偿之一，就是人们真诚地帮助别人之后，也帮助了自己。"大卫·洛耶（David Loye，2004）认为，组织管理应该领悟社会达尔文思想，进一步强调了爱与道德对组织管理的重要作用。"毫无疑问，如果一个部族的许多成员具有这样的品质：献身精神、忠诚、服从、勇敢、同情、随时愿意为他人提供帮助、随时准备为了共同利益牺牲自己，那么这个部族就会在与其他大部分部族的对决中取胜。"随时随地为他人提供服务是组织进化的动力和源泉。链群合约的模式，即在人单合一的基础上强调介于计划和市场、介于利己和利他、介于有序和无序之间的组织领导结构，形成自组织的新生态、自循环的新范式与自主人的新模式，这种共益是基于共同富裕思想的个人与他人、个体与组织、经济价值与社会价值之间的均衡发展。

十、永续发展，劳动者集体创造力的激发

随着外部性越来越受到重视和关注，诸多企业都重视社会价值的创造，把承担社会责任视为企业发展的重要使命。链群合约的组织模式成功地调动了组织中每个人的创造力和活力，正像埃德蒙·费尔普斯（Edmund Phelps）教授在《活力》一书中论述的："大多数创新并不是亨利·福特类型的孤独的企业家所带来的，而是由千百万普通人共同推动的，他们有自由的权利去构思、开发和推广新产品与新工艺，或对现状进行改进。"正是这种大众参与的创新带来了社会的繁荣兴盛——物质条件的改善加上广义的"美好生活"。

未来，一个公司的想法和周围环境的想法之间的界限将更为模糊，公司越来越成为集体想法的实现者，将成果提供给个人用户，并且引导个人用户的力量，使之帮助改善产品，提高集体福祉。正是这种介于政府和市场之间的每个劳动者的智慧和力量将成为未来推动企业永续发展的源泉。

第十九章
链群合约对全球企业
组织变革的卓越贡献

○ **本章导读**

✓ 人单合一是工业革命 2000 多年来以来企业界的新启蒙。新在什么地方呢？新在对人的自主意识的启蒙。作为对比，传统企业从来没有把人作为自主人，只有人单合一是对人的自主意识的启蒙。

✓ 链群合约是全球首创的商业生态系统的现实版：一是解决了组织间协同的问题，链群合约的中心是用户的体验迭代，链群上的各方共同围绕着用户相互作用，增值分享；二是解决了大企业病的问题，商业世界里有很多机会，组织和个人只有变成有机体，才能去获取机会、创造价值。组织需要真正颠覆为自组织，而个人需要真正转型为自主人。

✓ 链群合约是动态合约，解决了哈特和本特分别提出的剩余控制权和"搭便车"难题。用户体验迭代是动态的、持续的，链群合约各方的价值实现都以用户体验价值为核心，没有用户价值就没有个人价值。

世界经济论坛创始人兼执行主席克劳斯·施瓦布（Klaus Schwab）在2020年6月的"达沃斯论坛"上发表了题为《世界的复兴》的演讲，指出"我们必须重新思考全世界的社会经济体系，我们应该重新考虑以人类幸福为中心的经济"。海尔的实践不仅有效地融合了企业家精神和传统厂商理论，探索了以员工契约代替企业家契约的新型企业理论，更引领了后现代组织管理理论重心的演变，践行了以伦理和意义为导向的第四代中国管理学范式迭代。

一、链群合约模式的理论贡献

本书创造性地通过创新观、系统观、人本观、数字观和文化观对海尔基于人单合一的链群合约模式的理论贡献总结如下。

（一）提出了"人的价值最大化"超越股东价值最大化的企业价值评估标准

传统企业理论认为，公司的唯一目标是盈利，并实现股东利益的最大化。公司治理理论认为，公司治理的最终成果就是能在多大程度上保护股东的利益，这是传统企业理论对于企业价值评价的标准。康德说"人是目的，不是工具"。践行"人的价值最大化"才是物联网时代衡量企业价值的新标准。

1. 员工价值最大化

物联网时代，海尔通过"民本"思想强调"人的价值最大化"。张瑞敏强调："只有以增值分享为驱动吸引更多的链群节点，链群才能生存；只有量化链群利益攸关方各方增值分享的标准，链群才具有独特的竞争力。"在海尔的链群合约组织形态中，每一个人都成为一个责、权、利的中心，在这种氛围中可以重塑每个员工的创新力和意义感，释放隐性知识和潜能，探索共创共赢的生态圈。使用共赢增值表、顾客价值表等工具，目的就是驱动员工不仅关注自身的意义感，也充分关注利益共同体的意义感知，创造用户终身价值。

2. 用户价值最大化

海尔从1984年开始创业，经历了六个发展阶段，每个阶段的发展战略都以"人的价值最大化"为核心，贯穿海尔发展历程。这里的人不只是员工，还是用户。海尔最重要的经营理念是"在海尔，用户即领导"，这一理念重新定义了企业成功的标准——忠诚用户的数量以及不断提升的产品回购率，代替了以短期股东价值和市场份额为指标来衡量企业成功。

海尔生物医疗"每位创客与用户零距离""与增值零距离"，评价标准只来自于用户评价与市场评价，每一位万链人的行为都必须围绕"创最佳用户体验迭代"开展。万链同心圆文化行为主张完美诠释了这一新标准（图 19-1）。

（二）揭示了开放创新背景下基于内外部员工协同创新的新模式

开放式创新，是企业在技术创新过程中，同时利用内部和外部相互补充的创新资源实现创新，企业内部技术的商业化路径既可以从内部进行，也可以通过外部途径实现，与多种合作伙伴多角度地动态合作（Chesbrough，2003）。在所有领域中，企业都将采取更健康的方式来获取合作。例如，freebeer作为一种开源啤酒，其配方和商标可以被任何人使用；苹果极大地提高了iPhone手机的销量，而应用软件app store中的应用程序都是由非苹果员工自愿开发的。将近40%的CEO开始期待未来大部分创

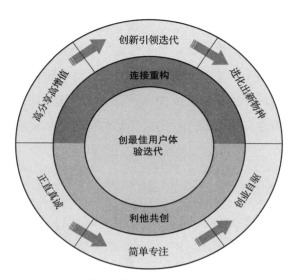

图19-1　海尔生物医疗万链同心圆文化行为

新将由代码完成，而开发者并不属于公司组织。一个公司的想法与周围环境的想法之间的界限将更为模糊，公司越来越成为集体想法的实现者，将成果提供给个人用户，并且引导个人用户的力量，使之帮助改善产品，提高集体福祉。

宝洁的"联系与发展"打破组织边界，提倡最大限度地利用外部资源重新建立企业内部的平衡，允许企业外部的创新主体参与创新过程，给每一个人提供释放能量的平台。遵循以上思路，宝洁经过不懈努力，实现从"中心模式"到"网络模式"的组织转型，在组织内部的9300研发人员之外，200万名研发人员通过外脑成为宝洁的研发人员和创意的最大来源，形成生态链接，有效地实现了市场占有率的提升和业绩的提升。在"世界就是我的研发部"的开放创新理念指引下，海尔在2009年搭建了海尔开放创新平台（HOPE平台，Haier Open Partnership Ecosystem），建立了"以用户为中心"的开放创新体系。经过多年的发展，HOPE平台成为创新者聚集的生态社区、庞大的资源网络，也是支持产品创新的一站式服务平台。

HOPE平台将全球顶尖高校、研究院、专家学者等全球一流资源连接起来，形成覆盖全球的创新开放网络，实现了"定制化"的创新，极大地提升了科技迭代的效率，形成了内外部协同创新的新范式。近年来，HOPE平台的创新成果丰硕，支持全新产品210个，解决需求超1100个，对接技术20000个，支持制定国际标准12个。

（三）主导了物联网环境下数字化转型和管理创新体系化融合的新路径

海尔集团组织管理模式从人单合一到链群合约，是与数字技术从互联网时代发展到物联网时代相生相适的。互联网技术极大地拉近了组织间的沟通距离并为组织管理决策提供了决策辅助，使得组织管理更具秩序、员工活力得到更大程度释放。人单合一模式借助互联网技术充分释放了员工活力。

1. 数字化

海尔集团不断结合数字技术新发展以创新组织管理，并始终围绕激活组织员工能动性、延拓增值渠道、统一多边目标价值与构建共赢生态为目标，通过万物互联技术、数字平台、大数据与智能决策等物联网时代新技术，在组织管理体系、管理决策等方面不断创新发展。

首先，海尔组织管理将在万物互联场景下走向生态观下的分布式协同管理。物联网时代，更多公司将转向构筑围绕企业的生态系统，它不仅是产品生态圈，同时是包含员工、用户、产品、供应、竞争对手、外部环境的大生态系统，并通过云计算与指挥决策系统以支撑主体的指数级增加。各主体间通过区块链等数字技术的发展成熟实现活而有序的分布式协同，为万物互联场景下的主体提供更长远、更大价值增值。这可能正如张瑞敏的判断："链群与用户无穷交互，不断创造用户最佳体验，这个体验迭代的游戏没有终结。"

其次，海尔组织管理将在万物互联场景下走向平台观下的公地赋能式管理。平台视角下公地管理中的各主体可以视作一个整体，共创共享，存在共有的各类平台公地为平台中的各类主体提供各类服务与资源，降低了各主体的活动成本，并强化了各主体间的互动，其价值增值将显著优于传统的组织管理模式下的价值产出。万物互联场景下的各主体也犹如平台生态体系中的万点繁星，与生态兴亡与共，在生态中汲取养分并反哺生态，并始终与生态价值目标一致。万物互联场景下的公地赋能式管理将是物联网时代海尔组织管理创新发展的重要方向。

最后，海尔组织管理将深度嵌入数字化转型活动，实现与数字化转型共生共荣。海尔组织管理新模式是在实践中不断发展完善而来的，是当前物联网时代组织管理模式的必然趋势。它伴随着数字技术的发展而进化，未来的进一步发展也应是在数字化的进一步转型升级中实现的。海尔组织管理模式会融入数字化转型升级的流程，成为物联网时代企业数字化转型中必要的组织管理模式变革方向。例如，卡奥斯等互联网平台的数字化转型解决方案中嵌入基于人单合一的链群合约组织模式的变革模块，可能将是未来海尔模式推广与自我进化的一条重要路径。

2. 体系化

目前，国内外有文献可查的体系定义有几十种之多，一般认为，体系是系统之系统，是由多个系统或复杂系统组合而成的集合，这些系统之间交互协作并产生整体能力大于部分之和的涌现行为。除了系统层级的复杂性，还需考虑体系独有的特性带来的复杂性因素。体系的复杂性度量值应是各个系统复杂性度量值的乘积，呈指数性增长。

物联网时代，市场需求愈发呈现复杂多变性，数字技术与应用场景的成熟丰富，万物互联场景下异质性主体间更深层次的交互，围绕用户需求的各类主体聚集成生态圈，链群合约便是物联网时代借助数字技术有效协同各类主体单元围绕用户需求共创价值的高效管理模式。海尔通过链群合约进一步形成以节点为网络的网络，即超网络组织。超网络组织将会成为一个新的业态。打造基于用户网络的网络，形成社群网络、生态网络、产业网络以及创新网络的多网络相互嵌入，从而形成超网络组织，超网络可以更好地增强人与人之间的联系。

　　凯文·凯利（Kevin Kelly）在《失控：机器、社会与经济的新生物体》里写了这样一段话，"钟表般的精确逻辑，也即机械逻辑，只能用来建造简单的装置。真正复杂的系统，比如细胞、草原、经济体或者大脑（不管是自然的还是人工的）都需要一种地道的非技术逻辑。"来自哈佛大学的心理学教授斯坦利·米尔格兰姆（Stanley Milgram）的六度空间理论可以进一步证明：网络思想、网络思考有利于提升企业的合作效率。在合作过程中，如果我们运用多主体协同的机制，就会产生一种协同效应，实现内部研发的创新资源和外部开放性的知识体系间的协同融合，从而形成整合式、协同性的知识网络和创新网络，这将进一步引爆企业发展的非线性效益（见图19-2）。2020年，海尔公司获得了BrandZ所授予的全球第一个"物联网生态品牌"奖。

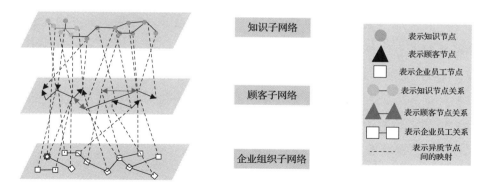

图19-2　知识网络、顾客网络、企业组织网络共生结构

（四）形成了数字情境下从零和博弈到共赢共创风险共担的新型劳
动关系

1. 劳动价值论下的劳动关系变革

劳动价值论是马克思主义政治经济学的基石。作为一种价值理论，劳动价值论不单纯是关于商品世界的价值或价格理论，而是关于商品、货币和资本等价值形式的历史科学，正如恩格斯所指出的，"政治经济学本质上是一门历史的科学"。[一]劳动价值论作为商品世界的本体论，认为商品、货币和资本等价值形式是劳动的内在矛盾的外在表现，是劳动在特定历史阶段的社会形式或社会化的抽象形式。"各种劳动化为当作它们的计量单位的简单劳动的不同比例，是在生产者背后由社会过程决定的，因而在他们看来，似乎是由习惯确定的。"劳动价值论揭示了商品生产者之间、生产者与需求者之间相互的利益关系，也是零和博弈的劳资关系形成的理论基础。

传统劳动关系中，企业以资本家形象压榨劳方的剩余价值，尽可能降低生产成本，努力争夺高效产出；而处于相对弱势地位的劳方尽力反抗资方的压迫，并试图为自身争夺更多的利益。基于经济人假设，劳资双方都会尽可能多地为自身在劳动契约关系中争取利益。一方面，资方的强烈挤压将导致劳方反抗，劳方的流失也将导致资方生产成本提高，组织效率下降，不利于组织内部良好组织氛围的形成；另一方面，劳资关系的失衡会影响社会的安定和谐，双方在利益纠纷上的冲突将引起公众关注和信任危机，增加了政府治理成本。如何积极转变零和博弈的劳资关系，推动劳资双方互利共赢是有时代意义的思考。

〇 中共中央马克思恩格斯列宁斯大林著作编译局.马克思格斯选集（第3卷）[M].北京：人民出版社，2009：525.

人单合一的组织模式，链群合约在很大程度上解决了这个问题。在不改变企业现有产权性质的基础上，当数字化使得万物资源链接，随时可以调动和获取资源；当生产资料的产权和使用权可清晰分离；当基于共享平台的员工参与管理的体制机制成为可能，小微通过竞单上岗、对赌跟投、按单聚散、用户付薪、增值分享等实现人、财、物的高效实时动态匹配，通过动态寻优有效解决了员工的激励与持续创新问题（见图19-3）。链群合约以其开放性、动态性和激励相容的特性，避免传统激励机制的局限性，体现增量激励和价值激励的优越性，对现代企业激励机制进行新的探索和创新。

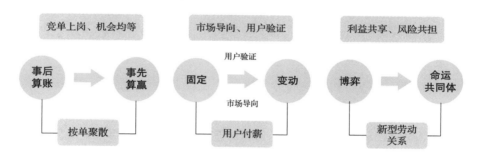

图19-3　新型劳动关系机制驱动图

2. 链群合约中的新型劳动关系

海尔通过将企业家精神根植于每个员工的内心，为每一名员工提供自我试错和探索创造的外部条件，通过将组织绩效、员工自我实现、用户个性化需求有机结合，创造互惠互利、互利共赢的局面。

首先，竞单上岗、机会均等。与传统激励模式不同，人单合一模式下小微和链群节点的价值分享来自为用户创造的超额价值以及对赌跟投的超利分享。这种价值分享不是按照岗位和级别获得固定薪酬，而是统一由创造的用户价值为标准划分。一方面，薪酬制度的公开与透明增加了员工的信任感与依赖感；另一方面，薪酬的分配更加清晰，通过量化指标，员工可以更清晰地认识到自己该从哪些方面努力，继而争取更多的薪酬福利，这极大地激发了员工的工作热情和价值创造潜能。每个员工参与人单合一的机会是均等的。根据公平理论，程序公平和信息公平也是与分配公平一样重要的。人单合一模式在"抢单"的过程是充分透明而且公正的，充分给予所有员工参与机会。

其次，市场导向、用户验证。企业赋予员工充分实现自我价值可能的平台，从被动执行命令的员工转化为主动承担责任的富有梦想的企业家角色。员工由于在组织中获得了更大的自主权，对组织活动拥有更高的参与度，成为相互支持的利益共同体，推动企业经营活动持续动态升级，实现企业、员工、顾客的互利共赢。在实践层面，人单合一双赢模式彻底抛弃传统的科层制，将组织扁平化，变成动态的网状组织，让员工从原来被动的命令执行者转变为平台上自驱动的创新者，接受市场和用户的检验，与企业共同成长。

最后，利益共享、风险共担。人单合一模式动态地进、出、升、降，避免了一旦拥有股份就失去创新动力的弊端及激励对象的短视化倾向。整个过程以"利益共享、风险共担"为原则，小微可享受超值分享，同样也通过对赌跟投承担项目失败的风险。小微及链群主拥有的"创客份额""创客股权"将用于抵损，与企业发展共进退，体验"CEO"的风险与收益，将员工从执行者变成自主创新的主体，充分实现了"自组织"和"自驱动"的自创业演进模式。

（五）展现了哲学思想观指导下企业实现可持续发展的卓越价值

1. 不易、变易和简易

张瑞敏先生受《道德经》《易经》等传统哲学智慧的影响，在东西方文化的基础上，旗帜鲜明地提出"人是目的"而非手段的管理生命价值观，作为人单合一管理的核心理念。在这种生命观的指引下，海尔管理实践中的主体是人，包括股东、管理者与普通员工在内的所有成员；管理的目的是人，是为了人的全面发展；管理的过程是人的修行，是对自己心、身、灵的体悟。中国儒家学说中"民为贵，社稷次之，君为轻"的观点是海尔精神与制度文化的核心，处处"以人为本"，体现在其"赛马不相马"的人才理念、"三公并存，动态转换"的人力资源管理制度方面。"人是目的，有生于无""月印万川，随波逐浪"充分体现了"人的价值最大化"的理念和海尔文化。

在张瑞敏的书单里，传统经典图书占据着重要位置，《道德经》《孙子兵法》《菜根谭》……都是张瑞敏常翻阅的图书。有外国专家学者造访海尔时，张瑞敏也会送中国传统经典图书给对方，关于管理种种问题的答案，或许就藏在古人的智慧里。在张瑞敏看来，海尔的企业文化总结起来，就像《易经》的"三易原则"：不易、变易和简易。但是在将传统文化与企业管理结合时，张瑞敏做到了突破创新。张瑞敏认为，所谓不易，即一个不变的原则——永远坚持人的价值第一。所谓变易，即虽然要坚持人的价值第一，但是根据时代的不同要随时变化。所谓简易，就是不能只喊一个高高在上的口号，而是要让员工切身感受到，可以执行而且对自己有好处。在海尔，这就是人单合一模式。

2012年12月14日，张瑞敏在"将西方管理经验与中国传统哲学结合的管理思想"方面做出的卓越贡献，被《财富》杂志中文版刊登在创刊15周年专题报道中。2021年9月17日，全球三大认证机构之一的欧洲管理发展基金会EFMD联合海尔成立人单合一模式全球认证中心，共同发布物联网时代引领的管理模式——人单合一模式国际认证体系，成为目前唯一针对物联网时代管理创新组织的认证。

2. 整体观下的中国管理智慧

世界经济论坛创始人兼执行主席克劳斯·施瓦布在2020年6月的"达沃斯论坛"上发表了题为《世界的复兴》的演讲，"我们必须重新思考全世界的社会经济体系，我们应该重新考虑以人类幸福为中心的经济"……"我们不能一味重视经济发展，而是必须充实医疗或者教育等社会服务才行，尽管仍要以自由市场为基础，但是社会服务更充实的社会型市场经济也是十分必要的。"

链群合约是民本思想指导下中国企业成功变革的模式探索。中华文化历来有丰富的民本思想。从民本思想到民本经济再到民本企业，即建立以全员为本、实现共同富裕的企业，探索企业的产权与使用权的合理搭配，进行全体员工参与管理的机制设计，解决员工工作积极性不足的问题以形成员工、企业、社会共赢的多赢格局。这些都与海尔精神与制度文化的核心理念相符。"三工并存，动态转换"的人力资源管理制度、"官兵互选"人才能上能下的用人机制、"自创业、自组织、自驱动"的人才管理机制都是民本思想指导下成功的中国特色企业管理实践（见图19-4）。海尔管理模式在管理理论与实践两个层面，正在探索一条与西方管理模式不同的道路。与类似从家庭联产承包责任制解放农民的能量，链群合约是一种员工能量的释放和活力的激发，海尔管理取得的成就与自主生态观、整体关联观与动态平衡观有着密切的关系，形成了物联网时代独树一帜的海尔管理模式，将为中国式管理现代化做出卓越贡献。

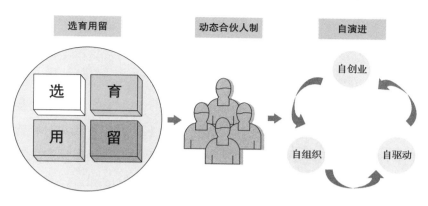

图19-4　动态人才管理机制演进

（六）探索了以员工契约代替企业家契约的新型企业理论

1. 科斯定理

关于企业边界的研究始于新制度经济学鼻祖——1991年诺贝尔经济学奖得主科斯。科斯的交易成本理论被用来解释企业的存在。科斯对经济学的贡献主要体现在他的两篇代表作《企业的性质》和《社会成本问题》中，首次创造性地通过提出"交易费用"解释企业存在的原因以及企业扩展的边界问题。科斯定理的基本含义是科斯在1960年《社会成本问题》一文中表达的，而"科斯定理"这个术语是乔治·史提格勒（George Stigler）于1966年首次使用的。科斯定理较为通俗的解释是："在交易费用为零和对产权充分界定并加以实施的条件下，外部性因素不会引起资源的不当配置。因为在此场合，当事人（外部性因素的生产者和消费者）将受一种市场里的驱使去就互惠互利的交易进行谈判。也就是说，外部性因素被内部化了。"他还认为，一旦交易费用为零，而且产权界定是清晰的，那么市场均衡的结果是有效的。

2. 企业边界

以科斯的观点作为研究的逻辑起点，2016年诺贝尔奖得主本特·霍姆斯特罗姆（Bengt Holmstrom）以一个放宽假设条件的视角分析了企业及企业边界的决定因素。他认为，企业是一个协作和激励个人行动的复杂机制，忽视了契约和所有权的其他替代措施的企业理论会导致其对经验研究的有效性下降。科斯的贡献在于他发现了交易费用与产权安排的关系，提出了交易费用对制度安排的影响。根据交易费用理论的观点，市场机制的运行是有成本的，制度的使用是有成本的，制度安排是有成本的，制度安排的变更也是有成本的，一切制度安排的产生及其变更都离不开交易费用的影响。

汤姆·彼得斯（Tom Peters）认为，现今的公司已经进入"无结构"或"弱结构"时代，应该通过"解放型管理"有效激发团队精神，缓解由于职业倦怠引起的组织内驱力不足，精简中层、解放员工，推动构建无边界组织。通过互联网，企业可以将组织成员联结为一个整体，创造出仅依靠各独立成员难以实现的组织整合力量，大幅度降低各企业之间的交易成本和协调成本，从而最大限度地利用外部资源，提高企业的应变能力。

3. 新型企业理论

诺贝尔经济学奖获得者，不完全契约理论的奠基者奥利弗·哈特认为，企业的存在可以有效降低信息不对称和不确定带来的成本和风险，"新型契约要通过交互，不断协调双方的期望和利益，链群合约做到了这一点。"链群合约本质上就是一种契约关系，约定了不同利益主体的小微及利益攸关方的权责关系，链群合约的签订者要对契约负责、对整个链群目标负责。这种契约关系的具体实施体现在当链群主提出用户需求及底线目标时，由链群中其他小微成员拿出方案抢入链群，满足用户需求。如果链群成员不能兑现承诺则"散出链群"；如果超预期地满足用户需求并创造增值，则整个链群可以获得超额利益分享。在整个过程中，基于风险共担原则，链群主需要对整个契约负责，因此链群主可以对链群成员提出建议和评价。这种链群合约就是与企业家契约截然不同的"员工契约"的存在。

　　万物互联时代，这种多个小微链群通过数字化赋能随时可以获取与调动资源，使得资产、人才、资本、创意，通过动态寻优的机制进行实时有效的配置成为可能。基于组织品牌和信任关系，这种基于链群建立的员工契约可以有效建立与供应商、资本、合作伙伴、其他中小企业、全球人力资本平台、研究机构等外部资源的实时链接，最大限度地替代企业家契约。互联网信息革命带来的信息自动化、大数据和新的供需、产业模式，可以更好地解决信息不对称和契约不完备问题，突破传统企业的层级管理边界，并支撑链群合约这种更动态、更敏捷、更有生命力的组织形态，降低组织维度，更加扁平化地面向市场、用户和外部资源（见图19-5）。在每一个链群里，员工、用户、相关资源拥有者都成为组织链群链条上的一个节点，进而组成了小微群，以较低成本实现了链群内可使用资源的效益最大化。这种方式既充分发挥了各小微主体在组织中的作用，也帮助海尔

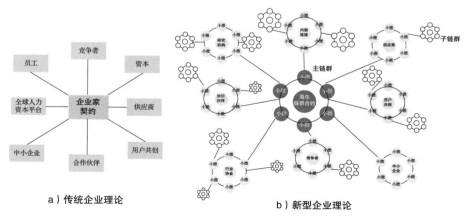

a）传统企业理论　　　　　　　　b）新型企业理论

图19-5　传统企业理论与新型企业理论组织模式图

以场景为中心，打造更多的链群实现创新。海尔的这种管理实践挑战了传统企业理论中基于企业家契约的企业边界和交易成本理论，为新型企业理论的构建做出有意义的实践探索。

（七）引领了后现代组织管理理论重心的演变

凯恩斯在《就业、利息与货币通论》中曾指出"经济并非靠数学上值得期待的合理的理由来驱动的，而是由根植在人性深处的冲动来驱动的"。把商业本身当作艺术项目来看待，这其实意味着创造商业价值的方向将由"文明"的丰富性大幅度切换到"文化"的丰富性上。密歇根大学的政治学教授罗纳德·英格尔哈特（Ronald Inglehart）在价值观调查中发现：少数发达国家已经从把经济增长和收入提升放置首位的近代社会，转型为更加重视生活品质和幸福感受的后现代社会了。

随着组织运行模式中价值创造的主体不断扩大，从股东及其代理人扩大为各职能单元精英，再到网络型组织形态下的企业全员。随着市场复杂性的不断提升，组织内的部门边界、职位边界、角色边界逐渐消失，员工从最初的直线型组织形态中仅需为某一细分工序或环节负责，逐渐扩大到需要独立进行价值创造。从工业1.0时代的直线型组织到工业5.0的泛在型组织，实现了从机械观到人本观的组织管理模式演进，完成了从物本管理到能本管理，从科学规范到全面发展，从效率优先到价值创新，从精英运营到大众参与，从经济产出到幸福福祉的管理重心的演变。

人类是一种重视意义的动物，通常把意义当作人生动力来源而活着。没有人可以一辈子从事毫无意思也毫无意义的工作。因此，当人类逐渐从以物质需求为主转向以精神需求为主，资源禀赋和经济发展将不再是困扰人类发展的议题，更多的将是由于意义丧失这个问题所引发的"虚无主义"。人类做的事情不是让经济社会进一步提升，而是如何实现从工具理性到价值理性的转变，如何能够感觉到幸福和友爱。这种新的价值观就是把根植于经济的社会转变为根植于人性的社会，期待整个社会变得更加温和，充满友爱和关怀，清新而性感。海尔链群合约的管理实践充分体现了以"意义"为核心、以"情感"为动力、对员工的幸福体验和社会福祉提升进行不断追求和探索的具有中国特色的全新管理范式，进而为全球管理范式的转型和发展提出更有价值的指引。

（八）践行了以伦理和意义为导向的第四代中国管理学范式迭代

1. 五代管理学发展范式更迭

经过100多年的演化和发展，管理学形成了日渐清晰的发展脉络和研究范式。工业经济时代，以弗雷德里克·泰勒等人为代表的研究者把员工视为"经济人"，形成以效率为导向的科学管理范式，也被称为第一代管理学。科学管理认为，建立各种明确的规定、条例、标准，将一切管理内容科学化、制度化是提高管理效能的关键；并且主张把计划职能从工人的工作内容中分离出来，由专业的计划部门去做。从事计划职能的人员被称作"管理者"，负责执行计划的人被称作"劳动者"。第一代管理学深受牛顿世界观的影响，聚焦"经济人"假设，重视理性和规范。

以马斯洛和麦克雷戈等为代表的管理学家在科学管理的基础上进行了很大的改善，聚焦"社会人"，强调人的动机和需求的丰富化，实现了以组织行为的优化为特征，关注人的动机与需求的第二代管理学——行为管理。工业经济时代创立的管理学体系强调控制，但控制意味着自上而下、强制性的管理。

知识经济时代，聚焦知识的创新与发展的第三代管理学以彼得·德鲁克和野中郁次郎为代表。知识管理范式认为，知识型员工具有更高的素质、良好的自我管理能力，知识管理的一个很重要的目标就是挖掘隐性知识，即不仅对客观信息进行简单的"加工处理"，还要发掘员工头脑中潜在的想法、直觉和灵感。每一位知识型员工都是管理者，严格控制会限制知识型员工的创造力。

数智化时代，信息技术和人工智能的快速发展让人们开始思索"管理为何""幸福为何""意义为何"。第四代管理学范式聚焦"伦理人"，把幸福和意义作为更重要的组织发展变量，倡导"人"的回归和"意义"的感知，强调管理过程中要减少"控制"思想，倡导"支持与关爱"模式。管理者应该从信念愿景、人性尊严、创新创造、个人福祉和社会福祉五方面更多地关心和激励员工，创造适合的环境和条件，激发员工的潜质和创造力，使其实现自身的价值，进而帮助和引导员工实现自我管理。

马克思在《关于费尔巴哈的提纲》中指出，"人的本质不是单个人所固有的抽象物，在其现实性上，它是一切社会关系的总和。""人的全面发展"蕴含着一般性和特殊性的统一，包括人的个性、能力和知识的协调发展，人的自然素质、社会素质和精神素质的共同提高，政治权利、经济权利和其他社会权利的充分体现。这将成为以文明引领的聚焦"全人"的第五代管理学范式。至此，"管理学发展演化模型"的管理学新范式脉络逐渐清晰：实现了主体从经济人、社会人、知识人、伦理人到全人的过程演进，也形成了从理性规范、动机需求、知识创新、幸福意义到哲学、科技与文化的范式转变。按照人类发展规律提出的管理学发展新范式，是中国经济腾飞和东方文化崛起情境下中国企业迫切需要的中国特色管理新范式（见图19-6）。

2. 数智化时代意义管理的管理实践

海尔链群合约的管理实践践行了万物互联时代聚焦意义的第四代管理学范式，通过给予员工极大的自由感，通过激发员工的创业灵感和自身潜能，弱化组织层级结构，通过形成开放、自由、合作的平台，将作为执行者的员工解放为具有创业精神和自主能力的创客。一方面，通过给予员足够的尊重和自由，激发员工的自驱力进而帮助员工找到人生的意义感；另一方面，通过自组织有效激发创造力和成就感，通过自创业重塑企业的意义感，关注企业的社会责任和商业伦理，形成社会福祉，使得每位公民皆能享受公平和无忧的生活，使生活充满幸福之感。

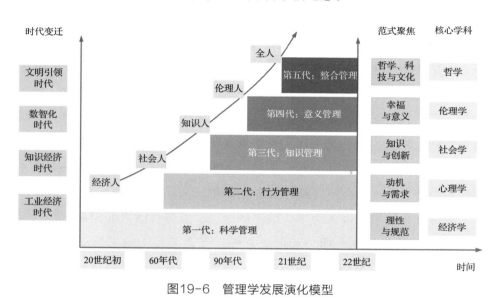

图19-6　管理学发展演化模型

二、链群合约的全球组织变革实践指引

作为人类，我们本身是充满韧性、善于创新、生气勃勃的，但是组织不是，脆弱、保守、僵化基本上是大型企业的通病。人类一手创造的组织似乎不够富有人性，缺少了勇气、直觉、爱、游戏性和艺术性。在一个加速变革的世界，未来不再是过去的延伸，变革是突如其来、冷酷无情的。海尔基于人单合一的链群合约管理新模式正是在这个变革世界，对新型企业理论和新型劳动关系导向下组织变革的新实践。

链群合约实现了以感知作基础、传输作保障、云计算作大脑、应用作决策和服务的四端联动，构建了节约型、透明化、高效率、精确化、个性化、过程化和智慧化的管理模式。企业强大并保持长盛不衰需要全体人员处于一种被"激活"的状态——每一个员工的每一个细胞都充满了活力。链群合约正是赋予了员工这种"永远的活力"，重塑了每个员工的创新力和意义感，释放了隐性知识和潜能，使有意义的价值常态化。这种以较低成本获取资源，较高效率激发员工与用户活力的方式，帮助海尔不断地以场景为中心，打造更多的链群。这也就是丹娜·左哈尔提出的量子管理中的量子整体论及系统思维，实现了量子组织中"我们荣辱与共"这一核心理念，更是符合习近平经济思想中"坚持以人民为中心的发展思想"，具有鲜明的人民性，坚持把人民利益作为党领导经济工作的根本出发点和落脚点，彰显了以人为本、人民至上的根本价值取向，丰富发展了马克思主义政治经济学关于社会主义经济本质的理论。

链群合约这种"以人为本、数字赋能、动态寻优的内部创业机制"有效地提升了员工的创业能力和创业意愿，点燃了员工的工作动力和创造力，激活了员工的自驱力和组织活力，链接了外部资源并通过动态寻优实现资源的有效配置，达到帕累托最优。海尔链群合约的组织模式成功赋能了介于政府和市场之间的社会力量——普通劳动者的卓越价值。这种有意义的实践探索必将挑战传统企业理论中一个企业家契约代替数个员工契约的理论假设，让劳动者成为企业真正的主人，构建由数个员工契约替代企业家契约的新型企业理论，挑战"企业为何存在""企业的边界在哪里"等传统企业理论的问题，创新性地给出充满中国智慧的"答案"，让组织和身在组织中的人们一样富有韧性和勇气，充满创造力、爱和幸福。